上海市第六十中学教师专业化发展项目系列丛书

高中数学过程性教学探析

梅晓明　著

内 容 提 要

本书是一本关于高中数学"过程性教学"的专著,共分七章,分别就初高中衔接、概念课、原理课、习题课、复习课、拓展课和研究课等七种课型的教学原则、教学过程等方面进行了深刻的探析;同时就如何实施高中数学"过程性教学"按课型结合课例进行了剖析,使数学过程性教学具体化,为同行在学习现代教学理念、落实核心素养提供参考.

本书可供从事高中数学教学与研究、校本课程开发等方面工作的教师阅读.

图书在版编目(CIP)数据

高中数学过程性教学探析 / 梅晓明著. -- 上海:同济大学出版社,2021.3
(上海市第六十中学教师专业化发展项目系列丛书)
ISBN 978-7-5608-9789-9

Ⅰ.①高… Ⅱ.①梅… Ⅲ.①中学数学课—教学研究—高中 Ⅳ.①G633.602

中国版本图书馆 CIP 数据核字(2021)第 040984 号

高中数学过程性教学探析
梅晓明 著

责任编辑 姚烨铭　　**责任校对** 徐春莲　　**封面设计** 陈益平

出版发行	同济大学出版社　　www.tongjipress.com.cn	
	(地址:上海市四平路1239号　邮编:200092　电话:021-65985622)	
经　销	全国各地新华书店	
印　刷	常熟市华顺印刷有限公司	
开　本	787 mm×1092 mm　1/16	
印　张	12	
字　数	300 000	
版　次	2021年3月第1版　2021年3月第1次印刷	
书　号	ISBN 978-7-5608-9789-9	
定　价	68.00元	

本书若有印装质量问题,请向本社发行部调换　　版权所有　侵权必究

序

早在20世纪,数学教育专家张奠宙、唐瑞芬、李士锜就针对"斩头去尾烧中段"的教学方法,提出了要注重知识发生过程,改进教学的建议.梅老师在专家的引领下,立足课堂、潜心教育,努力把理念付之教学实践,无论是对数学教学过程的认知还是教学效果都取得了可喜成绩.今天《高中数学过程性教学探析》一书问世,可谓十年磨一剑,又树一帜.

众所周知,过程与结果是事物发展的两个方面,但在具体的教学中,对过程与结果的侧重有着不同的倾向和价值取向.传统教育往往把数学概念、原理和问题解答直接灌注给学生,虽然缩短了教学时间,但剥夺了学生主动构建知识的权利,培养的学生只会死记公式、硬套题型、熟而生巧.那么如何遵循学生认知过程,把学习主动权归还给学生?梅老师提出"高中数学过程性教学",即在教学的过程中,以知识发展和学生认知形成的二者联系为教学之本,使学生认知发展和知识发展同步,学生在主动的知识建构过程中学会学习.为此,他通过不同的课型去阐述高中数学过程性教学法,在每类课型中用序论、课例及点评来论述过程性教学的特征与做法,对数学过程性教学理论进行实证研究.

各时代都会涌现出顺应时代发展的教学方法.美国心理学家斯金纳于1954年创编了"程序教学",编写供学生阅读的"程序教材";20世纪80年代,我国教育专家邱学华先生首创"尝试教学法",按教学的尝试规律把教学过程编序为:出示试题—自学课本—尝试练习—学生讨论—教师讲解;上海育才中学段力佩先生对教学过程中的学习行为特征归结为"八字教学模式":读读—议议—讲讲—练练;20世纪末,学术界又议论起"假想的学习轨迹"等.由此看来,这些都是在数学教学过程中对过程性教学的不同角度的诠释.今天,梅老师则通过所撰写的课例使数学过程性教学具体化,为他人在学习现代教学理念、落实核心素养提供了样例,他人可借鉴课例去组织过程性教学活动和思考数学过程性教学之真谛.

本书也将会为进一步开展课题研究提供新议题:如何在数学过程性的教学中对各层次学生学习递进展开研究,如何在信息时代把线上线下的教学统筹于过程性教学之中,如何充分运用数字平台对过程性教学做好量和性的分析,如何在过程性教学中实现过程与结果的融合以及二者关系的辩证分析,等等.

  当今,让我们在昨天、今天和明天的视角下去思考和推进数学过程性教学的发展,祝梅老师能对数学过程性教学作更深层次的探析,出更多的佳作;也祝愿读者能借鉴该书之精华,联系教学实际,去谱写素质教育的灿烂篇章.

翁昌来
2020 年 6 月

目 录

序

总论 ·· 1

第1章 初高中衔接课过程性教学探析 ··· 8

1.1 平稳过渡　做好初高中衔接过程性教学 ·· 8

1.1.1 找准初中生与高中生、初中与高中教学内容差异是实施初高中衔接过程性教学的基本前提 ·· 8

1.1.2 找准内容、学习方法和教学方法的衔接点是实施初高中的衔接过程性教学的根本保证 ·· 11

1.2 初高中衔接"过程性教学"课例剖析 ··· 13

1.2.1 课例1 二次函数观点下的一元二次方程 ·································· 13

1.2.2 课例2 高中视角下的"乘法公式" ······································ 18

1.2.3 课例3 方程观点下的函数图像的平移、对称、翻折 ················ 22

1.2.4 课例4 基于高中原理课教学模式下的圆心角、圆周角定理 ······ 27

第2章 概念课过程性教学探析 ·· 32

2.1 类比抽象　助力概念课过程性教学 ·· 32

2.1.1 数学概念建立的教学策略 ··· 32

2.1.2 数学概念课的4个过程 ··· 34

2.1.3 教学过程中概念认知进级的思考 ·· 35

2.2 概念课　过程性教学课例剖析 ··· 36

2.2.1 课例1 指数函数的图像与性质 ·· 36

2.2.2 课例2 反正弦函数 ·· 42

2.2.3 课例3 直线的倾斜角与斜率 ··· 48

2.2.4 课例4 异面直线(1) ·· 53

第3章 原理课过程性教学探析 ·· 60

3.1 正本清源　关注原理课过程性教学 ·· 60

3.1.1 数学原理发现过程的设计 ··· 60

3.1.2　数学原理课的三个过程 …………………………………………… 62
　　　3.1.3　对原理发现的再反思 ……………………………………………… 64
　3.2　原理课过程性教学课例剖析 …………………………………………………… 65
　　　3.2.1　课例1　正弦定理 ………………………………………………… 65
　　　3.2.2　课例2　最简三角方程的解法(1) ………………………………… 69
　　　3.2.3　课例3　点到直线的距离公式 …………………………………… 74
　　　3.2.4　课例4　直线与平面垂直 ………………………………………… 80

第4章　习题课过程性教学探析 ……………………………………………………… 86
　4.1　探究归纳　聚焦习题课过程性教学 …………………………………………… 86
　　　4.1.1　数学习题课的分类 ………………………………………………… 86
　　　4.1.2　对习题课课例设计的认识 ………………………………………… 89
　　　4.1.3　对习题课课堂教学环节的认识 …………………………………… 91
　4.2　习题课过程性教学课例剖析 …………………………………………………… 94
　　　4.2.1　课例1　指数函数与对数函数的图像与性质的应用 …………… 94
　　　4.2.2　课例2　空间角 …………………………………………………… 99
　　　4.2.3　课例3　椭圆的标准方程和性质的应用 ………………………… 104
　　　4.2.4　课例4　排列组合的基本方法 …………………………………… 109

第5章　复习课过程性教学探析 ……………………………………………………… 115
　5.1　注重梳理　夯实复习课的过程性教学 ………………………………………… 115
　　　5.1.1　以学生为主体的知识网络的自我构建 …………………………… 115
　　　5.1.2　以学生为主体的解题思路的自我探究 …………………………… 117
　　　5.1.3　以学生为主体的解题方法的自我总结 …………………………… 118
　　　5.1.4　以学生为主体的数学思想方法的体验 …………………………… 119
　5.2　复习课　过程性教学课例剖析 ………………………………………………… 120
　　　5.2.1　课例1　等比数列(高三复习课) …………………………………… 120
　　　5.2.2　课例2　排列组合 ………………………………………………… 126
　　　5.2.3　课例3　平面向量背景下的数形结合 …………………………… 131
　　　5.2.4　课例4　直线与二次曲线的位置关系 …………………………… 138

第6章　拓展课、研究课过程性教学探析 …………………………………………… 146
　6.1　全程关注　开创拓展型课程、研究型课程过程性教学 …………………… 146
　　　6.1.1　数学拓展型课程、研究型课程过程性教学的原则 ……………… 146
　　　6.1.2　数学拓展型课程过程性教学的4个过程 ………………………… 148
　　　6.1.3　数学研究型课程过程性教学的4个过程 ………………………… 149

  6.1.4 拓展型课程的选材途径 ………………………………………… 150
  6.1.5 研究型课程的选题途径 ………………………………………… 153
 6.2 **拓展研究课过程性课例探析** ………………………………………… 154
  6.2.1 课例1 圆锥曲线名称的由来探源（拓展课） …………………… 154
  6.2.2 课例2 复数的三角式（拓展课） ………………………………… 159
  6.2.3 课例3 对加法原理和乘法原理的再探索（拓展课） …………… 164
  6.2.4 课例4 弯管制作中的数学模型揭秘（研究课） ………………… 170

参考文献 …………………………………………………………………………… 180
后记 ……………………………………………………………………………… 181

总　　论

《普通高中数学课程标准》(2017版)(以下简称"新课标")在课程性质中指出:"数学教育承载着落实立德树人根本任务、发展素质教育的功能.数学教育帮助学生掌握现代生活和进一步学习所需的数学知识、技能、思想和方法;提升学生的数学素养,引导学生会用数学的眼光观察世界,会用数学的思维思考世界,会用数学的语言表达世界;促进学生思维能力、实践能力和创新意识的发展."落实新课标,是摆在我们数学教育工作者面前的一个重大课题.为实现上述教育目的,必须关注教育教学的每一个环节,因此研究高中数学过程性教学成为课改中的一个重要议题.

一、实施高中数学过程性教学的意义

所谓的高中数学过程性教学就是遵循"数学过程性"原则的高中数学教学.何良仆先生在《论数学教学的过程性原则》[①]中对"过程性教学原则"作了如下阐述:所谓"过程性原则"是指数学教学必须以知识的发生、发展和认知形成的内在联系为线索,充分展现和经历其中的思维过程,使学生能够积极主动地参与发现的过程.使学生能够积极主动地自主学习,主动探索知识,发展其探索创新能力.从上述表述不难看出,在高中数学教学中实施高中数学过程性教学是落实新课标的一个有效途径和重要举措,具有深远的现实意义.

1. 实施高中数学过程性教学有利于学生的发展

苏霍姆林斯基说:"在人的心灵深处,都有一种根深蒂固的需要,这就是希望自己是一个发现者、研究者、探索者."因此从这个意义上说,数学的学习就是要帮助学生努力实现这些希望.

研究显示,数学能力带有先天遗传差别,个人的发展速度是不同的.速度不同又使其数学进一步发展的"成熟"水平不同,只有在适当的经验基础上个人的数学能力才能充分实现,经验缺乏将阻滞学生的进步,而学生经历高中数学过程性教学的过程恰恰为学生的学习积累了这种经验.所有学习应集中在学生的兴趣和需要上,经验所引起的兴趣,是学习最好的刺激,是教学的基础.揭示数学过程本质上追求的是学生可持续发展的动力,揭示数学过程满足了学生对知识产生、发现和发展的好奇和创新欲.经验是对外界事物的理解或对原有知识的认知,兴趣是产生认知的动因,新知和原有认知作用产生了价值,这些弥补了经验的缺

---

① 西南科技大学学报(哲学社会科学版)2011年第二期

失,激发了学习的兴趣和需要,引导学生求解问题的真知成了教学过程中各阶段的任务.为此,实施高中数学过程性教学正好满足了学生的认知发展需要.

课本上的数学知识大多隐去了发现的过程,即略去了发生、发展的形成过程,其中的数学知识、解题方法犹如帽子戏法一样突然、神秘,会给学生造成一种高不可攀的想法.我们只有通过揭示数学过程,让学生经历了知识的发现、发生、发展过程,知识内在的发展规律与学生思维活动才有可能形成高度统一,进一步促进学生的思维能力、实践能力和创新能力的发展.

具体来说,就是让学生在主动积极地建构数学知识的过程中,真正体验到成功的喜悦.学生参与数学知识揭示数学过程,独立自主地思考、探索规律,从中既学到了知识,又学会了学习、思考和解决问题的方法,达到了训练科学精神、科学思维的效果.从这个意义上讲,实施高中数学过程性教学满足了学生学会学习的需要,促进了对各层次学生学习的递进,有利于学生可持续发展.

在揭示数学过程的活动中,伴随着民主、平等、宽松的学习氛围,展示的是学生勇于探索、求异创新的才干,以及合作交流、创新意识、独立思考问题的能力也都得到了发展.正是由于这种活动,学生的自信心、自我意识和自主能力也随之得到强化.通过过程性教学,使"学习数学的人正是发现数学的人"成为现实,学生的主体地位才能得到真正的落实.揭示数学过程要求鼓励学生积极参与数学活动,提出并解决问题,谈论处于自己生活环境中以及处于广阔社会环境中的数学.要求学生清晰表达自己的概念和假说,正视他人的观点,接受挑战与矛盾,而这些正是新概念生长和立足所必需的土壤.揭示数学过程要组织展开名副其实的生与生之间、师生之间的合作学习,在课题研究和问题解决中,学生的自信心和参与意识空前高涨,学生的批判性思维能力、创新能力、实践能力和社会问题参与能力获得长足进步.因此,实施高中数学过程性教学,促进了学生思维能力、实践能力和创新能力的发展.

2. 实施高中数学过程性教学促进了教学评价内涵的发展

在传统的评价中,学生考分几乎成了评价学生的唯一标准,这种只见分数不见人的评价方法忽略了对学生学习过程的评价,带有很大的片面性.所谓学习过程性评价顾名思义就是针对学生的学习过程进行的评价,过程性评价的"过程"是相对于"结果"而言的,它具有导向性.过程性评价不是只关注过程而不关注结果的评价,更不是单纯地观察学生的表现,而是关注教学过程中学生智能发展的过程性结果,如解决现实问题的能力、提出问题的能力等,及时对学生的学习质量水平作出判断,肯定成绩,找出问题,促进学生对学习过程进行积极反思,从而更好地把握学习的方式方法是过程性评价的任务.过程性评价的功能不是体现在评价结果的某个等级或者评语上,更不是要区分与比较学生之间的态度和行为表现.从教学评价标准所依据的参照系来看,过程性评价属于个体内差异评价,即一种把每个评价对象个体的过去与现在进行比较,或者把个体的有关侧面相互比较,从而得到评价结论的教学评价类型.评价的功能主要在于及时地反映学生学习中的情况,促使学生对学习的过程进行积极的反思和总结,而不是最终给学生下一个结论.

由于实施高中数学过程性教学的过程是以学生的活动为主,学生的活动大部分都暴露在教师和同学面前,这为进行学习过程性有效评价提供了可能和条件.实施过程性教学为我们全面了解学生的学习历程、激励学生的学习发挥良好的推动作用,同时为教师改进教学提供了依据,促进了教学评价的内涵发展.

3. 对过程性教学的探索、研究有利于教师的专业发展

由于传统教育往往只注重结果而不注重过程,造成单纯关注解题多、研究学生的需要少、关注学生的发展少的现象.因对于学习者可接受的能力怎样、知识准备怎样、教学策略应该怎样等问题的研究较少,故教师不能看清问题的本质,未能找到有效解决问题的方法,导致教育者只能被动地解决碰到的问题,其结果只能是疲于应付,其专业发展往往只停留在应试教学的水平上.

素质教育关心的是人的发展.知识是中介,活动是依托,人是发展核心.数学学习包括学生对环境的积极反映和自主探究,如找出关系、建立模型、通过调查、发现、游戏、讨论和合作研究等活动,培养学生学习的自信心、积极性以及良好的情感,即数学教育应为学生的数学学习创设适当的建构环境和经验基础,培养学生积极自发地探索数学的动力.要关注学生的情感、动机和态度,抵御学习的消极因素,其方法是通过学生生来就有的好奇心,发扬其创新精神,使其自我表现,获得广泛的数学经验,促进学生自我的全面发展.以揭示数学过程性为核心的课堂教学包含了十分丰富的创新内涵,具有非常广阔的探索空间.以揭示数学过程性为中心的教学则需要教师对于教育的理解和认识十分深入,通过独立思考,围绕实现数学教学在知识与技能、过程与方法、情感态度和价值观等方面的目标在实际教学中去创新.从这个意义上来讲,揭示数学教学的过程性,有利于教师的专业发展.

4. 实施高中数学过程性教学是进行课改的有效途径

1988年,上海市启动了中小学课程教材改革的一期课改,明确提出,要把培养学生的素质放在核心位置,并率先提出发展学生个性这一理念.在课程结构上设置了必修课、选修课和活动课三大板块,改变了单一的必修课的状况,给学生课程选择权.1998年,为了适应上海城市发展和高素质人才发展的需求,提出了以学生发展为本,围绕突破考试文化的制约,以素质教育、创新精神和实践能力培养为重点的二期课改.二期课改确立了课程是为学生提供学习经历并获得学习经验的观念,以德育为核心,强化科学精神和人文精神培养;以改变学习方式为突破口,培养学生的创新精神与实践能力;加强课程的整合,促进课程要素之间的有机联系.

上海市第六十中学是原闸北区唯一一所高中首轮课改整体实验学校,同时又是二期课改的实验学校.学校积极参与课改,开展基础课、拓展课、研究课等课程教学的研究,经过30余年的探索实践,"成才教育思想"持续深化、不断丰富,学校办学水平得到了有效提升.

在"成才教育思想"的引领下,笔者所在组室开展了相关课题研究,撰写多篇相关论文,完成了市级课题"学生成才意识培养研究"的子课题"问题家庭对学生成才意识培养影响"的研究并结题,撰写的结题报告获上海市教科院、上海市家庭教育研究会等单位颁发的上海市

2003年家庭教育优秀论文奖.由于以"为学生提供学习经历并获得学习经验"的理念指导教学、实施教学,作为课题研究对象的2003届学生在高考中取得了上海市第六十中学自恢复高考以来的最好成绩,同时使"高中数学过程性教学"形成了雏形.

两区合并后,作为一所市实验性示范性高中,学校又迎来了新一轮更大的发展.学校抓住机遇,开展了针对课改的一系列研究,如承担了市级课题"在全景式课程中建设'1+X'课程群的实践研究";依据"成才教育"办学思想和理念积极构建并形成学校课程体系.据此,学校办学水平得到了更大的提升.

对于学生来说,客观上或多或少地存在学科发展不平衡问题.要让每一个学生在数学上都能得到发展,必须创设适合不同天资和基础的学生需要的数学教学方法.据此,采取以下做法:

(1) 明价值、激动机,增强成才的动因

受到伽利略"大自然,这部伟大的书,是用数学语言写成的"启发,积极开展用数学眼光观察世界,用数学思维思考世界的学习活动,认真落实课本上的"探索与实践"课题,通过数学建模帮助学生明确数学的价值,激发动机,增强成才的动因.如,辅导的学生课题"弯管制作中的数学模型揭秘"成果荣获静安区青少年科技创新暨明日科技之星活动青少年科技成果奖等.

(2) 关注过程,促进学生发展

在课堂如何实现课程纲要所制订的目标,笔者认为必须遵循"过程性原则",即数学教学必须以知识的发生、发展和认知形成的内在联系为线索,充分展现和经历其中的思维过程,使学生能够积极主动地参与发现的过程中来,能够积极主动自主地学习、主动探索,发展其探索创新能力.

(3) 做好分层教学,做到因材施教

遵循因材施教原则,如对学困生采取了降低问题"台阶",增设问题串,理思路、重演算,在演算中步步推进,使其获得成功感;对于学优生,利用拓展课、研究课和个别辅导等方式和途径进行培优,让他们的潜能和特长得到更大的发挥.因为遵循了以"高中数学过程性教学"为主体的教学原则,使得学生成绩得到大幅度的提高,看到了实实在在的效果.近年来,数学组学科成绩一直名列学校各科和区数学学科前茅且保持高位稳定,多名学生在全国数学竞赛、"希望杯"全国数学邀请赛、新知杯、上海市TI杯数学竞赛等赛事上获奖.但同时我们也看到,随着课改的不断深化,我们对"高中数学过程性教学"的研究也要同步深入.我们有理由相信,随着我们对"高中数学过程性教学"研究的深入,必然会收获更多的教学成果.

纵观上海的两期课改直至今日,数学"过程性教学原则"无论是在方法还是理念上都与课改的理念和新课标的要求完全契合,因而实施高中数学过程性教学是进行课改的有效途径.

二、实施高中数学过程性教学的途径

首先是教师要更新教育理念,要将过去重视结论的教学方式转变到重视过程的教学方式上来,其次要做好下列工作.

1. 丰富"学科教学知识",创造实施过程性教学的必要前提

学科教学知识(简称:PCK)的概念是由美国教育心理学家李·舒尔曼(Lee S. Shulman)于1986年提出的,其含义是:教师在教学中所用的知识与学科的知识与技能不同,它是教师根据教学要求对学科知识的一种筛选、重组和对教学形式的一种创造. PCK 是一种融学科知识和教学知识为一体的特殊的教师知识与能力,是教师个人独一无二的教学经验,其包含着学科知识、一般教学法知识、情境知识和学生知识等.

PCK 之所以成为最核心的教师知识,是因为它与课堂有密切的关系. PCK 作为学科教学与教学知识、教学理论与教学实践知识的一种高度的融合,是教师在特定课堂环境中对学生所需学习的知识内容形式的一种创造,因此 PCK 是实施高中数学过程性教学过程的一个关键的知识准备. 由于 PCK 是教师个人独一无二的教学经验,是教师在特定时刻、特定情景中对可利用的条件和各种知识的整合,是教师知识结构的核心部分,因此为实施有效的高中数学过程性教学的个性化教学创设了条件.

PCK 的建构必须置身于教学实践中,在实现教学目标的过程中将学科知识与教学能力融为一体,而教师知识与能力的发展,关键就在于理解课堂教学复杂的实际工程. 教师必须在瞬息万变的过程性教学的课堂中,根据学生的实际反应、发展情况和出现的其他情况,对自己的教学内容和教学方法进行调整,选择适当的教学对策与手段. 通过不断反思、不断融合,以创造实施过程性教学、丰富"学科教学知识"的内涵.

2. 遵循 SOLO 分类评价原则,提高思维品质,实现各层次学生学习的递进

SOLO 为"Structure of the Observed Learning Outcome"的缩写,意为:可观察的学习结果结构. SOLO 分类评价理论是香港大学教育心理学教授比格斯(J. B. Biggs)首创的一种学生学业评价方式.

在过程性的评价中,要特别凸显对学生思维层次的评价,尤其是对 SOLO 分类评价理论的关注.

SOLO 分类评价是一种以等级描述为特征的质性评价方法,它把学生的认知过程分为5个层次.

(1)前结构层次

学生没有真正理解问题,尝试使用之前所学的知识解决问题,但被之前学习的知识误导,不能轻易得到答案;回答问题的逻辑结构混乱或者与问题无关.

(2)单一结构层次

学生可以对问题进行分析、理解,但是理解的程度较为浅显、单一,只能发现其中的某个单一联系,而忽视问题中多种相关联系,往往找到一个线索后就急于得到答案.

(3)多元结构层次

学生可以发现问题的多种特征,但是对问题的综合分析能力比较欠缺,不能融会贯通.

(4)关联结构层次

学生能把问题的多种特征和相关的信息整合,利用自身所学知识解决问题.

(5) 抽象拓展层次

学生能够深层次理解问题,运用所学知识进行概括总结,灵活利用几何、代数等知识,并能在具体问题上发散思维,进行拓展延伸.

SOLO分类评价方式具有层次性,学生在面临新的任务时,需要经历每一个水平,学生可以借助以前的任务经验,帮助自己从一种反应水平过渡到另一种反应水平,在这里,前一种反应是后一种反应的基础. 而"高中数学过程性教学"恰恰是以知识的发生、发展和认知形成的内在联系为线索,充分展现和经历其中的思维过程为目标,因此SOLO分类评价方式等先进的评价方式是高效实施"高中数学过程性教学",提高学生思维品质,实现各层次学生学习递进最适合的评价方式之一.

3. 做好课型分类和教学方法的制订,深化高中数学过程性教学

在过程性教学中,不同的教学目的、内容和方法有不同的特征和要求,它们均会集中地反映在不同的课型上. 划分高中数学课型的依据主要有三项.

(1) 教学的目的、任务

从总的方面讲,数学教学的任务就是传授数学知识,培养技能、技巧和发展认识能力,但完成此任务要经历一个认识过程,而这个过程又由许多相对独立的环节组成. 如从感知知识到理解知识再到巩固掌握知识,并运用于实践,在反复练习中形成技能、技巧. 这就决定了在同一内容的教学过程中,每个阶段所担负的目的、任务不会相同. 不同的教学目的、任务决定了课的不同类型,教学目的、任务的多样性,决定了课的类型的多样性. 一个相对独立的教学过程必然是由不同类型的课型构成的完整体系,通过概念课、原理课、习题课、复习课等的过程性教学来实施教学的全过程.

(2) 教材内容

不同单元的教材内容、分量多少不同,难易程度不同,知识之间逻辑关系的紧密程度也有差异,所有这些都决定了在教材的教法上有区别. 有的教材,需要整堂课或几堂课都用来叙述新内容,如函数的基本性质的教学等. 有的则需要整堂课或几堂课进行复习,如圆锥曲线的教学等. 对于难度较高的内容,往往要采取降低"坡度"、增加学习时间的方法加以处理. 对于难度较低的内容,采取举一反三、缩短学习时间的方法进行处理,如空间向量的运算等. 而对于分量较少又相对独立的教材,则可以在较少课时内完成教学过程,如二项式定理等. 与此同时,所有安排都要注意逻辑联系,这样才会使重点突出、难点分散,才能使课程结构完整,避免支离破碎,使得知识之间的联系更加紧密. 可见,教材内容性质的多样性决定了同类课型的内容、教学方法的丰富性.

(3) 学生的年龄特点和知识水平

在高中阶段,逻辑思维逐渐占据主导地位,并随着年龄的增长日益成熟. 高一学生的数学模型积累少,知识交叉少,形式记忆多,融会贯通不够、逻辑思维水平不高,处于学习习惯养成的关键期和高中学习方法的摸索期;高二学生的数学模型积累增多,知识交叉也在增加,体验内化增多,逻辑思维水平有明显提高,学习习惯基本养成,学习方法趋于成熟;高三学生的数学模型积累达到一个新的高度,在中学数学的层面上知识交叉全面,逻辑思维成熟,思维的品质有明显提高,因此教学可以加宽拓深.这些特点成为不同类型课的过程性教学的研究点.

总之,课程类型的决定和划分,是教学过程复杂性的反映,受到教学过程诸多因素的制约.教学中,如果能够从实际出发,正确地、合乎规律地选择和运用不同类型的课型,就会使教学过程体系完整、进行顺利、效率提高.

不同学科有不同的授课类型,不同学者对授课类型又有不同的分类方法,传统上基本可分为讲授新知课、习题课、复习课等.从教学目的、内容和学生的年龄特征等因素出发,高中数学的授课类型应在原来的基础上增加初高中衔接课、数学拓展课和数学研究课3种类型,同时将新知课划分为概念课和原理课,共计7种类型.

在不同课型中,怎样落实过程性教学的原则,提升高中数学核心素养,是摆在我们数学教师面前的一个重大且有深远意义的课题,不同的课型肯定有不同的授课方法.本书在结合笔者几十年特别是参与课改和多轮高中教学实践的基础上,对上述7种课型的课例进行探索,以期抛砖引玉,为校本课程的建设添砖加瓦.

第1章 初高中衔接课过程性教学探析

1.1 平稳过渡 做好初高中衔接过程性教学

学生由初中升入高中面临的不仅仅是一个新的环境,更重要的是要面对新的更难、更庞大的知识系统和由此带来的接受层面的挑战.尽管高一学生通过升学考试后择优录取,他们中的绝大部分智力水平相对较高,知识基础较好,学习态度较端正,但相较于初中,高中内容的抽象性和逻辑性加深,学习的难度有明显提高.由于部分学生对高中的学习准备不足,造成对高一数学学习不适应,有成绩下降明显等情况出现.其主要原因是什么?笔者认为是学习方法和知识储备等方面不足所致.怎样才能帮助学生克服这些困难是一个迫切需要去完成的重要任务.因此,必须切实做好初高中的衔接工作,把初高中的衔接看成高中数学教学的一个重要的教学过程加以对待并给予高度的重视,要把初高中衔接过程性教学看成初高中知识同化与顺应以及学习方法过渡的一个重要的"窗口期"来对待.

1.1.1 找准初中生与高中生、初中与高中教学内容差异是实施初高中衔接过程性教学的基本前提

初中生与高中生相比较,首先是因年龄特征的原因造成认知能力和思维品质等方面存在极大的差异.其次是初高中在学习的内容和学习方法上也存在极大的差异.

1. 高中生与初中生思维的层次区别

初中生的思维特点.优点方面:敏锐性强,具体表现为记忆力好、反应速度快、思考问题角度新.思维的层次:思维的不成熟性.具体表现为:①思维层次不高、片面、不系统.如,对数学概念、原理等数学知识的理解往往停留在表面阶段,没有脱离具体的表象而形成抽象的概念;对事物的认知停留在局部的层次,没有把握事物的本质,思维往往是线性的,忽略知识之间的联系,不注重思维方式的变化,不能从多方面、多角度来考虑问题.②思维定势.如,在解决问题的时候惯性思维,思维上比较消极与保守,不愿意大胆革新与尝试;不能够从多角度、全面整体地看待问题.初中生在对已有知识进行学习和总结之后,往往形成固定模式的解题套路,因此在遇到新问题的时候往往不能作出灵活处理,而是仅仅凭反应切入问题,结果面

临新的问题往往只能是浅尝辄止.

2. 初中生高中生在思维和能力上的差异

1) 在自学能力上的差异

因受到初中生的年龄特征和认知水平等因素的影响和限制,在初中的数学教学中,对一些常见的题型和知识点反复进行讲解和训练.学生在课堂上搞懂,作业与考试中的问题基本都能得到解决,因此自学能力强的学生比高中生要少得多.而高中生在高中阶段面临的问题相对于初中生要抽象和复杂得多,随着新课标的不断落实和高考改革的不断深入,数学题型呈现出多样性和新颖性等特征.这些问题的解决只有通过自学和独立思考才能达到深刻的理解,并形成创新能力之后才能得到很好的解决.因此,一个合格的高中学生应有良好的自学能力.

2) 在思维习惯上的差异

由于初中学习的知识面窄,知识的层次也较低,因此解决问题的方法往往也比较单一.相对于高中学生,初中生在思维习惯上呈模仿的多、自由发挥相对比较少的特点.而相对初中,高中的知识面广、知识的容量大,内容抽象且难度大,知识点内部和知识点与知识点之间融合而形成的新问题也层出不穷,因此仅仅靠模仿是不能解决问题的.学生必须通过对数学解题方法的归纳、总结和融会贯通,才能内化成自身的能力.也只有这样,学生才能养成良好的思维习惯.

3. 初中与高中教学要求的差异

1) 字母与常数的差异

在初中数学问题表述和结论的呈现中,往往只用到常数,学生只要进行定量分析即可,因而这种思维和问题的解决只停留在对简单问题解决之中.如,在初中二次函数问题中系数基本不出现字母,而高中系数出现字母是常态.例如:函数 $f(x)=-x^2+2mx+1$,$x \in [1,3]$ 的最大值为_____.这样的问题就十分常见.

2) 数学思想方法多样性与复杂性激增的差异

初中问题解决的方法和手段相对单一,而高中就要在数学思想方法上呈现多样性和复杂性.同时在高中的某些数学问题中往往既存在常数又存在字母,且在字母中往往又有参数与自变量之分,同时参数与自变量还存在相对性变化的情况.

例如 已知函数 $f(x)=2^x$,$g(x)=-x^2+2x+b$,若 $x_1, x_2 \in [1,3]$,对任意的 x_1,总存在 x_2,使得 $g(x_1)=f(x_2)$,则 b 的取值范围是_____.

分析 求两个函数的值域① $f(x)=2^x$,$x \in [1,3]$ 的值域为:$A_{f(x)}=[2,8]$.
② $g(x)=-x^2+2x+b$,$x \in [1,3]$ 为减函数,得:$A_{g(x)}=[b-3, b+1]$ [在求 $g(x)$ 的值域过程中,x 是自变量,b 被看成参数了].由题意:$A_{g(x)} \subseteq A_{f(x)}$,从而得到:$\begin{cases} b-3 \geq 2 \\ b+1 \leq 8 \end{cases}$ (在这里 b 又上升为变量了),即 $b \in [5,7]$.

3) 大量隐含条件存在的差异

与初中相比,在高中数学问题中的隐含条件明显增多,因而大大增加了问题解决的难度. 例如在"已知 $f(x) = \dfrac{2^{1+x} + 2^{1-x} + \arcsin x}{2^x + 2^{-x}}$ 的最大值和最小值分别是 M 和 m,则 $M+m$ = _____."问题中,函数 $y = \dfrac{\arcsin x}{2^x + 2^{-x}}$ 是奇函数就是一个隐含条件,如果学生没有发现,从正面去解,求出函数的最大值和最小值,这对于学生来说难度大大加大,对于没有学过导数的同学来说解决此问题几乎不太可能.

4) 建立在合理推理上的运算量激增的差异

由于与初中相比高中数学问题的复杂性,对解题必然提出了更高的要求,其中就包括了在合理推理的基础上数学运算的合理性和准确性的要求,同时也不可避免地带来运算量的激增.

例如 已知函数 $f(x) = \begin{cases} |\ln x|, & 0 < x \leqslant 2 \\ f(4-x), & 2 < x < 4 \end{cases}$,若当方程 $f(x) = m$ 有 4 个不相等的根 $x_1, x_2, x_3, x_4 (x_1 < x_2 < x_3 < x_4)$ 时,不等式 $kx_3 x_4 + x_1^2 + x_2^2 \geqslant k + 11$ 恒成立,则实数 k 的最小值为( ).

A. $\dfrac{9}{8}$;   B. $\sqrt{3} - \dfrac{1}{2}$;   C. $\dfrac{25}{16}$;   D. $2 - \dfrac{\sqrt{3}}{2}$.

本题的基本思路为,通过分离参数,引入函数,求出函数的最值来解决问题. 如图 1-1, 由 $2 < x < 4, f(x) = f(4-x)$ 知:函数 $y = f(x)$ 的图像关于 $x = 2$ 对称[或由 $x \in (2, 4)$ 得: $4 - x \in (0, 2)$], 由 $f(x) = f(4-x)$ 得: $f(x) = f(4-x) = |\ln(4-x)|$, 由 $|\ln x_1| = |\ln x_2|, x_1 \in (0, 1), x_2 \in (1, 2)$ 得到 $-\ln x_1 = \ln x_2$,从而得: $x_1 x_2 = 1$, 由 $|\ln(4-x_3)| = |\ln(4-x_4)|, x_3 \in (2, 3), x_4 \in (3, 4)$, 得到 $-\ln(4-x_4) = \ln(4-x_3)$,从而得: $(4-x_3)(4-x_4) = 1$, 由函数 $y = f(x)$ 的图像关于 $x = 2$ 对称得到: $x_1 + x_2 + x_3 + x_4 = 8$, 由图像知: $x_3 x_4 - 1 > 0$, 由 $kx_3 x_4 + x_1^2 + x_2^2 \geqslant k + 11$ 得到: $k \geqslant \dfrac{11 - (x_1^2 + x_2^2)}{x_3 x_4 - 1}$, 令 $T = \dfrac{11 - (x_1^2 + x_2^2)}{x_3 x_4 - 1}$, 由 $(4-x_3)(4-x_4) = 1$ 得到

$x_3 x_4 = 4(x_3 + x_4) - 15$,结合 $x_1 + x_2 + x_3 + x_4 = 8$(由函数的对称轴得到)得到 $x_3 x_4 - 1 = 16 - 4(x_1 + x_2)$; 结合 $x_1 x_2 = 1$ 得到 $11 - (x_1^2 + x_2^2) = 13 - (x_1 + x_2)^2$, 于是 $T = \dfrac{13 - (x_1 + x_2)^2}{16 - 4(x_1 + x_2)}$, 由 x_1, x_2 大于零不相等得不等式 $x_1 + x_2 > 2\sqrt{x_1 x_2} = 2$, 以及 $1 < x_1 + x_2 < 3$ 知: $-3 < x_1 + x_2 - 4 < -1$. 令 $t = x_1 + x_2 - 4$ 得到函数:

$$T = \dfrac{1}{4}\left(t + \dfrac{3}{t} + 8\right), t \in (-3, -1).$$ 从而得到: $T_{\max} = T(-\sqrt{3}) = 2 - \dfrac{\sqrt{3}}{2}$,于是有:

$k \geqslant T_{\max} = 2 - \frac{\sqrt{3}}{2}$,最后得到:$k_{\min} = 2 - \frac{\sqrt{3}}{2}$.

本题运用到函数图像、不等式的性质、函数值域等知识点,并且在知识点运用准确和合理的推理基础上,还需要处理好烦琐的、复杂的计算问题,计算过程稍有不慎,问题就无法得到正确的解决.

5) 大量新题型出现的差异

在高中学习中重视研究性学习,倡导自主探索、实践体验和学习交流的方式.因而研究性和构造性问题也是层出不穷.例如:

问题 1(2015 年上海高考题) 对于定义域为 R 的函数 $g(x)$,若存在正常数 T,使得 $\cos g(x)$ 是以 T 为周期的函数,则称 $g(x)$ 为余弦周期函数,且称 T 为其余弦周期.已知 $f(x)$ 是以 T 为余弦周期的余弦周期函数,其值域为 R. 设 $f(x)$ 单调递增,$f(0) = 0$,$f(T) = 4\pi$.

(1) 验证 $h(x) = x + \sin \frac{x}{3}$ 是以 6π 为周期的余弦周期函数;

(2) 设 $a < b$,证明对任意 $c \in [f(a), f(b)]$,存在 $x_0 \in [a, b]$,使得 $f(x_0) = c$;

(3) 证明:"u_0 为方程 $\cos f(x) = 1$ 在 $[0, T]$ 上得解"的充要条件是"$u_0 + T$ 为方程 $\cos f(x) = 1$ 在 $[T, 2T]$ 上有解",并证明对任意 $x \in [0, T]$ 都有 $f(x + T) = f(x) + f(T)$.

问题 2(2005 年上海高考题) 对定义域分别是 D_f,D_g 的函数 $y = f(x)$,$y = g(x)$,

规定:函数 $h(x) = \begin{cases} f(x) \cdot g(x) & \text{当 } x \in D_f \text{ 且 } x \in D_g \\ f(x) & \text{当 } x \in D_f \text{ 且 } x \notin D_g \\ g(x) & \text{当 } x \notin D_f \text{ 且 } x \in D_g \end{cases}$.

(1) 若函数 $f(x) = \frac{1}{x-1}$,$g(x) = x^2$,写出函数 $h(x)$ 的解析式;

(2) 求问题(1)中函数 $h(x)$ 的值域;

(3) 若 $g(x) = f(x+\alpha)$,其中 α 是常数,且 $\alpha \in [0, \pi]$,请设计一个定义域为 R 的函数 $y = f(x)$ 及一个 α 的值,使得 $h(x) = \cos 4x$,并予以证明.以上各题与初中的差异体现在新概念的出现和建立在新概念基础上的逻辑推理,这样的问题在初中基本上是不可能出现的.

1.1.2 找准内容、学习方法和教学方法的衔接点是实施初高中的衔接过程性教学的根本保证

高中教学内容和教学方式与初中有较大的区别,而对于刚刚进入高中学习的学生来说,必须要有一个"初高中的衔接教学过程".那么我们怎样才能实施好"初高中的衔接教学过程"呢?"初高中的衔接教学过程"从哪些方面来进行呢?笔者认为要从以下 3 个方面进行.

1. 教材内容的衔接

要以义务教育阶段数学内容为载体,为高中数学的学习提供必要的知识储备.要对初高中的知识进行梳理,了解高中所需的初中知识内容,对初中被删除和淡化而高中又必须用到的知识点进行增加和加以强化.具体要增加和强化的知识点如下.

(1) 因式分解:在提取公因式法、公式法的基础上,加强对含字母的多项式的十字相乘法、分组分解法、求根公式法及待定系数法等方法教学.同时对下列公式进行补充学习:$(a+b+c)^2=a^2+b^2+c^2+2ab+2bc+2ca$, $(a+b)^3=a^3+3a^2b+3ab^2+b^3$, $(a-b)^3=a^3-3a^2b+3ab^2-b^3$, $a^3+b^3=(a+b)(a^2-ab+b^2)$,缺少了这些公式,代数化简运算就无法进行.

(2) 幂运算:在同底数幂的运算法则的基础上,进一步加深对零指数幂、正负分数指数幂的理解,同时理解$\sqrt[2n]{x}$(n为正整数);$\sqrt[2n+1]{x}$(n为正整数)根式成立的条件.

(3) 一元二次方程:在配方法的基础上理解求根公式的由来,进而推导和理解韦达定理,并能运用求根公式和韦达定理解决相关问题.

(4) 二次函数:在配方法的基础上,理解二次函数顶点式的由来,在$\Delta \geqslant 0$的基础上导入二次函数的两根式(即零点式),进一步完善二次函数的三种解析形式.

(5) 一元一次不等式、一元二次不等式:会解一元一次不等式、一元二次不等式,并能从一次函数和二次函数图像等函数观点来理解方程根的意义,认识不等式解的意义.

(6) 函数图像变换:要在复习平移的基础上,导入对称和翻折变换.

(7) 圆:理解圆心角、圆周角的定义;掌握圆心角、圆周角定理"一条弧所对的圆周角等于这条弧所对的圆心角的一半"以及圆周角定理的推论"同弧所对的圆周角相等;同圆或等圆中相等的圆周角所对的弧也相等;直径所对的圆周角是直角;90°的圆周角所对的弦是直径".理解圆内接四边形的定义;理解四点共圆的条件.

(8) 三角形的内心:理解三角形内心的定义,理解三角形内心的性质.

(9) 三角形的外心:理解三角形外心的定义,理解三角形外心的性质.

(10) 三角形的垂心:理解三角形垂心的定义,理解三角形垂心的性质.

(11) 三角形的重心:理解三角形重心的定义,理解三角形重心的性质.

以上内容,有些初中没有讲到,有些在初中没有讲到位,而这些知识在高中教材上没有,但高中往往又要用到.

2. 学习方法的衔接

在初中因为教学内容相对较少,难度相对较低,教师讲得细致,题型归纳相对较全,一般在解题过程中,大部分问题通过对号就能入座.加之初中生年龄和心理特征等因素的限制,学生习惯围着教师转,相对独立思考和对问题一般规律的自我归纳总结就比较少.到了高中,由于教学内容多,分配到每个教学内容的时间相对就大大减少了,因此教师只能通过选择一些典型内容进行教学.加上高中科目相对较多,因此课业负担较重,课后作业很难多而全.如果到了高中仍沿用初中的学习方法,其结果是可想而知的.

鉴于以上分析,在教学中要体现以学生为主体的原则,体现以学生发展为本的教学原则.要弄清学生从哪里来、到哪里去、怎么去三个问题,有针对性地开展教学.要教育引导学生一定要努力做到:①养成自我阅读的习惯,在教师的指导下认真阅读数学课本,通过阅读自学梳理知识体系;②提高听课效率,要通过听课进一步体验知识发生与发展的过程,力争从源头搞懂知识的来龙去脉,达到准确掌握基础知识的目标;③积极参与课堂讨论,发表自己的见解,借此机会,锻炼自己的理解力和提高对问题钻研的热情,同时习得研究问题的方法;④课后要注意对课上的学习内容加以消化、融会贯通,并进行自我的总结.这种总结不能单单是这一课的,最好能与前面的知识进行联系,达到知识点的结网、方法内化,以期纲举目张;⑤认真完成作业,通过作业进一步加深对课堂所学知识的理解,巩固"四基";⑥课后要整理好课堂笔记和错题,为知识点的结网和进一步升华理解、内化成为能力提供平台.

3. 教学方法的衔接

在高中,数学知识的习得必须在教师的引导下,通过学生主动的思维活动而完成.实现这一目标,就必须靠学习方式的转变,而要实现学生从初中到高中的学习方式的转变,必须通过教学活动来实现.因此,在"初高中的衔接教学过程"中,要切实做好教学方法的衔接,帮助学生自然而然地实施好从初中到高中的学习方式过渡.

从教师的角度来讲要做到:①刚刚开始时教学容量不能太多,教学节奏不能太快,教学容量的增加和教学节奏的加快都必须遵循循序渐进的原则,让学生利用"初高中的衔接教学过程"中的初中问题的复习和引申的机会,对高中的课堂容量和节奏有一个适应的中间过渡过程;②创设情境,揭示知识的提出过程和知识的形成过程,讲清知识的来龙去脉;③在解题过程中,要揭示解法形成过程;④要注意对知识体系、解题方法和规律的概括,使学生对所学知识的理解更加深刻,为高中学习方法的形成提供一个可以潜移默化的习得平台.

1.2 初高中衔接"过程性教学"课例剖析

1.2.1 课例1 二次函数观点下的一元二次方程

【教材内容分析】 本节课是上教版高一数学第一学期(试用本)第二章第二节(2.2)的"一元二次不等式"的解法后专门安排的一节衔接课.一元二次方程是贯穿初、高中数学教学的一个重要的教学内容,在高中的函数研究和解析几何的弦问题的研究等高中数学模块中都有广泛的应用,尤其是其中的韦达定理,是高中进行数学运算使用频率极高的运算公式.同时,一元二次方程、一元二次不等式、二次函数有着太多的联系和应用,因此必须予以加强. 为实现这一目的,我们特意安排了在函数的观点下重新审视一元二次方程以加强韦达定理教学的这样一节初高中衔接课.

【学生学习情况分析】 本节课是在学生系统学习了二次函数和一元二次方程之后,学生基本掌握了一元二次方程解法和二次函数的研究方法的基础上进行的. 韦达定理尽管是初中的教学内容,但因不作要求,是一个学生没有掌握好的知识点. 且因韦达定理是一元二次方程求根公式的一个"最近知识点",可以引导学生对一元二次方程求根公式的再认识;同时一元二次方程根的分布,也是一元二次方程的另一个"最近知识点",可以通过对二次函数图像描绘和观察,在教师的启发引导下,通过自主探索完成学习.

【教学目标】

(1) 经历韦达定理的形成过程.

(2) 经历在函数的观点下,研究一元二次方程根的分布的过程.

(3) 在理解韦达定理和理解研究一元二次方程根的分布的方法的基础上,能解决相关的简单的问题.

【教学重点】 韦达定理和研究一元二次方程根的分布的方法.

【教学难点】 一元二次方程根的分布.

【教学过程】

1. 结论的发现过程

1) 问题的提出

师:对于一个一元二次方程 $ax^2+bx+c=0\,(a\neq 0)$,当其系数满足怎样的条件时其两个根是不相等的正根?

2) 结论的发现

(1) 韦达定理

① 韦达定理的发现过程

师: $ax^2+bx+c=0\,(a\neq 0)$ 在 $\Delta>0$ 时,它的两个根 x_1,x_2 与系数的关系式是怎样的?

生: $x_1=\dfrac{-b-\sqrt{b^2-4ac}}{2a},\ x_2=\dfrac{-b+\sqrt{b^2-4ac}}{2a}$.

师:还可以变形吗?我们若将求根公式的两个式子相加和相乘可以得到怎样的式子呢?

生: $\begin{cases} x_1+x_2=-\dfrac{b}{a}, \\ x_1\cdot x_2=\dfrac{c}{a}. \end{cases}$

师:很好,这个结论就是著名的韦达定理. 具体我们可以表达为:对于一元二次方程 $ax^2+bx+c=0\,(a\neq 0)$,若此方程有实根 x_1,x_2,则有 $\begin{cases} x_1+x_2=-\dfrac{b}{a}, \\ x_1\cdot x_2=\dfrac{c}{a}. \end{cases}$

【设计说明】 通过求根公式观察变形来发现韦达定理,进而证明定理,力图重现定理的形成过程.通过初中的学习,求根公式对学生来说已经非常熟悉,韦达定理距离求根公式只有一步之差.作为一个著名的定理,引导学生通过推理得到,可以使学生因发现定理而产生成功的喜悦.

② 对韦达定理的理解过程

师:上面的问题"对于一个一元二次方程 $ax^2+bx+c=0\,(a\neq 0)$ 当其系数满足怎样的条件时其两个根都是正根",同学们能解决了吗?

生:只要 $\begin{cases} x_1+x_2=-\dfrac{b}{a}>0, \\ x_1 \cdot x_2=\dfrac{c}{a}>0, \end{cases}$ 即 $\begin{cases} \dfrac{b}{a}<0, \\ \dfrac{c}{a}>0 \end{cases}$ 就可以了.

师:真的吗,同学们能证明吗?(引导学生尝试证明)

生1:在 $\dfrac{c}{a}>0$ 的条件下,由 $x_1 \cdot x_2=\dfrac{c}{a}$ 知 $x_1 \cdot x_2>0$,于是有:x_1,x_2 同号,又 $\dfrac{b}{a}<0$,由 $x_1+x_2=-\dfrac{b}{a}$ 知 x_1,x_2 同正.因此上面结论成立.

生2:不一定成立,如方程:$2x^2-8x+21=0$,尽管系数满足:$\begin{cases} \dfrac{b}{a}<0, \\ \dfrac{c}{a}>0 \end{cases}$ 这一条件,但 $\Delta=64-4\times 2\times 21=-104<0$,故方程没有实根.

师:很好!这说明了什么?

生:对条件约束还不够.

师:那么我们还需要添加怎样的约束条件呢?

生:$\Delta\geqslant 0$.

【设计说明】 作为一个正确的命题,必须通过严格的证明才能得以确认;对于假命题,我们可以通过举反例加以判断;通过上述命题的证明过程,体验研究数学问题的方法.一元二次方程在 $\Delta<0$ 时有两个共轭虚根,上述的讨论为在复数中学习实系数一元二次方程埋下伏笔.

2) 利用二次函数的图像法得到的结论

师:大家知道一元二次方程的解就是相应二次函数图像与 x 轴的交点的横坐标的数值,并且每一个一元二次方程都唯一对应一个二次函数图像,那么"对于一个一元二次方程 $ax^2+bx+c=0\,(a>0)$,当其系数满足怎样的条件时其两个根是不相等的正根",我们是不是可以借助于图像得到解决问题的式子呢?

师生共同讨论得:$\begin{cases} \Delta=b^2-4ac>0, \\ f(0)>0, \\ 对称轴:x=-\dfrac{b}{2a}>0 \end{cases}$ (学生叙述,教师板书,并根据情况加以完善).

【设计说明】 数形结合是一种十分重要的数学思想方法,而思想方法是要通过具体的教学过程不断地渗透才能得以实现,是要通过体验不断得到感悟,进而内化成解决数学问题时的方法和工具.以上问题解决的过程,就是基于上述的考虑进行的一个安排,同时为等价命题的发现探索途径和方法.

2. 结论的应用过程

例1 若 x_1,x_2 是一元二次方程 $2x^2+5x-3=0$ 的两个根,求下列式子的值:

(1) $|x_1-x_2|$; (2) $\dfrac{1}{x_1^2}+\dfrac{1}{x_2^2}$; (3) $x_1^3+x_2^3$.

生:(学生自主完成,教师巡视观察并酌情提示,希沃拍照、交流、评讲)

分析 (1) $|x_1-x_2|=\sqrt{(x_1-x_2)^2}=\sqrt{x_1^2-2x_1x_2+x_2^2}=\sqrt{(x_1+x_2)^2-4x_1x_2}$
$=\sqrt{\left(-\dfrac{5}{2}\right)^2-4\times\left(-\dfrac{3}{2}\right)}=\dfrac{7}{2}.$

(2) $\dfrac{1}{x_1^2}+\dfrac{1}{x_2^2}=\dfrac{x_2^2+x_1^2}{x_1^2x_2^2}=\dfrac{(x_1+x_2)^2-2x_1x_2}{(x_1x_2)^2}=\dfrac{\left(-\dfrac{5}{2}\right)^2-2\times\left(-\dfrac{3}{2}\right)}{\left(-\dfrac{3}{2}\right)^2}=\dfrac{37}{9}.$

(3) $x_1^3+x_2^3=(x_1+x_2)(x_1^2+x_2^2-x_1x_2)=(x_1+x_2)[(x_1+x_2)^2-3x_1x_2]$

故 $x_1^3+x_2^3=\left(-\dfrac{5}{2}\right)\left[\left(-\dfrac{5}{2}\right)^2-3\left(-\dfrac{3}{2}\right)\right]=-\dfrac{215}{8}.$

例2 已知两个实数的和为 -1,积为 -12,求这两个实数.

生:(学生自主完成,教师巡视观察并酌情提示,希沃拍照、交流、评讲)

分析

方法一 设这两个数为 x,y,则 $\begin{cases} x+y=-1, \\ xy=-12, \end{cases}$ 解之得到:$\begin{cases} x=3, \\ y=-4 \end{cases}$ 或 $\begin{cases} x=-4, \\ y=3, \end{cases}$ 因此这两个数为:-4 和 3.

方法二 由韦达定理知,这两个数是方程 $x^2+x-12=0$ 的两个根,解之得:$x_1=3$,$x_2=-4$,因此这两个数为:-4 和 3.

例3 已知一元二次方程 $x^2-2x+a=0$ 有两个实根,一个根大于 2,一个根小于 2,求 a 的取值范围.

生:(学生自主完成,教师巡视观察并酌情提示,希沃拍照、交流、评讲)

分析 **方法一** $\begin{cases} \Delta=4-4a>0, \\ (x_1-2)(x_2-2)<0, \end{cases}$ 得到:

$\begin{cases} \Delta=4-4a>0, \\ x_1\cdot x_2-2(x_1+x_2)+4<0, \end{cases}$ 由韦达定理得到:$\begin{cases} \Delta=4-4a>0, \\ a-2\times2+4<0, \end{cases}$ 解之得:$a<0.$

方法二 设 $f(x)=x^2-2x+a$，由方程 $x^2-2x+a=0$ 有两个实根，一个根大于 2，一个根小于 2，所以函数的图像如图 1-2 所示.

由图像知：$f(2)=2^2-2\times 2+a<0$，解之得：$a<0$.

例 4 已知一元二次方程 $x^2+(a^2-9)x+a^2-5a+6=0$ 的一个根小于 0，另一个根大于 2，求 a 的取值范围.

生：(学生自主完成，教师巡视观察并酌情提示，希沃拍照、交流、评讲)

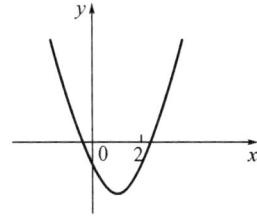

图 1-2

分析 设 $f(x)=x^2+(a^2-9)x+a^2-5a+6$

由方程 $x^2+(a^2-9)x+a^2-5a+6=0$ 的一个根小于 0，另一个根大于 2，所以函数的图像如图 1-3 所示.

由图像可知：$\begin{cases} f(0)=a^2-5a+6<0, \\ f(2)=3a^2-5a-8<0, \end{cases}$

解之得：$\begin{cases} 2<a<3, \\ -1<a<\dfrac{8}{3}, \end{cases}$ 故 $2<a<\dfrac{8}{3}$.

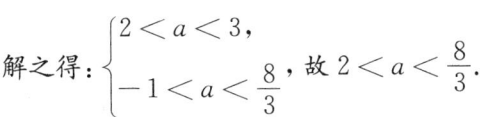

图 1-3

【设计说明】 ①通过对二次函数的图像观察研究，得到解决一元二次方程根的分布的方法；力图让学生体验方法的形成过程，达到对方法的理解；通过设计例题，巩固对定理与方法的理解. ②通过自主探究与小组合作的学习方式和师生、生生交流，体会、总结、反思，体验研究式学习数学的方法，为从初中学习方法向高中学习方法的过渡做必要的铺垫；同时力图通过教学渗透数学思想方法，感受函数与方程、数形结合的思想方法.

3. 小结与布置作业

师：本节课我们学习到了哪些知识和方法？

生：韦达定理和一元二次方程根的分布的研究方法.

师：我们是怎样引入韦达定理的？

生：一元二次方程的求根公式.

师：我们是怎样研究一元二次方程根的分布的？

生：是通过二次函数的图像，从函数观点出发，运用数形结合的方法研究一元二次方程的根的分布.

【课例点评】

本节课是在二次函数观点下研究二次方程根的分布问题，以"过程性教学"思想设计问题，引导学生经历韦达定理的发现过程、一元二次方程根的分布问题的探究过程、解题方法的提炼过程以及方法的再应用过程. 教学过程的设计体现了新课程"以学生发展为本"的理念，在韦达定理探究环节，通过问题引导学生探究两根之和、两根之积发现规律，这是解决二次方程根的分布问题的基础. 在此基础上提出二次方程根的分布问题，然后对照相应的二次函数图像特征,列出相应的等价关系式,这一过程充分体现了由"数"到"形"、再由"形"到"数"的数形转化过程,感受数形结合的思想,并引导学生归纳、总结问题解决的一般规律. 在应用环节,再由此法解决更高层次的问题,体现了由实践到认识、再实践再认识的一个认知发展的过程,有利于学生知识结构的进一步完善.

1.2.2 课例2 高中视角下的"乘法公式"

【教材内容分析】 本节乘法公式课,是在初中多项式乘法的基础上学习的. 从认知过程来说,它是从特殊到一般的学习过程,对于乘法公式的学习,其意义在于:丰富了整式乘法的内涵,同时为学生的因式分解奠定了坚实的基础. 本节课的内容为:立方差(和)公式、两项和(差)立方公式和三项和的平方公式,因这些内容初中不作要求,只有少部分初中学校有一点点涉及. 而这些公式在高中的数学教学中经常用到,是高中数学运算的基础,因而必须作必要的补充和延拓.

【学生学习情况分析】 刚刚步入高中的新生,对学校的一切都感到新鲜. 他们迫切想知道高中要学些什么、高中数学教学是什么样的? 他们思维活跃,有较强的学习愿望. 本节课是在学生在初中学习了平方差公式和完全平方公式,基本掌握了这两种乘法公式,以及简单的因式分解方法的基础上进行的. 学生可以通过对平方差公式和完全平方公式类比迁移,经过教师的启发引导,能够自主探索完成本节课的学习.

【教学目标】
(1) 经历立方差(和)公式、两项和(差)立方公式和三项和的平方公式的形成过程,体验从平方差和完全平方公式到这几个公式类比迁移的探索过程.
(2) 归纳整理形成新的乘法公式体系.
(3) 在理解乘法公式的基础上,能解决相关的运算、求值和简单的因式分解问题.

【教学重点】 立方差(和)公式、两项和(差)立方公式和三项和的平方公式.

【教学难点】 立方差、立方和公式.

【教学过程】

1. 新公式的探索发现过程:

1) 立方差(和)公式的形成过程

(1) 问题的提出

师:我们知道式子 a^2-b^2 可以分解为:$(a-b)(a+b)$,那么 a^3-b^3 可以分解吗?

(2) 问题的探索过程

生:能分解.

师:若能分解,能分解成怎样的形式呢?

师:a^2-b^2 中含有 $a+b$ 和 $a-b$,那么 a^3-b^3 的分解式中是不是也会含有这两个因式呢?

【设计说明】 数学的许多结论的形成往往都是源于猜想,因此同学们也可以做这样的尝试.

生: 思考、讨论.

师: 巡视、参与讨论.(选择学生的讨论结果拍照交流)

生: 第一种思路: $a^3-b^3=(a^3+a^2b)+(-a^2b-b^3)$,通过提取公因式得到:
$(a^3+a^2b)+(-a^2b-b^3)=a^2(a+b)-b(a^2+b^2)$ 接下来无公因式可提,因此此种思路行不通.

第二种思路: $a^3-b^3=(a^3-a^2b)+(a^2b-b^3)$,通过提取公因式得到:
$(a^3-a^2b)+(a^2b-b^3)=a^2(a-b)+b(a^2-b^2)=(a-b)[a^2+b(a+b)]$,
于是有: $a^3-b^3=(a-b)(a^2+ab+b^2)$.

师: $a^2-b^2=(a+b)(a-b)$ 为平方差公式,那么 $a^3-b^3=(a-b)(a^2+ab+b^2)$ 叫什么公式呢?

生: 立方差公式.

师: 我们知道到目前为止 a^2+b^2 是不能再分解的多项式. 那么 a^3+b^3 是不是不能分解呢?

生: 可以分解.

师: 怎样分解呢?

师: 巡视、参与讨论.(选择学生的讨论结果拍照、交流、评讲)

生: 第一种思路: $a^3+b^3=(a^3+a^2b)+(-a^2b+b^3)$,通过提取公因式得到:
$(a^3+a^2b)+(-a^2b+b^3)=a^2(a+b)-b(a^2-b^2)$,再通过提取公因式得到:
$(a^3+a^2b)+(-a^2b+b^3)=a^2(a+b)-b(a^2-b^2)=(a+b)[a^2-b(a-b)]$,
于是有: $a^3+b^3=(a+b)(a^2-ab+b^2)$.

第二种思路:将 $a^3-b^3=(a-b)(a^2+ab+b^2)$ 中的 b 换成 $-b$ 得到:
$a^3+b^3=(a+b)(a^2-ab+b^2)$.

师: 这个公式叫什么公式呢?

生: 立方和公式.

(3) 公式的理解过程

师: 请同学们将下列多项式进行因式分解:(1) x^3+1;(2) $8-x^3$.

生: (1) $x^3+1=x^3+1^3=(x+1)(x^2-x+1)$;

(2) $8-x^3=2^3-x^3=(2-x)(2^2+2x+x^2)=-(x-2)(x^2+2x+4)$.

2) 两项和(差)立方公式和三项和的平方公式三个展开式的形成过程

师: 我们知道 $(a+b)^2=a^2+2ab+b^2$,那么 $(a+b+c)^2$ 的展开式是怎样的呢?我们怎样展开呢?

生: 使用分配律,展开.

生: $(a+b+c)^2=a^2+b^2+c^2+2ab+2bc+2ca$.

师：$(a+b)^3$ 和 $(a-b)^3$ 的展开式是怎样的呢？

生：$(a+b)^3 = (a+b)(a+b)^2 = (a+b)(a^2+2ab+b^2) = a^3+3a^2b+3ab^2+b^3$；
$(a-b)^3 = (a-b)(a-b)^2 = (a-b)(a^2-2ab+b^2) = a^3-3a^2b+3ab^2-b^3$.

2. 乘法公式的新知识体系小结

师：至此乘法公式又增加了不少新成员，同学们能小结一下吗？

师生共同参与完成：

(1) 平方差公式：$(a+b)(a-b) = a^2-b^2$.

(2) 完全平方公式：
$(a+b)^2 = a^2+2ab+b^2$； $(a-b)^2 = a^2-2ab+b^2$；
$(a+b+c)^2 = a^2+b^2+c^2+2ab+2bc+2ca$.

(3) 立方公式：$(a+b)(a^2-ab+b^2) = a^3+b^3$； $(a-b)(a^2+ab+b^2) = a^3-b^3$
$(a+b)^3 = a^3+3a^2b+3ab^2+b^3$； $(a-b)^3 = a^3-3a^2b+3ab^2-b^3$.

【设计说明】 通过小结，帮助学生将新学习的公式纳入原有的公式体系中，丰富学生的知识体系，为接下来的公式的应用奠定了基础.

3. 公式的应用的过程

例1 请展开下列各式：

(1) $(4+a)(16-4a+a^2)$；   (2) $(m+2)(m-2)(m^4+4m^2+16)$；

(3) $(s^2+2st+t^2)(s^2-st+t^2)^2$；   (4) $(2x-y+1)^2$.

生：（学生自主完成，教师巡视，希沃拍照、评讲、交流）

(1) $(4+a)(16-4a+a^2) = (4+a)(4^2-4a+a^2) = 4^3+a^3 = a^3+64$.

(2) $(m+2)(m-2)(m^4+4m^2+16) = (m^2-4)[(m^2)^2+4m^2+4^2]$
$= (m^2)^3-4^3 = m^6-64$；

(3) $(s^2+2st+t^2)(s^2-st+t^2)^2 = (s+t)^2(s^2-st+t^2)^2$
$= [(s+t)(s^2-st+t^2)]^2$
$= (s^3+t^3)^2 = s^6+2s^3t^3+t^6$；

(4) $(2x-y+1)^2 = (2x)^2+(-y)^2+1^2+2 \cdot (2x)(-y)+2 \cdot (2x) \cdot 1+2 \cdot 1 \cdot (-y)$
$= 4x^2-4xy+y^2+4x-2y+1$.

【设计说明】 上述式子的展开可以有两种方法：一种是常规的通过分配律和合并同类项来实现；一种是使用公式展开. 显然第一种方法十分烦琐，第二种方法就十分简单. 通过问题的解决，进一步体会学习公式的必要，体会"科学技术是第一生产力"的真谛.

例2 已知：$x+\dfrac{1}{x}=2$，求下列各式的值：(1) $x^2+\dfrac{1}{x^2}$；(2) $x^3+\dfrac{1}{x^3}$；

生：（学生自主完成，教师巡视，希沃拍照、评讲、交流）

(1) $x^2+\dfrac{1}{x^2} = \left(x+\dfrac{1}{x}\right)^2-2 = 2^2-2 = 2$；

(2) $x^3 + \dfrac{1}{x^3} = \left(x + \dfrac{1}{x}\right)\left(x^2 - 1 + \dfrac{1}{x^2}\right) = 2(2-1) = 2.$

【设计说明】 第一小题若先从方程 $x + \dfrac{1}{x} = 2$ 中解出 x 的值后,再代入代数式求值,则计算较烦琐;第二小题是根据条件式与求值式的联系,用"整体代换"的方法计算,从而简化了计算过程.

例3 已知:$a^{\frac{1}{2}} + a^{-\frac{1}{2}} = 3$,求下列各式的值:(1) $a + a^{-1}$;(2) $a^2 + a^{-2}$;(3) $a^{\frac{3}{2}} + a^{-\frac{3}{2}}$.

生:(学生自主完成,教师巡视,希沃拍照、评讲、交流)

(1) **思路一** $a + a^{-1} = (a^{\frac{1}{2}})^2 + (a^{-\frac{1}{2}})^2 = (a^{\frac{1}{2}} + a^{-\frac{1}{2}})^2 - 2 = 3^2 - 2 = 7.$

思路二 将 $a^{\frac{1}{2}} + a^{-\frac{1}{2}} = 3$ 两边平方得:$(a^{\frac{1}{2}})^2 + 2a^{\frac{1}{2}}a^{-\frac{1}{2}} + (a^{-\frac{1}{2}})^2 = 9$,整理得到:$a + a^{-1} = 7.$

(2) **思路一** $a^2 + a^{-2} = a^2 + (a^{-1})^2 = (a + a^{-1})^2 - 2 = 7^2 - 2 = 47.$

思路二 将 $a + a^{-1} = 7$ 两边平方得:$a^2 + 2a \cdot a^{-1} + (a^{-1})^2 = 49$,整理得到:$a^2 + a^{-2} = 47.$

(3) $a^{\frac{3}{2}} + a^{-\frac{3}{2}} = (a^{\frac{1}{2}})^3 + (a^{-\frac{1}{2}})^3 = (a^{\frac{1}{2}} + a^{-\frac{1}{2}})(a - a^{\frac{1}{2}}a^{-\frac{1}{2}} + a^{-1}) = 3 \cdot (7-1) = 18.$

【设计说明】 使用乘法公式进行因式分解时,对幂指数的处理是经常遇到的问题,本题中就涉及 a^{-2},$a^{\frac{3}{2}}$,$a^{-\frac{3}{2}}$ 等指数的处理和运算问题,通过本题为学生提供一个解决此类问题的机会.

师:乘法公式顺着看是将式子展开,那么反过来看是什么呢?

生:反过来看是将多项式进行因式分解.

师:同学们讲得很好,请大家看下列问题.

例4 分解下列因式:

(1) $a^7 - ab^6$;(2) $x^3 + 9x^2 + 27x + 27.$

生:(学生自主完成,教师巡视,希沃拍照、评讲、交流)

(1) $a^7 - ab^6 = a(a^6 - b^6) = a[(a^3)^2 - (b^3)^2] = a(a^3 - b^3)(a^3 + b^3)$
$= a(a+b)(a-b)(a^2 + ab + b^2)(a^2 - ab + b^2).$

(2) **思路一** $x^3 + 9x^2 + 27x + 27 = x^3 + 3 \cdot 3x^2 + 3 \cdot 3^2 x + 3^3 = (x+3)^3.$

思路二 $x^3 + 9x^2 + 27x + 27 = (x^3 + 27) + (9x^2 + 27x) = (x^3 + 27) + 9x(x+3)$
$= (x+3)(x^2 - 3x + 9) + 9x(x+3) = (x+3)^3.$

【设计说明】 乘法公式从左往右是多项式的展开过程,而从右往左是因式分解的过程,这两个过程都很重要.但从问题解决的难度来看,因式分解相对较难,本例题只有部分涉及,下一节课还要专门学习.

4. 小结与布置作业

师:本节课我们学习到了哪些公式?

生：立方差（和）公式、两项和（差）立方公式和三项和的平方公式．

师：我们是通过怎样的方法得到这些公式的？

生：我们是使用因式分解的方法和类比迁移的方法得到这些公式的．

师：这些公式有什么用处？

生：可以用来进行多项式的展开和因式分解．

师：对的，我们下节课就运用它们来进行因式分解．

【课例点评】

（1）乘法公式是进行多项式的展开和因式分解的重要工具，因此乘法公式在高中数学中占有十分重要的位置．本节课使用类比迁移的方法，设计具有一定价值的问题，引发学生思考，以问题来驱动教学．

（2）作为乘法公式的完全平方公式：$(a+b)^2 = a^2 + 2ab + b^2$，我们从左往右看是多项式展开，而从右往左看就是因式分解，这种对问题多角度思考的方式正是我们高中所需要的思维方式．本节课的内容在初中少有涉及．从这些原因的考虑，本节课定名为"高中视角下的乘法公式延拓"．基于这样的定名和定位，对本节课涉及的公式尽量从因式分解的视角方向进行推导．这样做是出于以下两个考虑：一是视角新，二是借此为学生提供一个进行因式分解训练的机会．

（3）立方差（和）公式、两项和（差）立方公式和三项和的平方公式及其应用过程中涉及的数学运算，都是比较烦琐的．通过这些烦琐的运算为学生提供一个高中运算的体验，为接下来的高中学习做好一定的思想准备．

（4）本节课采取了自主探究与小组合作的学习方式．通过师生、生生交流，体会、总结、反思，体验了研究性学习数学的方法，同时为从初中学习方法向高中学习方法过渡做一点铺垫．通过教学渗透类比迁移研究数学问题的方法．

（5）由于本节课的教学是围绕乘法公式展开，因此属于典型的原理课．为此本节课按照原理课的教学过程设计教学，让学生经历了"高中原理课过程性教学"过程，渗透了高中数学的教学方法．

1.2.3 课例3 方程观点下的函数图像的平移、对称、翻折

【教材内容分析】 函数图像上的点的坐标形成的点集与函数解析式所确定的方程的解集是一一对应的，因此研究函数图像位置的相互关系，可以通过研究其解析式来实现．而图像变换又是生成新的函数的一种方式，同时也是研究函数间相互关系的工具，因此图像变换是学习函数的重要工具．相关问题的解决过程渗透了数形结合的思想方法，数形结合是高中数学学习中的四大数学思想方法之一，因此这部分的教学十分重要．

【学生学习情况分析】 在初中，对函数图像的平移、对称、翻折等变换，只作了简单的学习，并且学习的程度参差不齐，因此作为"初高中衔接"教学必须对函数图像的平移、对称、翻

折等变换予以补充与完善,为学生的后续学习打下坚实的基础,因而特意安排了函数图像的平移、对称、翻折等变换这一节课. 刚刚升入高一的学生受到年龄特征的限制,其认知水平基本是以形象和特殊为主,他们的推理能力和逻辑的严密性还不够. 要使得他们的推理能力和逻辑的严密性得到提高,使他们的思维从形象过渡到抽象、特殊过渡到一般,是需要一个过程的. 本节课是在学生系统学习了一次函数、二次函数、反比例函数的基础上进行的. 以这些函数为载体,在教师的指导下,通过自主探索和师生共同探究交流,使学生完成本节课的学习.

【教学目标】

(1) 复习回顾函数图像的平移、对称、翻折变换等基础知识.

(2) 经历函数图像的平移、对称、翻折结论的形成和推理过程.

(3) 在函数图像的平移、对称、翻折结论的基础上,能解决相关的简单函数作图和求表达式等问题.

【教学重点】 函数图像的平移、对称、翻折变换.

【教学难点】 函数图像的对称、翻折变换.

【教学过程】

1. 结论的形成过程

1) 函数图像的平移变换

(1) 问题的提出

师: 将函数 $y = x^2 + 1$ 的图像向上平移一个单位,问得到的函数的表达式是怎样的?

(2) 结论的发现过程

生: $y = x^2 + 2$.

师: 这是为什么呢?

生: 因为平移不改变二次函数的形状,而经过平移得到的二次函数的顶点为 $(0, 2)$,从而得到上面的结论.

(3) 结论的证明过程:

师: 你能严格证明上面平移得到的函数表达式吗?

生: 思考.

教师启发: 求函数表达式的实质是什么?

生: 建立函数图像上任意一点的坐标 (x, y) 的方程. (提问学生,教师补充完善)

生: 设 $P(x, y)$ 是平移后的函数图像上的任意一点,则 $P'(x, y-1)$ 在函数 $y = x^2 + 1$ 图像上,故有: $y - 1 = x^2 + 1$,即平移后的函数的表达式为: $y = x^2 + 2$,由 $P(x, y)$ 的任意性结论得证. (提问学生,教师补充完善).

师: 一般而言,将函数 $y = f(x)$ 图像向上平移 $b(b > 0)$ 个单位后,我们可以得到函数的表达式是怎样形式?

生: 一般而言,将函数 $y = f(x)$ 图像向上平移 $b(b > 0)$ 个单位后,得到的函数图像形状不变,其表达式为:$y = f(x) + b$.

师:若是将函数 $y = f(x)$ 图像向下平移 $b(b > 0)$ 个单位后,我们可以得到怎样的结论?

生:一般地,将函数 $y = f(x)$ 图像向下平移 $b(b > 0)$ 个单位后,得到的函数图像形状不变,其表达式为:$y = f(x) - b$.

师:以上我们研究的是铅直方向,那么水平方向同学们能够得到怎样的结论呢?

生:一般地,将函数 $y = f(x)$ 图像向左平移 $b(b > 0)$ 个单位后,得到的函数图像形状不变,其表达式为:$y = f(x + b)$.

一般地,将函数 $y = f(x)$ 图像向右平移 $b(b > 0)$ 个单位后,得到的函数图像形状不变,其表达式为:$y = f(x - b)$.

【设计说明】 对于函数图像的平移变换,在初中只是从图像层面加以说明,至于为什么是这样的变化没有加以证明,此处通过建立函数解析式的层面加以解决,实际上从源头给予了严格的证明.

2) 函数图像的对称变换

(1) 问题的提出

师:与函数 $y = x^2 + 1$ 的图像关于直线 $x = 2$ 对称的函数的表达式是怎样的?

生:$y = (x - 4)^2 + 1$.

(2) 结论的证明过程

师:同学们能证明吗?

生:设 $P(x, y)$ 是对称后的函数图像上的任意一点,则 $P'(4-x, y)$ 在函数 $y = x^2 + 1$ 图像上,故有:$y = (4-x)^2 + 1$,即对称后的函数的表达式为:$y = (x-4)^2 + 1$. (提问学生,教师补充完善).

师:一般地,对于与函数 $y = f(x)$ 图像关于直线 $x = a$ 对称的函数表达式是怎样的?

生:一般地,函数 $y = f(x)$ 图像关于直线 $x = a$ 对称的函数表达式为:$y = f(2a - x)$.

【设计说明】 有了平移变换的方法借鉴,从方程建立的角度出发,学生对对称变换的理解有了方法的基础,因此上述教学过程可以采取师生双边活动加以完成.

3) 函数图像的翻折变换

(1) 问题的提出

师:请问函数 $y = |x^2 + x - 6|$ 的图像是怎样的?

(2) 结论的探究过程

生:(学生呈现)

师:你是怎样得到的?

生:如图 1-4,当 $-3 \leq x \leq 2$ 时,$x^2 + x - 6 \leq 0$,此时 $y = -(x^2 + x - 6)$. 故当 $-3 \leq x \leq 2$ 时,对同一个 x 值,$y = |x^2 + x - 6|$ 的

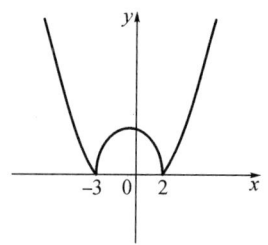

图 1-4

函数值与 $y=x^2+x-6$ 的函数值互为相反数,故此时两个函数的图像关于 x 轴对称.

生:当 $x<-3$ 或 $x>2$ 时, $x^2+x-6>0$,此时对同一个 x 值, $y=|x^2+x-6|$ 的函数值与 $y=x^2+x-6$ 的函数值相同,故此时两个函数的图像重合.

(3) 结论的形成过程

师:很好!那么我们怎样可以得到一般情况呢?即:怎样由 $y=f(x)$ 的图像得到 $y=|f(x)|$ 的图像呢?

生:首先作出函数 $y=f(x)$ 的图像,保留其 x 轴的上方部分;将其 x 轴下方部分作关于 x 轴的轴对称图形,这样我们就可以由 $y=f(x)$ 的图像得到 $y=|f(x)|$ 的图像了.(提问学生,教师补充完善)

【**设计说明**】 翻折变换是一个难点,本处采取了通过特殊函数——带绝对值的二次函数来直观说明翻折变换的过程,从而降低了因过于抽象给学生带来认知的难度.

2. 结论的理解和应用过程

例1 已知函数 $y=x^2-2x+3$;

(1) 请求出与其关于直线 $x=-1$ 对称的函数表达式;

(2) 请求出与其关于原点对称的函数表达式.

生:(学生自主完成,教师巡视观察并酌情提示,希沃拍照、交流、评讲)

分析 (1) 设 $P(x,y)$ 是对称后的函数图像上的任意一点,则 $P'(-2-x,y)$ 在函数 $y=x^2-2x+3$ 图像上,故有: $y=(-2-x)^2-2(-2-x)+3$;即对称后的函数的表达式为: $y=(x+3)^2+2$.(提问学生,教师补充完善)

(2) 设 $P(x,y)$ 是对称后的函数图像上的任意一点,则 $P'(-x,-y)$ 在函数 $y=x^2-2x+3$ 图像上,故有: $-y=(-x)^2-2(-x)+3$;即对称后的函数的表达式为: $y=-x^2-2x-3$.(提问学生,教师补充完善)

例2 作出函数 $y=|x^2-4x+3|$ 的大致图像,并叙述怎样由函数 $y=x^2-4x+3$ 的图像得到此函数图像的过程.

生:(学生自主完成,教师巡视并酌情提示,希沃拍照、交流、评讲)

分析 (1) 画出函数 $y=x^2-4x+3$ 的图像;

令 $y=0$,通过解方程: $|x^2-4x+3|=0$ 得到函数 $y=x^2-4x+3$ 的图像与 x 轴交点横坐标为 $(1,3)$;

配方得到: $y=(x-2)^2-1$,得到顶点 $(2,-1)$.令 $x=0$ 得到:函数 $y=x^2-4x+3$ 的图像与 y 轴交点坐标 $(0,3)$.

(2) 保留函数 $y=x^2-4x+3$ 的图像位于 x 轴上方部分;将其 x 轴下方部分作关于 x 轴的轴对称图形即可以得到,如图 1-5 所示.

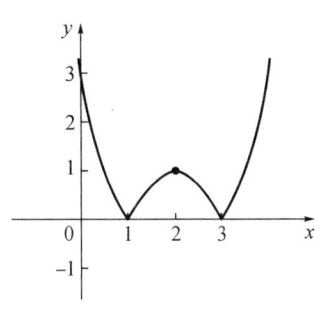

图 1-5

例 3 作出函数 $y=\left|\dfrac{1}{x-2}+1\right|$ 的大致图像,并叙述怎样由函数 $y=\dfrac{1}{x}$ 的图像得到该函数图像的过程.

生:(学生自主完成,教师巡视并酌情提示,希沃拍照、交流、评讲)

分析 $y=\dfrac{1}{x} \xrightarrow{\text{向右平移2个单位}} y=\dfrac{1}{x-2}$;

$y=\dfrac{1}{x-2} \xrightarrow{\text{向上平移1个单位}} y=\dfrac{1}{x-2}+1$;

$y=\dfrac{1}{x-2}+1 \xrightarrow{\text{保留 } x \text{ 轴上方部分,将 } x \text{ 轴下方部分对称翻折}}$

$y=\left|\dfrac{1}{x-2}+1\right|$.

师:我们一起来看看(图1-6)他画得怎样?

生:还有渐近线,以及关键点(与两轴交点坐标,没有标出).

师:渐近线是怎样得到的呢?

生:由 $y=\dfrac{1}{x} \xrightarrow{\text{向右平移2个单位}} y=\dfrac{1}{x-2}$ 得到

$y=\dfrac{1}{x-2}$ 的中心坐标为 $(2,0)$.

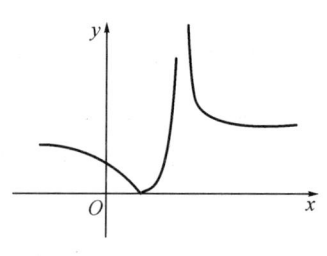

图 1-6

由 $y=\dfrac{1}{x-2} \xrightarrow{\text{向上平移1个单位}} y=\dfrac{1}{x-2}+1$ 得到

$y=\dfrac{1}{x-2}+1$ 的中心坐标为 $(2,1)$. 故得到

$y=\left|\dfrac{1}{x-2}+1\right|$ 的两条渐近线分别为: $x=2$ 和 $y=1$.

见图 1-7.

师:那么与 x,y 的交点坐标是怎样得到的呢?

生:在 $y=\left|\dfrac{1}{x-2}+1\right|$ 中分别令 $x=0$ 和 $y=0$ 而得到.

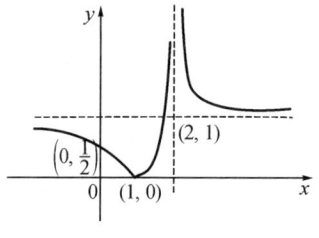

图 1-7

师:很好!我们在今后作函数图像的时候,必须要标清函数图像与两个坐标轴交点等特殊点的坐标,与反比例函数有关的函数往往要将渐近线标出.

【设计说明】 例1、例2、例3是为学生巩固结论而设计的问题.例题3的难点就在于对渐近线的方程的理解,此处通过跟踪渐近线的方程变换加以实现.

3. 小结与布置作业

师:本节课我们学习到了什么?

生:复习回顾了函数图像的平移、对称、翻折变换等,经历了一些函数图像的平移、对称、翻折变化和相关结论的形成和推理过程,解决了相关的简单函数作图和求表达式等问题.

【课例点评】

（1）本节课是想在初中学习函数的简单的图像变换基础上，借助一次函数、二次函数、反比例函数为载体，力图渗透高中研究函数的基本方法；鉴于初中对函数图像的平移、对称、翻折的结论没有严格证明的实际情况，设计了结论的证明过程.

（2）通过本课的设计，实施对平移、对称、翻折这三个函数的图像变换的研究，让学生经历并探索发现这一学习方法.通过变换结论的形成过程，让学生体验三个变换知识的形成与发展的过程，渗透高中的学习方法.

（3）通过师生、生生交流，体会、总结、反思，体验研究性学习数学的方法.同时为从初中学习方法向高中学习方法过渡作铺垫.通过教学渗透数学思想方法，感受数形结合的思想方法的应用.

1.2.4 课例4 基于高中原理课教学模式下的圆心角、圆周角定理

【教材内容分析】 圆是最基本的几何图形之一，圆的内容在初中和高中都是教学的一个重要组成部分，其内容涉及的时空，我们甚至可以追溯到小学.在高中之前，对圆的学习主要是针对概念和简单的性质，具体来讲为：理解圆及其有关简单概念；了解弧、弦、圆心角的定义；了解点与圆、直线与圆、圆与圆的位置关系，等等.其要求大部分只是在了解的层面，对于高中要用到的诸如圆心角、圆周角定理及其推论等并未涉及.因此，作为"初高中衔接"必须对圆心角、圆周角定理及其推论以及切割线定理等做必要的补充，为今后高中数学的学习做好必要的知识与方法的储备.

【学生学习情况分析】 本节课是在理解圆的概念、了解圆心角基础上进行的.但对于圆心角与圆周角等知识点初中不作要求.即便在了解层面，每个初中学校涉及的深度也是参差不齐.圆是最基本的几何图形，所以学生对这一部分有浓厚的学习兴趣.同时本节课与初中的圆的知识点相差不远，是学生学习的一个"最近发展区"，因而通过恰当的教学设计和教学过程，学生是能够较好地掌握的.

【教学目标】

（1）理解圆心角、圆周角、四边形内接于圆的概念.

（2）经历同弧上圆心角、圆周角定理的形成和推导过程.

（3）在圆心角、圆周角结论（圆心角、圆周角定理）的基础上，理解四点共圆的判定与性质.

【教学重点】 圆心角、圆周角定理.

【教学难点】 四点共圆的判定与性质.

【教学过程】

1. 圆心角、圆周角概念的形成过程

师：在初中角是怎样定义的？

生：角是由两条具有公共顶点的射线组成的图形.

师：图1-8中，∠AOB的顶点O为圆心，A，B两点在圆周上，同学们知道这样的角叫做什么角吗？

生：叫做圆心角.

师：同学们能给圆心角下一个定义吗？

生：定义：顶点在圆心，两边与圆相交的角，叫做圆心角.（学生叙述，教师补充完善）

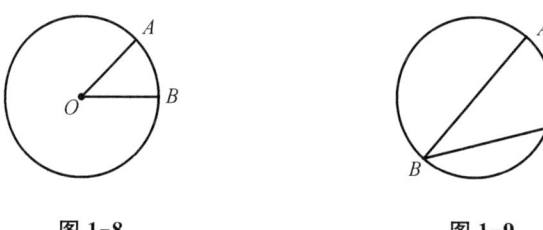

图 1-8　　　　　　　　图 1-9

师：图1-9中，∠ABC的顶点B在圆周上，A，C两点也在圆周上，同学们知道这样的角叫做什么角吗？

生：叫做圆周角.

师：同学们能给圆周角下一个定义吗？

生：定义：顶点在圆周上，两边与圆相交的角，叫做圆周角.

（学生叙述，教师补充完善）

【设计说明】 圆心角与圆周角概念是"角"这个概念的"下位概念"，是"角"的知识点的"最近发展区"。在此处采取了自主建构的教学策略，通过类比已经学习过的角的概念，通过教师的引导，学生自主建立圆心角与圆周角的概念.

2. 圆心角与圆周角关系结论的形成过程

1) 结论的发现过程

师：请同学们看一下图形（图1-10）：O为圆心，AC为此圆的直径，大家能看出图中的圆周角∠ACB与同弧上的圆心角∠AOB的关系吗？

生：∠AOB = 2∠ACB.

师：你是怎样得到这个结论的？你能证明吗？

生：能.

因为∠AOB是△BOC的一个外角，所以∠AOB = ∠OBC + ∠OCB，而△BOC为等腰三角形，故∠OBC = ∠OCB. 因此有：∠AOB = 2∠ACB.

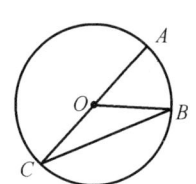

图 1-10

师：若AC不是圆的直径呢，上面的结论还成立吗？

生：不清楚.

师：还是成立的.

2) 结论的证明过程

师：在同一个圆中，圆心角的大小是同弧所对的圆周角的两倍．下面我们一起来看看怎样证明？

生：(1) 当圆心 O 在 $\angle ACB$ 内部时(图 1-11)，联结 CO，延长交圆于 D，

$\angle AOD = 2\angle ACD$，$\angle DOB = 2\angle DCB$．两式相加得到：

$\angle AOB = 2\angle ACB$.

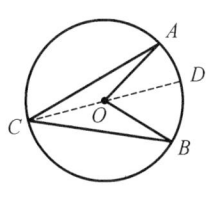
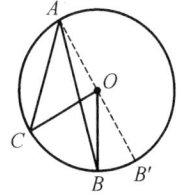

图 1-11   图 1-12

(2) 当圆心 O 在 $\angle ACB$ 外部时(图 1-12)，联结 AO，延长交圆于 B'，$\angle COB' = 2\angle CAB'$，$\angle BOB' = 2\angle BAB'$．两式相减得到：

$\angle COB = 2\angle CAB$.

综上得到：在同一个圆中，圆心角的大小是同弧所对的圆周角的两倍．

师：很好！这就是**圆心角圆周角定理**：在同一个圆中，圆心角的大小是同弧所对的圆周角的两倍(记为定理 1)．

【设计说明】 在以上结论的发现过程中，通过引导学生对 3 种情况的图形的分类，从图形发现圆心角与同弧圆周角的关系，发现证明定理的方法；使学生经历了定理的发现和数形结合思想方法的应用过程．

3. 结论的理解与应用过程

例 1 证明：同弧所对的圆周角相等(记为定理 2)．

(布置学生思考，形成文字过程，教师巡视，适当点拨，拍照传希沃、交流、评讲)

如图 1-13，已知：$\angle ADB$ 与 $\angle ACB$ 为圆 O 的两个圆周角．

求证：$\angle ADB = \angle ACB$．

证明 联结 OA、OB；由圆心角、圆周角定理知：$\angle AOB = 2\angle ADB$；

$\angle AOB = 2\angle ACB$．故有 $\angle ADB = \angle ACB$．

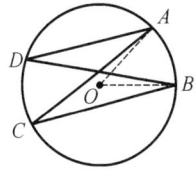

图 1-13

【设计说明】 本题通过设计辅助角 $\angle AOB$ 的发现的过程，按照 SOLO 分类评价理论，通过观察学生在问题解决过程中的表现，评价学生思维的层次，及时确定教学策略．

例2 证明:直径所对的圆周角为直角(记为定理3).

(布置学生思考,形成文字过程,教师巡视,适当点拨,拍照传希沃、交流、评讲)

如图1-14,已知:AC 为圆 O 的直径.

求证:$\angle ABC = 90°$.

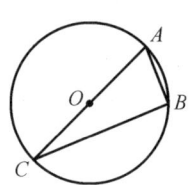

图 1-14

证明 因为 $\angle AOC$ 为平角,所以 $\angle AOC = 180°$;又因为圆心角 $\angle AOC$ 与圆周角 $\angle ABC$ 同弧,所以 $\angle AOC = 2\angle ABC$;故有 $2\angle ABC = 180°$,于是有 $\angle ABC = 90°$.

例3 证明:圆内接四边形的内对角互补(记为定理4).

(布置学生思考,形成文字过程,教师巡视,适当点拨,拍照传希沃、交流、评讲)

如图1-15,已知:四边形 $ABCD$ 为圆 O 的内接四边形.

求证:$\angle ABC + \angle ADC = 180°$.

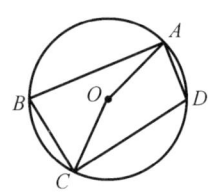

图 1-15

证明 根据圆心角、圆周角定理知:$\angle ABC = \frac{1}{2}\angle AOC$(此时的 $\angle AOC$ 为劣弧 ADC 所对);同理有:$\angle ADC = \frac{1}{2}\angle AOC$,(此时的 $\angle AOC$ 为优弧 ABC 所对);

而 $\angle AOC$(为劣弧 ADC 所对)与 $\angle AOC$(为优弧 ABC 所对)构成一个周角,因而它们的和为 $360°$.因而将上面的两个等式相加可以得到:$\angle ABC + \angle ADC = \frac{1}{2}\times 360° = 180°$.

【设计说明】 例2、例3的证明使用的定理是定理1,其结论实际上是定理1的推论.在教学过程中,将定理的证明设计为由学生自主解决、合作讨论解决,使学生经历了合作学习的过程,体会到学习的快乐;渗透了高中学习方法的指导.

例4 证明:内对角互补四边形内接于圆(这个圆叫作四边形的外接圆)(记为定理5).

(布置学生思考,形成文字过程,教师巡视,适当点拨,拍照传希沃、交流、评讲)

如图1-16,已知:$\angle ABC + \angle ADC = 180°$.

求证:点 A,B,C,D 均在 $\triangle ABC$ 的外接圆的圆周上.

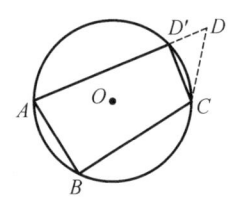

图 1-16

证明 记 $\triangle ABC$ 的外接圆为圆 O,记四边形的边 AD(或其延长线)与圆 O 相交于 D',由定理4知:$\angle ABC + \angle AD'C = 180°$.又 $\angle ABC + \angle ADC = 180°$,故 $\angle AD'C = \angle ADC$,而 A,D',D 三点共线,故 D',D 重合.

【设计说明】 本题的证明过程中使用了同一法,学生独立完成可能有一定的难度,可以通过师生双边活动加以完成.

4. 小结

师：本节课我们学习了什么？

生：(1) 学习了圆心角与圆周角的定义；

(2) 学习了圆心角与圆周角的定理以及 4 点共圆的判定与性质.

师：大家感到 5 个定理有什么关系？

生：后 4 个定理实际是定理 1 的推论.

师：通过学习同学们有什么收获与体会？

生：体验了从特例发现，大胆猜测，严格论证的研究几何问题的过程；收获了对研究几何问题程序与方法的认识.（学生总结教师补充完善）

【课例点评】

(1) 本节课是在初中学习的圆的基础上进行，为了提高教学内容的连贯性和逻辑顺序，设计了以定理 1 作为逻辑起点，定理 2、定理 3、定理 4 和定理 5 作为例题予以呈现. 这种设计体现了结构完整性的同时，还体现了知识呈现的层次性.

(2) 由于本节课的教学是围绕 5 个定理展开，因此属于典型的原理课. 为此，本节课按照原理课的教学过程"创设情境、提出问题 → 原理的发现与证明过程 → 原理的应用过程"设计教学，让学生经历了"高中原理课过程性教学"过程，渗透了高中数学的教学方法.

(3) 本节课设计了从问题提出到概念形成等环节，由类比角的概念出发，得到圆心角、圆周角的概念，力图重现概念的生成过程.

(4) 本节课设计了以圆心角、圆周角定理作为先导的知识体系，设计了结论的发现、结论的猜想、结论的证明 3 个过程来展示圆心角圆周角定理的探索过程.

(5) 本节课将定理 2 至定理 5 设计为例题，力图尽可能多地为学生提供对结论的理解和应用的机会.

(6) 通过师生、生生交流，体会、总结、反思，体验研究式学习数学的方法. 体现"初高中衔接课过程性教学"的方法与要求，为学生从初中学习方法向高中学习方法过渡作铺垫. 通过教学渗透数学思想方法，感受数形结合的思想方法.

(7) 由于本节课的思维量不小，要通过教学评价及时调整教学策略. 可按照 SOLO 分类评价理论，通过观察学生的表现，评价学生思维的层次，及时调整教学策略.

第 2 章　概念课过程性教学探析

2.1　类比抽象　助力概念课过程性教学

数学是由概念(定义)、定理、公式经过推理形成的逻辑体系.概念是数学逻辑思维的细胞,是反映事物本质属性和特征的思维形式.数学概念是反映现实世界空间形式和数量关系本质属性的思维过程.数学是用概念来思维的,在教学中应当把学生思维能力的发展置于教学过程核心位置.这一点从李邦河院士"数学根本是玩概念的,不是玩技巧的,技巧不足道也"的话中得以印证.因而,对概念课的教学必须高度重视.

数学概念的分类办法很多,不同心理学家按照不同的标准对概念做出不同的分类:如赫尔斯(Hulse)将概念分为易下定义概念和难下定义概念;奥苏贝尔(Ausubel)将概念分为初级概念和二级概念等.将概念进行分类的教学意义在于可以根据不同类别的概念特征,选择不同的教学策略.从教学的角度出发,概念的分类要有利于教学活动的开展.受到心理学家按照不同的标准对概念做出不同分类的启发,若从某一个特定的知识板块中按概念出现的次序,笔者认为可分为:前位概念和后位概念.

把数学中概念的学习作为主要教学任务的一类课型称为概念课.概念课教学是使学生掌握数学概念,形成对数学基本的、概括性的认识.即明确概念的内涵、外延,熟悉其表述;了解概念之间的关系,会对概念进行分类,从而形成概念系统;了解概念的来龙去脉,能够正确运用概念.从"概念的形成"角度看,概念的学习重要的不是概念的形式化定义及几个相关概念,而是获得数学研究对象、认识数学新对象的基本方法,蕴含了用数学的观点刻画和研究现实事物的方法和途径,是一个带有"本源"性质的过程.从这个意义上讲,在概念课教学中,必须重视概念课过程性教学的实施.

2.1.1　数学概念建立的教学策略

从课堂教学的要求上看,概念教学水到渠成的形成应包括两方面:一是知识逻辑顺序的自然,二是学生心理逻辑的自然,更主要是思维过程的自然.体现概念课教学过程性理念的概念课教学是上述两方面的有机融合.概念教学的基本原则是采用与概念类型、特征及其获得方式相适应的方式,以有效促进对概念的理解.因不同概念生成过程差异,因而构建数学概念的策略是有差别的.

1. 前位概念的特殊到一般的教学策略

所谓前位概念是指处于某个知识点刚刚开始所涉及的概念.前位概念基本都是通过列举生活中和数学中的事例进行描述,然后借助于学生通过感知所建立的表象,选取具有代表性的特例作参照而建立起来的.例如集合这一概念,是通过一些具体例子的形象描述而形成的.如通过某校高一某班全体学生、所有的直角三角形等特例理解确定整体的内涵.把一些确定的对象看成一个整体便形成集合的概念.由于集合概念抽象,学生不易掌握,因此要列举学生熟悉的例子.与此同时,与前位概念延伸的概念学生往往也很难理解,此时我们可以通过已经学习过的概念进行类比解释.例如在集合学习中,学生对空集的引入往往不太理解,集合是由指定的一些确定对象构成,而空集不含任何元素,这时候我们可以和实数 0 的引入加以类比.学习前位概念往往是不能一步到位的,是需要不断与其他概念在互相渗透中逐渐得到丰富和发展起来的.因此在这一部分的教学中不必求多、求全、求深,要在学生已有的知识架构上不断加以同化与顺应,在后续的教学中要有意识地加以渗透、融合,从而不断丰富概念内涵,拓展概念的外延.

2. 后位概念的类比抽象的教学策略

所谓后位概念是相对于前位概念而言的,是处于前位概念后面的概念.由于这一类概念的前端往往有类似的引入概念、方法的经验作为铺垫,因而后位概念是在落实数学过程性教学的原则中,使学生真正参与发现、自主学习、主动探索最好的内容.

1) 让学生从类比中获得后位概念

在函数、三角等代数章节中,就有很多后位概念,这一类概念可以使用类比的方式生成.例如反余弦函数、指数函数等.

这一类课我们可以通过类比前位概念建构的方法来引导学生自主学习、自主建构,培养学生感受自主建构的过程.例如在学习反余弦函数时,可以通过复习回顾反正弦函数概念的建立过程,提出下列问题:余弦函数存在反函数吗?余弦函数的反函数是怎样的函数?你能给出定义吗?在复习了反函数存在条件和回顾反正弦函数的建立过程之后,学生肯定可以给出大致的定义,但定义往往不够精确.如,常常出现将原函数的定义域写得过小或者距离原点过远的情况.例如,将原函数的定义域选择为:$\left[0, \frac{\pi}{2}\right]$,$[\pi, 2\pi]$ 等情况.此时师生一起分析,虽然在这些区间上余弦函数都存在反函数,但当选择 $x \in \left[0, \frac{\pi}{2}\right]$ 时,相应的 $y \in [0,1]$;当选择 $x \in \left(0, \frac{\pi}{2}\right)$ 时,相应的 $y \in (0,1)$.与前位概念反正弦函数相比较,y 的范围 $y \in [-1,1]$ 显然缩小了,这样就使得定义后的反函数不能刻画余弦函数在 $y \in [-1,1]$ 的反函数.当选择 $x \in [\pi, 2\pi]$ 时,尽管此时 $y \in [-1,1]$ 已经最大限度取值,但像在解三角形中,通过反三角函数值表示三角形的内角显然就不方便. 加上在实际生活中, $x \in [0, \pi]$ 范围的角相对使用频率较高,因此我们规定函数 $y = \cos x, x \in [0, \pi]$ 的反函数叫做反余弦函数. 接下来就要问学生,我们怎样表示反余弦函数呢? 学生会很快类比反正弦函数得到答案,从而十分自然地建立起反正弦函数的后位概念——反余弦函数的概念.

面对一个概念,如果学生没有直接相关的知识作为基础,也可以通过类比的方法把不直接相关的前位概念形成的经验运用到当前的问题中,因此类比是引入这样一类新概念的一种重要方法. 如,立体几何中的概念往往有赖于平面几何的类比引入,空间向量中的概念往往有赖于平面向量的概念类比引入.

2) 让学生从试验探索中获得概念

在圆锥曲线章节中,就有很多后位概念,这一类概念可以使用试验的方式探索生成,例如椭圆、双曲线等概念. 由于在椭圆之前,学生已经对圆有比较深刻的认识,这时引进椭圆的概念用圆作为基础就具备了很好的条件. 在初中我们使用一根弹性小的绳子、一枚图钉、一块硬纸板通过试验引入圆的定义;现在我们可使用类似的物件:一根弹性小的绳子、两枚图钉、一块硬纸板,通过改变两枚图钉的距离,观察绷紧的笔尖画出的图形,从而得到椭圆的定义,并通过改变两枚图钉的距离观察图形的扁平程度,拓展对椭圆概念的理解.

2.1.2 数学概念课的 4 个过程

1. 创设情境,提出问题过程

以创设新情境来实现教学的功能为:通过情境,提出问题,使得教学信息具有新奇性,从而使学生产生好奇心和求知欲,有利于培养学生创新所需要的思维素质和探究能力. 创设情境同时可以使学生体会到知识的学习价值,能够极大激发学生的探究动机和兴趣,从而主动从情境中发现问题,解决问题,进而体会到学习的必要. 例如,在学习等比数列的前 n 项和概念时我们就可以引入:国际象棋源于印度,棋盘上有 8 行 8 列构成的 64 个格子. 相传国王为了奖赏发明者,问他有什么要求. 发明者说:"请在第 1 个格子放上 1 粒麦子,第 2 个格子放上 2 粒麦子,第 3 个格子放上 4 粒麦子,以此类推,从第 2 个格子开始后面每一格放的麦粒数都是前一格的 2 倍,直到放完 64 个格子为止."问发明者一共要了多少粒麦子?

2. 概念生成过程

概念的生成遵循采取前、后位概念的教学策略,具体来说我们可以采取以下方式.

(1) 以感性材料为基础引入新概念. 用学生在日常生活中所接触的事物或教材中的实际问题以及模型、图形、图表等作为感性材料,引导学生通过观察、分析、比较、归纳和概括去获取概念. 在学习"异面直线"概念时,可以让学生辨认一些熟悉的实例,像马路边交叉的电线、黑板的上边缘与教室门的上边缘等,然后分化出各例的属性,从中找出共同的本质属性. 例如,通过分析马路边交叉的电线,可以抽象地将两条电线看成两条直线,两条直线不在同一平面内,两条直线没有公共点等,最后抽象出本质属性,得到异面直线的定义.以感性材料为基础引入新概念,教学中应选择那些能充分显示被引入概念特征性质的事例,正确引导学生去进行观察和分析,这样才能使学生从事例中归纳和概括出共同的本质属性,形成概念.

(2) 以新、旧概念之间的关系引入新概念.如果新、旧概念之间存在某种关系,那么新概念的引入就可以充分地利用这种关系去进行.例如,学习"复数减法意义"时,可以从"复数加法意义"来引入.

(3) 以"问题"的形式引入新概念,从概念的发生过程引入新概念.数学中有些概念是用发生式定义的,在进行这类概念的教学时,可以采用演示活动的直观教具或演示画图说明的方法去揭示事物的发生过程.例如,圆、椭圆等概念都可以这样引入.这种方法生动直观,体现了运动变化的观点和思想,同时引入的过程又自然地、无可辩驳地阐明了这一概念的客观存在性.

3. 概念的理解过程

概念生成之后,接下来就是概念的理解过程.揭示概念的内涵不仅由概念的定义完成,还常常由定义所推出的一些定理、公式得到进一步完善.如三角函数定义教学中,同角三角比关系式、诱导公式、三角函数值的符号规律、两角和与差的三角比、三角函数的图像和性质都是由定义推导出来的,可使学生清楚地看到概念是学习其他知识的依据,反过来又会使三角函数定义的内涵和外延得到深刻揭示,由此加深对概念的理解,增强运用概念进行推理判断的思维能力.教学中应有意识地启发学生提高认识,引导学生从概念出发,逐步深入展开它所反映的数学模式并作深入的探究,以求拓展概念的内涵和外延.

4. 概念的应用过程

数学概念的产生都有其实际背景或数学本身的背景,它的产生必然离不开现实世界,离不开生活实际;反过来,在概念形成后,学会在实际问题中运用所学概念,这也是深入理解概念本质的有效途径.如学习"等比数列"概念之后,可解决实际问题:今有出门望见九堤,堤有九木,木有九枝,枝有九巢,巢有九禽,禽有九雏,雏有九毛,毛有九色,问枝、巢、禽、雏、毛各有几何?再如,利用统计中的"方差"概念,通过对几组数据的分析,判断某事件(如射击、成绩、机器性能等)的稳定性等.通过解决这些实际问题,能够提高学生运用概念的灵活性,对概念的本质有更深入的理解.

2.1.3 教学过程中概念认知进级的思考

数学概念学习有 4 种水平层次.①了解:能辨认概念的常见例证,会举例说明概念的相关属性.②理解:能把握概念的本质属性;能与相关概念建立联系;能区别概念的例证与反例.③掌握:在理解的基础上,能把概念应用于新的情境.④应用:能综合运用概念解决问题.概念课的教学就是要按照课程纲要的要求使概念的学习达到相应的层级,并实现思维结构层次递进. 为此,又可从以下一些方面去实施.

(1) 从不同层次揭示概念的内涵:由于数学概念具有发展性,因而在不同的章节对概念的认识也是存在差异的. 例如:两条不重合直线所成的角在平面上指的是两条平行直线或两条相交直线生成的角的统称;而在立体几何中两条不重合直线所成的角还包含了两条异面直线所成角. 因此教师在教学中,要引导学生建构完整的概念系统,促进概念认知的进级.

(2) 从不同侧面揭示概念的内涵:在概念的形成过程中,往往我们可以从不同的侧面去刻画同一个概念,得到等价的定义. 例如"等差数列"的概念等价于下列定义:"对于数列 $\{a_n\}$,若 $a_{n+1} - a_n = d$(d 为常数),则称数列 $\{a_n\}$ 为等差数列";"对于数列 $\{a_n\}$,若对于任意的 $n \in \mathbf{N}^*$ 都有 $2a_{n+1} = a_n + a_{n+2}$,则称数列 $\{a_n\}$ 为等差数列";"对于数列 $\{a_n\}$,若 $a_n = dn + t$(d, t 均为常数),则称数列 $\{a_n\}$ 为等差数列"等. 教师若能像这样引导学生从不同侧面认识概念,则能使学生达到全面掌握概念的目的.

(3) 从不同结构揭示概念的内涵:对于同一个概念来说,往往我们还可以从不同结构来进行刻画. 例如:双曲线概念,我们可以通过教材里的定义,可以通过它的普通标准方程,还可以通过它的参数方程等来刻画. 教师若能像这样引导学生从不同结构认识概念,则能使学生达到全面掌握概念的目的.

(4) 构造生成命题,加强概念的应用:概念是构成命题的基本元素,因此通过构造命题可以加强概念的应用. 例如,我们利用"增函数"的概念可以生成以下命题:"若函数 $y = f(x)$,$x \in \mathbf{R}$,$y = g(x)$,$x \in \mathbf{R}$ 均为增函数,则函数 $y = f(x) + g(x)$,$x \in \mathbf{R}$ 为增函数";"若函数 $y = f(x)$,$x \in \mathbf{R}$ 为增函数,则函数 $y = kf(x)$,$x \in \mathbf{R}$($k > 0$,k 为常数)为增函数"等.

(5) 通过高层次问题的解决,推动概念在思维水平上的应用:由于在问题解决的过程中涉及的概念与命题比较多,因而概念在思维水平上的应用是一个将概念与当前问题加以联系并综合加工的过程,是不断选择和提取相关概念和原理,使之与问题条件相融合的过程,从而达到概念在思维水平上应用目的. 如,"记数列 $\{a_n\}$ 的前 n 项和为 S_n. 已知 $a_1 = 1$,$(S_{n+1} - S_n)a_n = 2^n$($n \in \mathbf{N}^*$),求 S_{2020} 的值"的问题中,由前 n 项和的概念得到 $S_{n+1} - S_n = a_{n+1}$ 得 $a_{n+1}a_n = 2^n$. 再由等比数列的定义得到 $\dfrac{a_{n+2}a_{n+1}}{a_{n+1}a_n} = 2$,从而得:数列 $\{a_n\}$ 的奇数项和偶数项分别成等比数列,于是问题得到解决,达到了数列的概念在高阶思维水平上应用的目的.

2.2 概念课 过程性教学课例剖析

2.2.1 课例1 指数函数的图像与性质

【教材内容分析】 本节是上教版高一数学第一学期(试用本)第四章第二节(4.2)"指数

函数的图像及其性质". 根据教学进度安排和班级的实际情况,将"指数函数的图像及其性质"划分为3课时:第一节课"引入定义,探究图像及其性质";第二节课"指数函数的图像与性质的应用";第三节课"指数方程". 这里讨论的是第一课时. 基本初等函数是现代数学的基础,因此函数的概念、图像和性质在高中数学教学中占有十分重要的位置. 指数函数又是重要的基本初等函数之一,它在实际问题中有着广泛的应用,同时也是学习对数函数的基础.

【学生学习情况分析】 高一阶段是学生认知水平从形象过渡到抽象、特殊过渡到一般的一个较明显的转折时期,在这一时期学生有相当的自主意识,有较大的主动学习的愿望,他们好奇心强,思维活跃. 本节课在学生系统学习了函数的概念和幂函数之后,学生基本掌握了函数的基本性质和研究幂函数的方法,是在积累一定的研究函数的基本方法的基础上进行的. 学生的认知层次基本达到多点结构水平后. 学生可以对比幂函数的研究方法来研究指数函数,因此通过教师的启发引导,学生能够自主探索完成本节课的学习.

【教学目标】

(1) 经历指数函数概念的形成过程,体验从具体到抽象的方法,并能用准确的数学语言进行相关内容的表述.

(2) 探索指数函数的图像与性质,通过图像和基本性质的教学,感受研究函数的基本程序和方法.

(3) 在理解指数函数的图像与性质的基础上,能解决相关的简单数学问题.

【教学重点】 指数函数的概念、图像与性质.

【教学难点】 指数函数性质的发现过程,指数函数图像与底数的关系.

【教学过程】

1. 创设情境、提出问题

师:某种细胞分裂时,由1个分裂成2个,2个分裂成4个,……1个这样的细胞分裂 x 次,得到的细胞个数 y 与 x 的函数解析式是怎样的形式?(课本原问题)

生: $y = 2^x$.

师:(请一同学读题)党的十九大报告在对决胜全面建成小康社会作出部署的同时,明确提出从2020年到21世纪中叶分两步走,全面建设社会主义现代化国家的新目标. 提出:要坚决打赢扶贫攻坚战,确保到2020年底我国现行标准下农村贫困人口实现脱贫,贫困县全部摘帽. 易地搬迁是扶贫的重要措施之一. 某深度贫困地区实施易地搬迁工程,每次搬迁该地区原居住的总户数的50%到新安置点,那么搬迁 x 次,剩下的未搬迁户数占未搬迁前总户数的百分比 y 与 x 的函数解析式是怎样的形式?(新设计题)

生: $y = (50\%)^x$.

师:你能讲讲你得到函数解析式的过程吗?

生:使用列举法归纳.

(学情预设:学生可能表述得不够清晰,此时可以通过提示使用列举法,师生互动共同完成)

2. 概念的生成

师：通过以上引例，同学们发现这两个函数的表达式具有怎样的特点？

生：底数是正实数，自变量都在指数位置．

师：同学们知道这一类函数叫什么函数吗？

生：这一类函数叫指数函数．

师：谁能给出指数函数的定义？

生：一般地，我们把形如：$y = a^x (a > 0,且 a \neq 1)$ 的函数，叫做指数函数．其中 x 是自变量，$x \in \mathbf{R}$．

（学情预设：学生可能表述得不够清晰，此时可以通过提示模仿幂函数的定义，师生互动共同完成）

【设计说明】 指数函数相对于对数函数是前位性的概念，而"前位性的概念课"中的概念基本都是通过列举生活中和数学中的事例进行描述，然后借助于学生通过感知所建立的表象，选取具有代表性的特例作参照而建立起来的，这样的处理遵循了学生对概念建立的认知规律；通过这样的处理，让学生感受到知识的价值和学习的必要性．接着引入第二个问题，提供了底数大于零小于1的实例．

3. 概念的理解过程

师：为什么规定 $a > 0$，且 $a \neq 1$？

生：（小组讨论，然后回答）因为在指数函数的定义中规定其定义域：$x \in \mathbf{R}$；

(1) 若 $a < 0$，当 $a = -2$ 时，取 $x = \frac{1}{2}$，则在实数范围内，$(-2)^{\frac{1}{2}}$ 没有意义；

(2) 若 $a = 0$ 时，取 $x = -2$，则在实数范围内，0^{-2} 没有意义；

(3) 若 $a = 1$，无论 x 取何值，y 的值始终为1，就是一个常值函数，没有再研究的必要．

（学情预设：学生可能答得不完整，师生互动共同完成）

师：所以规定：$a > 0$，且 $a \neq 1$．

师：作函数图像我们一般使用什么方法？

生：列表描点法．

师：既然指数函数的定义域：$x \in \mathbf{R}$，对于函数 $f(x) = 2^x$，当 x 取非整数，在描点作图时，怎样计算诸如 $f(\sqrt{2})$ 即 $2^{\sqrt{2}}$ 的值呢？

（学情预设：学生可能答不上来）

师：$\sqrt{2} = 1.414\ 213\ 562\cdots$ 此时我们取 $\sqrt{2}$ 的不足近似值：1，1.4，1.41，1.414，1.414 2，$\cdots$ 于是就可以得到相应的函数值：2，2.639 015 822，2.657 371 628，2.664 749 65，2.665 190 89，$\cdots$ 若无限计算下去，函数值无限趋近于一个常数，这个常数就规定为 $2^{\sqrt{2}}$ 的值．如此这般，当 x 取非整数时，函数值的计算问题就得到了很好地解决．为什么可以这样解决，我们现在还不能回答这个问题，但随着我们进一步的学习就能解答．

师：前面我们学习了幂函数，你能说说幂函数与指数函数解析式的不同吗？

生：幂函数的自变量在底数上，其幂指数是有理数，且为常数；指数函数的自变量在指数上，其底数是大于零且不为1的常数．

【**设计说明**】 为什么规定 $a>0$，且 $a\neq 1$？这是一个学生比较疑惑的地方，增加这一部分使学生理解这样规定的缘由．为什么可以使用 $\sqrt{2}$ 的不足近似值逼近的方法来确定 $2^{\sqrt{2}}$ 的值？$2^{\sqrt{2}}$ 到底是一个怎样的数，比如它是有理数还是无理数？这些都是爱动脑筋的学生的疑问．这些疑问要等到高等数学的数学分析学习后才能得到解决．"问题是数学的心脏．"培养学生问题意识也是我们数学教学的一大任务．对于这些现在不能解决的问题，要清楚地告诉学生，以此激励学生不断探索的欲望．教学要面向全体，使每一个学生都能得到发展．为什么要说说幂函数与指数函数解析式有什么不同？那是因为这两个函数经常有少数同学混淆，这个问题是特别为学习困难的同学设计的．

4. 概念的应用过程

例1 （1）在同一个坐标系内，使用描点法作出下列函数图像：① $y=2^x$；$y=3^x$．

② 通过图像，你对这两个函数的图像特点有什么认识？

（2）在同一个坐标系内，使用描点法作出下列函数图像：① $y=\left(\dfrac{1}{2}\right)^x$；$y=\left(\dfrac{1}{3}\right)^x$．

② 通过图像，你对这两个函数的图像特点有什么认识？

师：（因学生已有对幂函数作图的经验，作图过程由学生完成）同学们能完成本例题吗？

生：可以．

师：请同学们四人一组，共同协作来完成．（教师巡视，对困难的小组给予一定的指导）

师：大家完成了吗？（接着教师选择2个小组拍照，使用希沃投影）

师：他们的图像画得对吗？（图2-1、图2-2）（教师按照作图的步骤：列表、描点、用光滑曲线顺次连结来进行评讲）

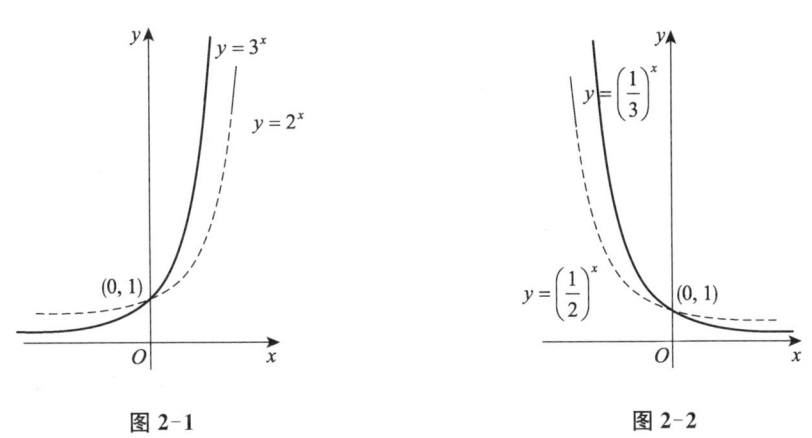

图 2-1   图 2-2

师：通过图像，你对这两个函数的图像特点有什么认识？哪个小组来回答？

生：① 两个函数都是增函数，当 x 值较大时，y 值非常大（如：$2^{100}\approx 1.2676506\times 10^{30}$）；

当 x 值较小时,y 值非常小(如:$2^{-100} \approx 7.888\,609\,052 \times 10^{-31}$),但不为零.

② 两个函数图像都通过定点 $(0,1)$.

师:通过以上计算,我们能猜想此函数的值域了吗?

生:此函数的值域为 $y > 0$.

师:为什么?你能证明吗?

生:不能.

师:同学们可能现在不能证明,但随着我们的不断学习,就能解决它.

(学情预设:学生可能回答得不够完整,可以通过师生互答来完成).

用同样方法可以解决题(2).

师:你能模仿研究幂函数的方法来归纳指数函数的性质吗?请按刚才的分组讨论,比一比看哪一组总结得又快又好?(教师巡视)

小组举手抢答(教师巡视,拍照,使用希沃投影),评讲得到表 2-1.

表 2-1

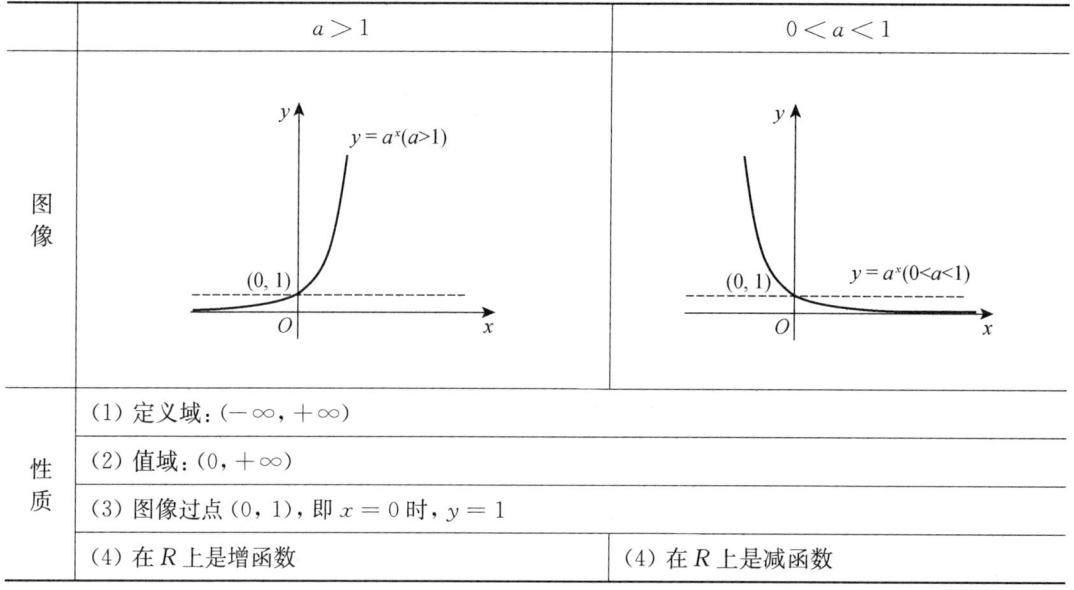

	$a > 1$	$0 < a < 1$
图像		
性质	(1) 定义域:$(-\infty, +\infty)$	
	(2) 值域:$(0, +\infty)$	
	(3) 图像过点 $(0,1)$,即 $x=0$ 时,$y=1$	
	(4) 在 R 上是增函数	(4) 在 R 上是减函数

师:你能证明指数函数的单调性吗?请同学们试试,证明:$f(x) = 2^x$ 是增函数.

生:任取 $x_1 < x_2$,$x_1, x_2 \in \mathbf{R}$,$f(x_1) - f(x_2) = -2^{x_1}(2^{x_2-x_1} - 1)$,而 $x_2 - x_1 > 0$,故由幂函数的单调性知:$2^{x_2-x_1} > 1^{x_2-x_1} = 1$,从而得到 $f(x_1) < f(x_2)$,即 $f(x) = 2^x$ 是增函数.

师:在幂函数的定义中,幂指数定义为有理数,而这里的 $x_2 - x_1$ 可能为无理数,那怎么办?这个问题同学们可能现在不能证明,但随着我们不断学习,就能解决它.

例 2 利用指数函数的性质,比较下列各组中两个数的大小.

(1) $2^{\sqrt{3}}$ 和 $2^{1.7}$;

(2) $0.6^{-\frac{2}{3}}$ 和 $0.6^{-\frac{3}{4}}$.

学生独立完成,交流结果.

生:(1) 因为函数 $f(x)=2^x$, $x\in(-\infty,+\infty)$ 上是增函数,由 $\sqrt{3}>1.7$ 得:$f(\sqrt{3})>f(1.7)$;于是有 $2^{\sqrt{3}}>2^{1.7}$.

(2) 因为函数 $f(x)=0.6^x$, $x\in(-\infty,+\infty)$ 上是减函数,由 $-\frac{2}{3}>-\frac{3}{4}$ 得:$f\left(-\frac{2}{3}\right)<f\left(-\frac{3}{4}\right)$;于是有 $0.6^{-\frac{2}{3}}<0.6^{-\frac{3}{4}}$.

【设计说明】 通过计算器计算 $2^{-100}\approx 7.888\,609\,052\times 10^{-31}$ 这类值的处理可以加深学生对指数函数的值域与渐近线的理解;对于指数函数的单调性,课本只是从图像观察而得到,实际上是不严谨的,这也是迫不得已,这一点务必要向学生交代清楚,以免日后发生用作图代替证明的情况.实际上,值域和单调性问题在学习了数列极限后基本就能解决.例如,函数 $f(x)=2^x$ 是增函数的证明就可以作以下的处理:任取 $x_1<x_2$, $x_1,x_2\in\mathbf{R}$, $f(x_1)-f(x_2)=-2^{x_1}(2^{x_2-x_1}-1)$,只要证明了当 $a>0$ 时,$2^a>1$ 就可以了;①当 $a\in\mathbf{N}^*$ 时,使用数学归纳法证明即可;②当 a 为有理数时,记 $a=\frac{q}{p}$, $P,q\in\mathbf{N}^*$,使 $\sqrt[p]{2}>1$(这个不等式可以使用反证法给予证明),利用 $a\in\mathbf{N}^*$ 时的结论得到证明;③当 a 为无理数时,构造 a 的单调递增的不足近似值数列 $\{a_n\}$,由于 $\lim_{n\to\infty}a_n=a$, $1=2^{a_1}<2^{a_2}<\cdots<2^{a_n}$,根据极限的理论知 $\lim_{n\to\infty}2^{a_n}\geqslant 2^{a_2}$,从而得到 $2^a>1$.在证明了当 $a>0$ 时,$2^a>1$ 后,使用反比例函数的性质就能得到,当 $a<0$ 时,$0<2^a<1$,从而使 $f(x)=2^x$ 的值域问题得到证明.教师的备课不能仅仅局限于某一节课,而是要关注整个中学数学的教学过程;教学的素材需要我们平时的点滴积累.虽然上面的准备本节课并没有用上,但为高三的拓展研究课积累了极好的材料.

5. 课堂小结与布置作业

生:(1)本节课从两个引例出发引入了指数函数的定义.

(2) 通过例1中函数的图像研究了指数函数的性质,但对于指数函数的单调性和值域等我们并没有给予严格的证明,随着不断学习,争取以后解决这些问题.

(3) 利用了函数的性质解决相关问题.

师:本节课我们通过图像,使用从特殊到一般的方法,研究了指数函数底数在两种情况下的图像与性质,其中的值域和单调性我们并没有给予严格的证明.之所以没有证明,是因为目前我们知识的储备尚不够,但随着同学们的知识不断丰富,同学们一定能解决这些问题的.

【课例点评】

指数函数概念的引入有多种路径,本设计着力体现落实立德树人的根本任务,选取当下关注度很高的精准扶贫问题,具有现实意义和国情教育意义.设计对无理指数幂的处理也比较合适,符合学生当前的认知.提供学生绘制具体的指数函数图像并观察图像特征,归纳得出一般指数函数的性质,既凸显了学生的主体地位,又体现了数学研究的基本方法,对于提升学生数学抽象、逻辑推理和直观想象核心素养都很有帮助.

正如最后总结所讲,指数函数值域和单调性证明,是因学生的知识储备还不够,例如"当$a>0$时$a^x>0$"、"当$a>1$时,若$x>0$,则$a^x>1$"这些都是可以证明的定理,而在中学可以作为学生能够理解的事实加以确认.在教学中可以实事求是地告诉学生,既体现严谨性又不违反量力性.本文对教学过程只是简述,主要想突出设计的主线和思想,想描述一种落实核心素养的教学路径.一个设计是否好,主要要看面对的学生,也要看教师的教学风格,要考虑教学的适切性.

2.2.2 课例2 反正弦函数

【教材内容分析】 本节是上教版高一数学第二学期(试用本)第六章第二节(6.2)"反三角函数与简单的三角方程".根据教学进度安排和班级的实际情况,将"反三角函数"划分为3课时,这是第一课时.第一节课内容为"反正弦函数",本节课的任务为:"引入定义,探究反正弦函数的图像及其性质."反正弦函数是基本的初等函数之一,它在测绘等实际问题中有着广泛的应用,同时又是学习简单三角方程的基础.由于反三角函数内容的抽象性,反三角函数也是高一学习中相对较难的一个难点.

【学生学习情况分析】 在学习本节课之前,学生已学习了反函数的概念和简单函数的反函数的求法,知道互为反函数之间的图像对称关系,以及在图像直观下的基本性质的研究方法;学习了对数的运算性质;学习了对数函数的图像及其性质.对数函数的研究方法为此处的学习提供了可供模仿的样例.

【教学目标】
(1) 经历在某个单调区间上建立反正弦函数的过程和图像性质的形成过程.
(2) 经历反正弦函数的概念辨析的过程,加深对反正弦函数概念的理解.
(3) 会用反正弦函数的函数值表示角,会进行简单的反三角运算.

【教学重点】 反正弦函数的概念、图像与性质.

【教学难点】 反正弦函数的概念、图像与性质.

【教学过程】

1. 创设情境、提出问题

师:(请一同学读题)在一次军事演习中,某侦察兵战士经过测量得到某方位角α是一个锐角,且满足:$\sin\alpha=0.58$,问在不允许求近似值的情况下,怎样精确使用数学式子来表示角α?

生:不太清楚.

师:同学们不妨回忆一下,在学习指数、对数函数时,我们是怎样解决"已知$a^x=b\,(a>$

$0, a \neq 1, b > 0$),请用 a, b 来表示 x"这个问题的?

生:我们是通过引入对数符号来解决这个问题的,我们将 x 表示为 $x = \log_a b$.

师:由正弦函数图像我们知道,满足上面条件的方位角是唯一的. 如果我们模仿指数、对数式的互化,引进反表示的符号"arcsin",同学们看一看刚刚提出的方位角的精确值我们能够表示了吗?

生:是不是可以表示为:$\alpha = \arcsin 0.58$?

师:非常好,数学家就是这样表示的.

(学情预设:学生可能表述得不够清晰,此时可以通过师生互动共同完成)

2. 概念、性质的生成过程

师:通过前面的学习,我们知道同底的指数函数与对数函数是互为反函数,那么正弦函数存在反函数吗?

生:不存在反函数.

师:为什么?

生:因为正弦函数在其定义域 R 上不是单值对应的.

师:如果我们通过修改其定义域得到一个表达式不变,而定义域范围缩小,并且单值对应的函数,这样的函数存在反函数吗?

生:那就存在反函数了.

师:我们怎样来修改?请同学们讨论.

生:形式一为 $y = \sin x, x \in \left(-\frac{\pi}{2}, \frac{\pi}{2}\right)$;形式二为 $y = \sin x, x \in \left(0, \frac{\pi}{2}\right)$;形式三为 $y = \sin x, x \in \left[-\frac{\pi}{2}, \frac{\pi}{2}\right]$;形式四为 $y = \sin x, x \in \left[\frac{\pi}{2}, \frac{3\pi}{2}\right]$,等等.

师:请大家一起结合正弦函数的图像看看,上面的函数是否都存在反函数?

生:都存在反函数.

师:对的,很好! 我们现在来研究形式三的反函数. 那么怎样求它的反函数呢?

生:第一步求原函数的值域;第二步求 x(使用 y 来表示 x);第三步互换 x, y 位置和原函数定义域与值域.

师:值域是怎样的?

生:$y \in [-1, 1]$.

师:很好! 对的. 那么我们怎样使用 y 来表示 x 呢?

生:$x = \arcsin y$.

师:很好! 对的. 那么同学们能完整地写出这个反函数吗?

生:$y = \arcsin x, x \in [-1, 1]$.

师:很好! 对的. 我们把上面的函数叫作反正弦函数.

一般地,我们把函数 $y = \sin x, x \in \left[-\frac{\pi}{2}, \frac{\pi}{2}\right]$ 的反函数叫做反正弦函数.

记作：$y = \arcsin x, x \in [-1, 1]$.

（学情预设：学生可能表述得不够清晰，此时可以通过师生互动共同完成）

师：以上我们已经定义了反正弦函数，那么同学们怎样画出它的图像呢（图2-3）？

生：我们可以利用"互为反函数的图像关于直线 $y = x$ 对称"，通过作函数 $y = \sin x, x \in \left[-\dfrac{\pi}{2}, \dfrac{\pi}{2}\right]$ 关于直线 $y = x$ 对称的图像来得到.

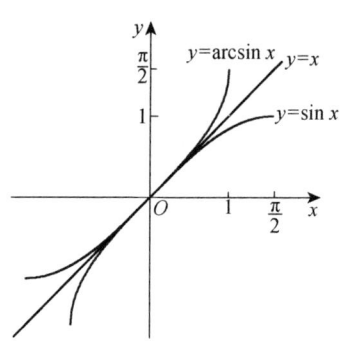

图 2-3

师：请同学们利用对称性描点作图.（学生作图，教师巡视，手机拍照传希沃、交流、评讲）

师：图像画得很好. 反正弦函数有哪些性质呢？

生：反正弦函数是增函数；反正弦函数是奇函数；

师：你是怎么知道的呢？

生：从图像看出来的；（或者从互为反函数的单调性一致；奇函数的性质一致得到）

师：很好，你说的是对的. 由反正弦函数是奇函数我们可以得到怎样的等式？

生：$\arcsin(-x) = -\arcsin x, x \in [-1, 1]$.

师：我们在指数函数和对数函数中，知道 $a^{\log_a x} = x$，$\log_a a^x = x$，($a > 0, a \neq 1$)，那么在反正弦函数中是否有类似的等式呢？

生：有.

师：它们的形式是怎样的呢？

生：$\sin(\arcsin x) = x, x \in [-1, 1]$，$\arcsin(\sin x) = x, x \in \left[-\dfrac{\pi}{2}, \dfrac{\pi}{2}\right]$.

见表2-2.

师：等式为什么成立？

生：由存在反函数的函数的对应是一一对应得到的.

（教学过程中形成 $y = \arcsin x, x \in [-1, 1]$ 的图像与性质表的板书）

表 2-2

	$y = \arcsin x, x \in [-1, 1]$ 的图像与性质
图像	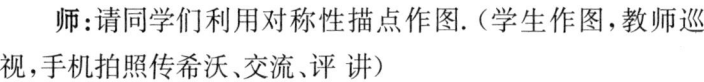
性质	(1) 定义域：$x \in [-1, 1]$
	(2) 值域：$y \in \left[-\dfrac{\pi}{2}, \dfrac{\pi}{2}\right]$
	(3) 奇偶性：奇函数； $\arcsin(-x) = -\arcsin x, x \in [-1, 1]$
	(4) 单调性：在 $x \in [-1, 1]$ 上为增函数
	(5) 恒等式： $\sin(\arcsin x) = x, x \in [-1, 1]$ $\arcsin(\sin x) = x, x \in \left[-\dfrac{\pi}{2}, \dfrac{\pi}{2}\right]$

3. 概念的理解过程

师： 为什么把函数 $y = \sin x, x \in \left[-\dfrac{\pi}{2}, \dfrac{\pi}{2}\right]$ 的反函数叫做反正弦函数,而不是其他呢？

生： 因为在 $y = \sin x, x \in \left(-\dfrac{\pi}{2}, \dfrac{\pi}{2}\right)$ 的值域为：$(-1, 1)$；尽管它存在反函数,但像 $\pm \dfrac{\pi}{2}$ 这些点的函数关系就没有包含进去. 同理 $y = \sin x, x \in \left(0, \dfrac{\pi}{2}\right)$ 更存在这样的问题.

师： 很好！形式四：$y = \sin x, x \in \left[\dfrac{\pi}{2}, \dfrac{3\pi}{2}\right]$ 不存在以上问题,那为什么不把形式四：$y = \sin x, x \in \left[\dfrac{\pi}{2}, \dfrac{3\pi}{2}\right]$ 的反函数,拿来定义反正弦函数呢？

生： 因为形式四,不能直接研究 $x \in \left[0, \dfrac{\pi}{2}\right]$ 这一部分的角,而实际应用中,这个范围的角使用是最多的.

（学情预设：学生可能答不完整,师生互动共同完成）

师： 同学们回答得很好,考虑到以上方方面面,所以我们把函数 $y = \sin x, x \in \left[-\dfrac{\pi}{2}, \dfrac{\pi}{2}\right]$ 的反函数定义为反正弦函数最为恰当.

4. 概念的应用过程

例 1 求下列反函数的值：

(1) $\arcsin \dfrac{\sqrt{3}}{2}$；　　(2) $\arcsin 0$；　　(3) $\arcsin \left(-\dfrac{1}{2}\right)$.

第(1)小题.

师： 同学们想一想,怎样来求？

生： 我们可以使用计算器.

师： 等于多少？

生： $\dfrac{\pi}{3}$ 或 $60°$.

师： 对于一个自变量,不是只有唯一确定的函数值与之对应吗？怎么有 2 个答案？哪一个是正确的？为什么？

生： $\dfrac{\pi}{3}$ 是正确的,因为我们是在使用十进制数研究函数,况且这里是在求反三角函数的值.

师： 很好！你讲得对. 如果我们不用计算器,可以解决吗？

生： 可以.

师： 怎么解决的？

生：因为 $\sin\dfrac{\pi}{3}=\dfrac{\sqrt{3}}{2}$，$\dfrac{\pi}{3}\in[-1,1]$，所以 $\arcsin\dfrac{\sqrt{3}}{2}=\dfrac{\pi}{3}$.

师：你的解法的依据是什么？

生：互为反函数的表达式在其定义域和值域内的互相转化.

第(2)、第(3)小题.

师：请两位同学上黑板来做.

生：(2) 因为 $\sin 0=0$，$0\in[-1,1]$，所以 $\arcsin 0=0$.

(3) 因为 $\sin\left(-\dfrac{\pi}{6}\right)=-\dfrac{1}{2}$，$-\dfrac{\pi}{6}\in\left[-\dfrac{\pi}{2},\dfrac{\pi}{2}\right]$，所以 $\arcsin\left(-\dfrac{1}{2}\right)=-\dfrac{\pi}{6}$.

【设计说明】 学生在解决本例时，一般都会首选使用计算器，这样就可能不可避免地带来角的表示的错误，因此在第一小题的解决过程中必须辨析清楚. 对于第二种方法，必须从互为反函数的表达式在定义域和值域内的互化的角度予以解释，这样学生才能知道解法的来龙去脉，同时为例 2 的讲解做好铺垫.

例 2 用反正弦函数值的形式表示下列各式中的 x：

(1) $\sin x=\dfrac{\sqrt{3}}{5}$，$x\in\left[-\dfrac{\pi}{2},\dfrac{\pi}{2}\right]$；　　(2) $\sin x=-\dfrac{1}{4}$，$x\in\left[-\dfrac{\pi}{2},\dfrac{\pi}{2}\right]$；

(3) $\sin x=\dfrac{\sqrt{3}}{3}$，$x\in[0,\pi]$.

(因题(1)、题(2)有例 1 方法的铺垫，布置由学生独立完成，拍照传希沃交流)

生：(1) 因为 $\sin x=\dfrac{\sqrt{3}}{5}$，$x\in\left[-\dfrac{\pi}{2},\dfrac{\pi}{2}\right]$，满足互为反函数的式子互相转化的条件，所以 $x=\arcsin\dfrac{\sqrt{3}}{5}$.

(2) 因为 $\sin x=-\dfrac{1}{4}$，$x\in\left[-\dfrac{\pi}{2},\dfrac{\pi}{2}\right]$，满足互为反函数的式子互相转化的条件，所以 $x=\arcsin\left(-\dfrac{1}{4}\right)=-\arcsin\dfrac{1}{4}$.

师：请同学们再来看看第(3)小题怎样解决？

生：因为没有满足互为反函数式子的转化的条件，感觉有点困难.

师：既然这样不行，我们可不可以逆向思维，反过来研究原函数呢？看 $y=\sin x$，$x\in[0,\pi]$ 的图像呢？

师：通过图像(图 2-4)大家发现了什么？

生：**方法一** 直线 $y=\dfrac{\sqrt{3}}{3}$ 与 $y=\sin x$，$x\in[0,\pi]$ 有两个交点，也就是说满足题意的 x 有两个值，一个是 $x=\arcsin\dfrac{\sqrt{3}}{3}$，因为

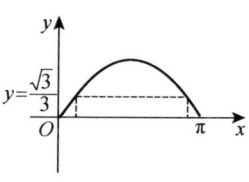

图 2-4

两个点关于直线 $x=\dfrac{\pi}{2}$ 对称,故另一个为:$x=\pi-\arcsin\dfrac{\sqrt{3}}{3}$.

方法二 在 $x\in\left[0,\dfrac{\pi}{2}\right]$ 时,满足互为反函数的式子互相转化的条件,所以 $x=\arcsin\dfrac{\sqrt{3}}{3}$;在 $x\in\left[\dfrac{\pi}{2},\pi\right]$ 时,$\sin(\pi-x)=\dfrac{\sqrt{3}}{3}$,$\pi-x\in\left[0,\dfrac{\pi}{2}\right]$ 满足互为反函数的式子互相转化的条件,所以 $\pi-x=\arcsin\dfrac{\sqrt{3}}{3}$,故有 $x=\pi-\arcsin\dfrac{\sqrt{3}}{3}$;故满足题意的解为:$x=\arcsin\dfrac{\sqrt{3}}{3}$ 或 $x=\pi-\arcsin\dfrac{\sqrt{3}}{3}$.

【设计说明】 题(1)、题(2)有例1方法的铺垫,学生不难解决,故让学生自主解决,并借此评价学生对方法的迁移能力;题(3)因为没有满足互为反函数式子的转化的条件,学生的思维受阻,方法一是想引导学生逆向思维;方法二是想引导学生分类讨论.

例3 化简下列各式:

(1) $\arcsin\left(\sin\dfrac{\pi}{9}\right)$;　　(2) $\arcsin\left(\sin\dfrac{5\pi}{6}\right)$;　　(3) $\arcsin(\sin 3.49\pi)$.

师: 刚才我们使用"互为反函数的表达式在定义域和值域内可以的互化"解决了例1和例2,那么这一题我们怎样解决呢?我们先看第(1)小题.

生: 第(1)小题的答案为:$\dfrac{\pi}{9}$.

师: 你怎么得到的呢?

生: 使用计算器得到.

师: 若不用计算器,怎么做?

生: 还可以使用"互为反函数的表达式在定义域和值域内可以互化"解决. 设 $\sin\dfrac{\pi}{9}=a$,则有:$\arcsin a=\dfrac{\pi}{9}$,而原式 $=\arcsin a$,故 $\arcsin\left(\sin\dfrac{\pi}{9}\right)=\dfrac{\pi}{9}$.

师: 通过本题同学们可以得到怎样的一般性的结论?

生: 若函数 $y=f(x)$,$x\in D$,$y\in A$ 存在反函数,则当 $x\in A$ 时,有 $f(f^{-1}(x))=x$.

师: 很好!下面我请两名同学来解决后面两题.

生: (2) $\arcsin\left(\sin\dfrac{5\pi}{6}\right)=\arcsin\left[\sin\left(\pi-\dfrac{\pi}{6}\right)\right]=\arcsin\left(\sin\dfrac{\pi}{6}\right)=\dfrac{\pi}{6}$;

(3) $\arcsin(\sin 3.49\pi)=\arcsin[\sin(2\pi+1.49\pi)]=\arcsin(\sin 1.49\pi)$
$=\arcsin[\sin(\pi+0.49\pi)]=\arcsin[-\sin(0.49\pi)]$
$=-\arcsin(\sin 0.49\pi)=-0.49\pi$.

【设计说明】 本题的本质是通过代换,利用"互为反函数的表达式在定义域和值域内可以互化"的结论解题,通过本题可以提炼出:"若函数 $y=f(x)$,$x\in D$,$y\in A$ 存在反函数,

则当 $x \in A$ 时,有 $f(f^{-1}(x)) = x$"这样一个重要的结论. 本题分析过程的目的是在求解本题的同时,推出这个结论.

5. 小结与布置作业

生:(1) 本节课从类比对数函数的建立过程,引入了反正弦函数的定义.

(2) 利用互为反函数的关系,得到了反正弦函数的性质.

(3) 利用"互为反函数的表达式在定义域和值域内可以互化"解决了反正弦函数的求值问题.

(4) 通过例题的解决过程,提炼出:"若函数 $y = f(x), x \in D, y \in A$ 存在反函数,则当 $x \in A$ 时,有 $f(f^{-1}(x)) = x$"这样一个重要的结论.

师:同学们总结得很好. 但我们对于反正弦函数的单调性并没有给予严格的证明,请同学们课后思考这个问题. 今天我们学习的是反正弦函数,既然有反正弦函数,那么还有反余弦函数吗?

【课例点评】

对数式是在指数式的基础上引入的,反正弦函数式是在正弦函数式的基础上引入的,对数函数的概念是在指数函数概念的基础上通过互为反函数的关系建立起来的,反正弦函数的概念是在正弦函数概念的基础上通过互为反函数的关系建立起来的. 因此建立反正弦函数知识体系的过程与建立对数函数知识体系的过程极其相似."对数函数"也可以看成"反正弦函数"的前位概念,因而本节课采取了"概念课教学过程"的"后位概念课"类比自主建构的教学策略,并对本节课进行了以下处理:

(1) 模仿对数式的引入过程,设计了反正弦函数式的引入过程.

(2) 模仿对数函数的建立过程来设计反正弦函数的建立过程.

(3) 模仿对对数函数的图像、性质的研究方法来设计研究反正弦函数的图像与性质的过程.

(4) 通过问题的解决进一步加深对互为反函数关系和相关运算的理解,同时加深对利用反函数理论研究函数的方法的理解.

(5) 通过问题的驱动让学生体验研究式的学习方式和自主探索带来的乐趣和成就感,同时为高中学习方法的形成提供一个可以借鉴的样例.

2.2.3 课例3 直线的倾斜角与斜率

【教材内容分析】 本节是上教版高二数学第二学期(试用本)第十一章第二节(12.2) "直线的倾斜角与斜率"中的一节课. 根据我校的教学进度安排和笔者所教班级的实际情况,将"直线的倾斜角与斜率"分为3课时,这是第一课时;第一节课内容为"直线的倾斜角与斜率". 本节课的任务为:"引入直线的倾斜角与斜率的概念,建立倾斜角、斜率以及直线的方向向量三者关系". 直线是一个十分重要的知识点,它是解析几何的基础,因此学好本节的内容至关重要.

【学生学习情况分析】 在学习本节课之前,学生已学习了直线的方向向量和法向量这两个用来描写直线方向的量,体验过直线的点方向式方程和点法向式方程建立的过程,同时有了象限角和任意角三角比的定义基础. 可以从三角比定义、坐标等不同的侧面来刻画概念,建立概念之间的联系,建立刻画直线方向量之间的关系,构建概念系统.

【教学目标】
(1) 经历直线的倾斜角与斜率概念的形成过程.
(2) 掌握直线的倾斜角、斜率、直线的方向向量三者之间的关系.

【教学重点】 直线的倾斜角与斜率.

【教学难点】 直线的倾斜角、斜率、直线的方向向量三者之间的关系.

【教学过程】

1. 创设情境、提出问题

师:在平面上,确定一条直线需要几个约束条件?

生:两个确定的点;一个确定的点和一个确定的方向.

师:很好!那么在直角坐标系中,我们已经学习到了哪些确定直线方向的量?

生:直线的方向向量和直线的法向量.

师:对的,那么还有用来确定直线方向的量吗?

【设计说明】 根据学生的情况,改变课本的引入方式,从对学生概念体系的"最近概念区"诱导延伸引入并提出直线的倾斜角.

2. 概念的生成过程

生:直线的倾斜角.

师:在直角坐标系中,我们定义过角吗?

生:定义过.

师:在哪里定义过?

生:在三角比的学习时,我们定义过象限角和轴向角.

师:你还记得是怎样定义的吗?

生:将角的顶点放在坐标原点,始边放在 x 轴的正半轴,角的终边落在第几象限角,我们就称这个角是第几象限角,若角的终边落在坐标轴上,我们就称其为轴向角.

师:你讲得很好. 那么直线的倾斜角怎样定义呢?

生:如图 2-5 所示,设直线与 x 轴相交于点 M,将 x 轴绕着点 M 按逆时针方向旋转至与直线 l 重合时所成的最小正角 α 叫做直线 l 的倾斜角.

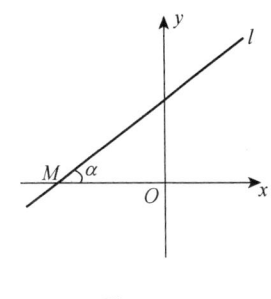

图 2-5

师：若直线 l 与 x 轴平行或重合呢？

生：若直线 l 与 x 轴平行或重合，规定直线的倾斜角 $\alpha = 0$.

师：那么直线的倾斜角 α 在什么范围内？

生：$\alpha \in [0, \pi)$.

师：对的，很好！

师：至此我们知道直线的方向向量和直线的倾斜角都是表示直线方向的量，那么它们有什么联系呢？

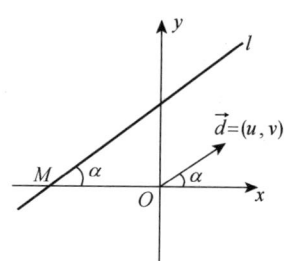

图 2-6

师：如图 2-6 所示，在 $\alpha \neq \dfrac{\pi}{2}$ 时，记直线 l 的方向向量为 $\vec{d} = (u, v)$，根据直线的方向向量的意义知：对于任意的直线 l 的方向向量为 $\vec{d} = (u, v)$，我们都可以取到 $v > 0$ 的一个方向向量. 同时将 $\vec{d} = (u, v)$ 同方向过原点的射线可以看成角 α 的终边，由任意角三角比的定义，α 的正切值等于什么？

生：$\tan \alpha = \dfrac{v}{u}$.

师：前面我们学习了直线的点方向式方程：$\dfrac{x - x_0}{u} = \dfrac{y - y_0}{v}$，此方程可化为：$y - y_0 = \dfrac{v}{u}(x - x_0)$，进一步可化为：$y - y_0 = \tan \alpha (x - x_0)$，因此 $\tan \alpha$ 也是描写直线的一个重要的方向量. 那么我们怎样定义这个量呢？

生：叫做直线的斜率.

师：**我们把直线 l 的倾斜角 α $\left(\alpha \neq \dfrac{\pi}{2} \right)$ 的正切值称为直线 l 的斜率.**

【设计说明】 本处根据对任意角的定义回顾，类比导出倾斜角的定义；使用任意角三角比的定义导出直线斜率的定义；从直线的点方向式方程出发引入直线的斜率，使得概念的引入更加自然与合理，同时使得知识生成的脉络更加清晰，体现了联系的、全面的思想观点.

3. 概念的理解过程

师：如果直线 l 的方向向量为 $\vec{d} = (u, v)$ 中的 $v < 0$，那么 $\tan \alpha = \dfrac{v}{u}$，还成立吗？

生：成立.

师：为什么？

生：因为当 $v < 0$ 时，我们可以选用另一个与其方向相反的方向向量 $\vec{d} = (-u, -v)$ 得到 $\tan \alpha = \dfrac{-v}{-u} = \dfrac{v}{u}$.

师：若 $v = 0$ 呢？

生：$\tan \alpha = \dfrac{0}{u} = 0$.

师：很好！因此无论 $v < 0$ 还是 $v \geqslant 0$，都有：$\tan \alpha = \dfrac{v}{u}$.

师：直线 l 的斜率 k 与直线 l 的倾斜角 α 的变化存在怎样的关系？

生：$k = \tan\alpha$，$\alpha \in \left[0, \dfrac{\pi}{2}\right) \cup \left(\dfrac{\pi}{2}, \pi\right)$.

师：其图像是怎样的？

生：如图 2-7 所示.

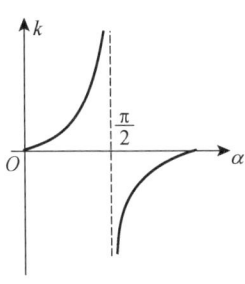

图 2-7

师：画得很好. 请同学们具体描述一下直线 l 的斜率 k 与直线 l 的倾斜角 α 的变化关系.

生：当 $\alpha \in \left[0, \dfrac{\pi}{2}\right)$ 时，斜率 k 的值随着 α 的值增大而增大；

当 $\alpha \to \dfrac{\pi}{2}$ 时，斜率 $k \to \infty$，当 $\alpha = \dfrac{\pi}{2}$ 时，斜率 k 不存在；当 $\alpha \in \left(\dfrac{\pi}{2}, \pi\right)$ 时，斜率 k 的值随着 α 的值增大而增大.

师：讲得很好！从以上分析我们可以看出，直线的斜率也是刻画直线方向的一个很好的量.

师：若我们将 $y - y_0 = \tan\alpha(x - x_0)$ 中的 $\tan\alpha$ 换成 k，我们可以得到：$y - y_0 = k(x - x_0) \cdots ②$，我们将这个方程叫做什么方程呢？

生：**直线的点斜式方程**：$l: y - y_0 = k(x - x_0)$.

师：我们知道当两点 $P_1(x_1, y_1)$，$P_2(x_2, y_2)$ 确定时，过这两点的直线 l 就确定了，它的斜率 k 也随之确定，那么直线的斜率与这两点的坐标有什么关系呢？

生：$k = \dfrac{y_2 - y_1}{x_2 - x_1}$.

师：同学们是怎样得到的？

生：因为 $P_1(x_1, y_1)$，$P_2(x_2, y_2)$ 在直线 l 上，所以它们都满足直线 l 的方程. 于是有：$y_2 - y_0 = k(x_2 - x_0)$ 和 $y_1 - y_0 = k(x_1 - x_0)$，两式相减得到：$y_2 - y_1 = k(x_2 - x_1)$，从而在 $x_1 \neq x_2$ 时，得到：$k = \dfrac{y_2 - y_1}{x_2 - x_1}$.

师：很好！这就是斜率的计算公式：$k = \dfrac{y_2 - y_1}{x_2 - x_1} = \tan\alpha = \dfrac{v}{u}$.

【设计说明】 通过对 v 取值的自主讨论，生成对 $\tan\alpha = \dfrac{v}{u}$ 结论的理解；通过增加对函数 $k = \tan\alpha$，$\alpha \in \left[0, \dfrac{\pi}{2}\right) \cup \left(\dfrac{\pi}{2}, \pi\right)$ 的图像与取值情况的分析，加深学生对引入直线斜率的合理性的认识；从直线的方程与方程的直线概念出发得到直线的斜率的计算公式，使得公式的引入自然而又有逻辑.

4. 概念的应用过程

例 1 已知直线 l 上的两点 A，B，求直线 l 的斜率 k 及其倾斜角 α：

(1) $A(1,2)$，$B(3,4)$；　　(2) $A(0,3)$，$B(2,\sqrt{2})$．

师：请同学们看看怎样做？（学生自主完成，教师巡视，拍照、交流、评讲）

生：**方法一**　（1）由斜率公式得：$k=\dfrac{4-2}{3-1}=1$；而 $k=1>0$，故其倾斜角为锐角；所以 $\alpha=\dfrac{\pi}{4}$．

（2）由斜率公式得：$k=\dfrac{\sqrt{2}-3}{2-0}=\dfrac{\sqrt{2}-3}{2}$；而 $k=\dfrac{\sqrt{2}-3}{2}<0$，故其倾斜角为钝角；所以 $\alpha=\pi+\arctan\dfrac{\sqrt{2}-3}{2}=\pi-\arctan\dfrac{3-\sqrt{2}}{2}$．

方法二　（1）由条件知：直线 l 的一个方法向量为 $\vec{d}=(2,2)$ 斜率公式得：$k=\dfrac{v}{u}=1$；而 $k=1>0$，故其倾斜角为锐角；所以 $\alpha=\dfrac{\pi}{4}$．

（2）由条件知：直线 l 的一个方向向量为 $\vec{d}=(2,\sqrt{2}-3)$，由斜率公式得：
$k=\dfrac{v}{u}=\dfrac{\sqrt{2}-3}{2}$，$k=\dfrac{\sqrt{2}-3}{2}<0$，故其倾斜角为钝角；
所以 $\alpha=\pi+\arctan\dfrac{\sqrt{2}-3}{2}=\pi-\arctan\dfrac{3-\sqrt{2}}{2}$．

师：很好，正确．

【设计说明】　因对斜率的计算公式作了较为详尽的引入，计算已不是很困难，因而采取了学生自主完成的方式；同时因为这种建立公式的次序的改变，使得学生在解决这种问题时多了一种途径．

例2　已知 $P(3,-1)$，$M(5,1)$，$N(2,\sqrt{3}-1)$，直线 l 过 P 点且与线段 MN 相交，求：
(1) 直线 l 的斜率的取值范围；
(2) 直线 l 的倾斜角的取值范围．

师：我们下面看看这一题怎样思考？

生：应该先作图观察一下（图 2-8）直线 l 的斜率与直线 PM，PN 的斜率和倾斜角有关．

师：记直线 PM，PN 的斜率为 k_{PM} 和 k_{PN}，直线 PM，PN 的倾斜角分别为 α_1 和 α_2；直线 l 的斜率为 k，倾斜角为 α；我们可以得到它们有怎样的关系？

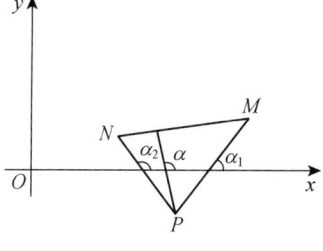

图 2-8

生：$\alpha\in\left[\alpha_1,\dfrac{\pi}{2}\right)\cup\left(\dfrac{\pi}{2},\alpha_2\right]$，$k_{PM}=\dfrac{1-(-1)}{5-3}=1=\tan\alpha_1$，$\alpha_1=\arctan 1=\dfrac{\pi}{4}$；

$k_{PN} = \dfrac{\sqrt{3}}{2-3} = -\sqrt{3} = \tan\alpha_2$, $\alpha_2 = \pi + \arctan(-\sqrt{3}) = \pi - \arctan\sqrt{3} = \dfrac{2\pi}{3}$.

师：很好！我们可以解决问题了吗？

生：(1) 由 $\alpha \in \left[\alpha_1, \dfrac{\pi}{2}\right) \cup \left(\dfrac{\pi}{2}, \alpha_2\right]$ 得到 $\tan\alpha \in (-\infty, \tan\alpha_2] \cup [\tan\alpha_1, +\infty)$，于是有：$k \in (-\infty, -\sqrt{3}] \cup [1, +\infty)$.

(2) $\alpha \in \left[\dfrac{\pi}{4}, \dfrac{2\pi}{3}\right]$.

【设计说明】 本题是一个补充的问题，目的是为了进一步加深对倾斜角、斜率概念和它们相互关系的理解；同时感受解析几何的本质，用代数的方法解决几何问题时，使用数形结合的数学思想方法是常用的一种途径。通过问题的解决，推动概念在思维的更高水平上的应用。

5. 小结与布置作业

生：(1) 本节课从类比象限角的建立过程，引入了直线的倾斜角。

(2) 由直线的方向向量和任意角的三角比的定义，导入了直线的斜率。

(3) 类比任意角的三角比的定义的建立过程，建构了直线的倾斜角、斜率和直线的方向向量之间的关系。

(4) 利用正切函数的图像与性质，研究了直线的倾斜角、斜率之间的相互依存关系。

(5) 推导出了直线的倾斜角与斜率的计算公式。

师：同学们总结得很好。但我们在本节课的研究中，还得到了直线的点斜式方程，在倾斜角和斜率引入之后对直线的方程等研究有何影响？这是我们接下来要探讨的课题。

【课例点评】

直线的倾斜角是在直线的方向向量和象限角的概念基础上引入的；直线的斜率是在任意角的三角比的定义基础上构建的。因此"直线的倾斜角和斜率"可以看成"直线的方向向量"的后位概念，因而本节课采取了"概念课教学过程"的"后位概念课"类比自主建构的教学策略；并围绕概念课的进级思考，对本节课进行了设计安排。

2.2.4 课例4 异面直线(1)

【教材内容分析】 本节课是上教版高三年级（试用本）第十四章第二节(14.2)"空间直线与直线的位置关系"中的一节课。根据教学进度安排和班级的实际情况，将"空间直线与直线的位置关系"划分为3课时，这是第二课时。本节课的任务为："引入异面直线和异面直线所成角的定义，探究异面直线的位置关系的判定与计算。"异面直线内容是立体几何的重要内容之一，它在研究多面体和旋转体等实际问题中有着广泛的应用。就立体几何的章节范围而言，异面直线的概念是一个前位概念。由于空间图形的复杂性，异面直线在高三学习中也是一个难点。

【学生学习情况分析】 在学习本节课之前,学生已学习了平面及其性质和等角定理,知道简单的直线的平行和相交位置关系的判断方法,以及解锐角三角形的方法.但因少数同学的立体感不够好,在识图方面仍然有一定的困难.因学生在初中接触到的平面几何的逻辑演绎式的证明较少,因此部分同学在相关证明方面可能有一定的困难.

【教学目标】

(1) 经历异面直线概念、异面直线所成角概念的形成过程.

(2) 会用反证法证明两条直线是异面直线.

(3) 理解异面直线所成角概念,并会求异面直线所成角.

【教学重点】 理解异面直线概念和异面直线所成角概念;会用反证法证明两条直线是异面直线;会求异面直线所成角.

【教学难点】 理解异面直线概念;用反证法证明两条直线是异面直线.

【教学过程】

1. 创设情境、提出问题

师:在平面上,两条直线有几种位置关系?

生:有平行和相交两种位置关系.

师:那么在空间,两条直线是不是也只有平行和相交这两种位置关系?请大家观察图 2-9,找出平行与相交直线?

生:平行的有:AB 和 CD,AD 和 $A'D'$,等等;

相交的有:$A'B'$ 和 $B'C'$,BB' 和 $B'D'$,等等.

师:很好!那么在图 2-9 中,两条直线除了平行和相交这两种位置关系之外,还有其他的位置关系吗?

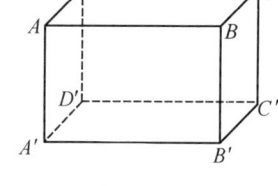

图 2-9

生:还有.

师:请写出并标出.

生:$A'B'$ 和 CC',AB 和 $B'C'$ 等,它们既不平行也不相交.

师:很好!那么它们的关系叫什么关系呢?

2. 概念的生成过程

师:我们把直线的这种位置关系叫做异面.把像这样的位置关系的两条直线叫做异面直线.

请大家思考一下我们怎样来定义?

生:**不能置于同一个平面的两条直线 a,b 叫做异面直线.**

(学生回答,教师根据回答与学生共同完善)

师:很好!将它们记作:异面直线 a,b.

师:怎样用图形来表示呢?即我们怎样来画两条异面直线的直观图呢?这样画效果怎样(图 2-10)?

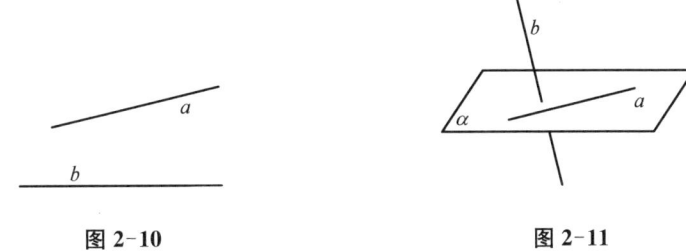

图 2-10　　　　　　　　　　图 2-11

生：感觉与两条直线相交区别不大．
师：是的，那怎么办？
生：我们可以借助平面来衬托．
师：很好！那么我们怎样来画呢？
生：学生 1 作图 2-11（借助一个平面）．学生 2 作图 2-12、图 2-13（借助两个平面）．

图 2-12　　　　　　　　　　图 2-13

师：以上我们解决了异面直线的记法和画法，那么我们怎样描写它们之间的位置关系呢？请同学们观察下面的两个图形，看一看图 2-14 和图 2-15 的异面直线的异同．

图 2-14　　　　　　　　　　图 2-15

生：图 2-14 和图 2-15 比较，直线 a 的方向有所变化，而直线 b 的方向没有变化．
师：一般描写方向我们是用什么量？
生：角．
师：对的，我们就用异面直线生成的角来度量它．

图 2-16　　　　　　　　　　图 2-17

在空间任取一点 P,过 P 分别作 a,b 的平行线 a',b',我们把 a' 与 b' 生成的锐角或直角叫做异面直线 a 与 b 所成的角.

师:请同学们再来观察一下下面的两个图形,看一看两图(图 2-18 和图 2-19)中的异面直线 AB 和 $B'C'$ 的异同.

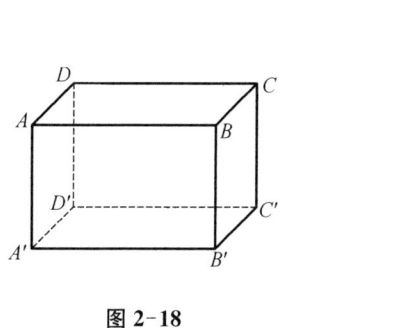
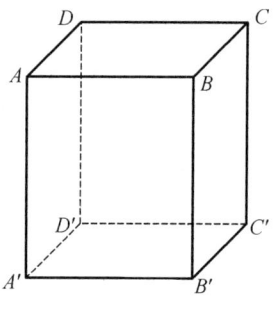

图 2-18　　　　　　　　　　图 2-19

生:异面直线 AB 和 $B'C'$ 的方位,即夹角没变,但它们离得越来越远.

师:同学们的观察结果是对的.那么描写远近我们使用什么量?

生:异面直线的距离.

师:因此描写两个异面直线的位置关系,我们可以借助于异面直线所成角和异面直线之间的距离.有关异面直线的距离问题我们以后再来研究,本节课我们主要研究异面直线所成的角.

3. 概念的理解过程

师:我们刚才给异面直线下了定义,有人不想使用上面的定义,他想这样来定义,"把不在同一个平面的两条直线叫做异面直线",可以吗?

生:不可以.

师:为什么?

生:请看图 2-20,E,F 分别为 AB 和 CD 的中点,直线 EF 在平面 $ABCD$ 上,且 $EF \parallel BC$,又 $BC \parallel B'C'$,由公理 4 知:$EF \parallel B'C'$,直线 $B'C'$ 在平面 $BCC'B'$ 上,但它们并不异面而是平行.还有 AB 在平面 $ABCD$ 内,BB' 在平面 $BB'C'C$ 内,但 AB 与 BB' 相交.

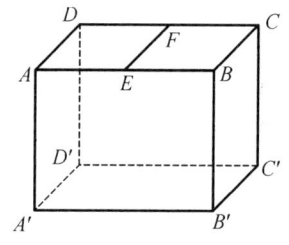

图 2-20

师:既然我们度量两条异面直线可以用它们所成的角,那么异面直线所成角在怎样的范围内呢?

生:在 $\left(0, \dfrac{\pi}{2}\right]$ 范围内.

[学生可能回答 $\left[0, \dfrac{\pi}{2}\right]$,$\left[0, \dfrac{\pi}{2}\right)$,$\left(0, \dfrac{\pi}{2}\right)$ 等,可以视情况分析修正.]

师:那么在空间两条直线有哪些位置关系呢?

生:三种位置关系,平行、相交、异面.

师:空间两条直线的位置关系我们可以分成 3 类:空间两条直线位置关系 $\begin{cases}平行\\相交\\异面\end{cases}$;也可以将平行与相交合起来叫做共面;因此 空间两条直线位置关系 $\begin{cases}共面\\异面\end{cases}$.

师:异面直线所成角的大小与我们所选角的顶点有关系吗?

生:没有.

师:为什么?

生:可以用等角定理证明.

师:同学们回答得很好!

4. 概念的应用过程

例1 已知:直线 l 与平面 α 相交于点 A,直线 m 在平面 α 上,且不经过点 A,求证:直线 l 与直线 m 是异面直线.

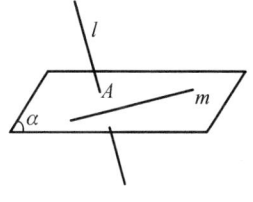

图 2-21

师:请同学们把图画出来.

生:作图如 2-21 所示.

师:用什么方法?

生:反证法.假设直线 l 与直线 m 不是异面直线,由空间直线的位置关系分类知:直线 l 与直线 m 共面,不妨记此平面为 β,由推论 1 可知平面 α 与平面 β 重合,故直线 l 在平面 α 上,这与直线 l 与平面 α 相交矛盾,所以假设不成立,故直线 l 与直线 m 是异面直线.(证明过程学生讲,教师板书和讨论补充)

【设计说明】 因图形是立体几何题的载体,因此作图是学习立体几何的重要组成部分,于是专门设计了让学生作图的环节. 在使用反证法证明的过程中,往往要使用到归谬的思维,而在这一过程中,我们要用到空间两条直线位置关系的分类,这一点在例题的证明中予以凸显.

例2 如图 2-22 所示,正方体 $ABCD$-$A'B'C'D'$ 的棱长为 a,求下列异面直线所成角的大小:

(1) AB 与 $B'C'$;

(2) $A'B$ 与 CC';

(3) AB' 与 BC'.

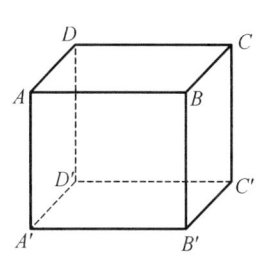

图 2-22

师:我们先来解决题(1).

生:由 $AB \parallel A'B'$ 知:$\angle A'B'C'$ 为异面直线 AB 与 $B'C'$ 所成的角,而 $\angle A'B'C' = 90°$,故异面直线 AB 与 $B'C'$ 所成角的大小为 $90°$.

师： 我们再来解决题(2).

生： 如图 2-23 所示，联结 $A'B$，因为 $CC' \parallel BB'$，由等角定理知：$\angle B'BA'$ 为异面直线 $A'B$ 与 CC' 所成的角（或其补角），因为 $\triangle A'B'B$ 为等腰三角形，故异面直线 $A'B$ 与 CC' 所成角的大小为 $45°$.

师： 最后我们来解决题(3).

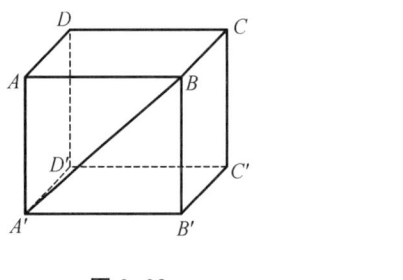
图 2-23

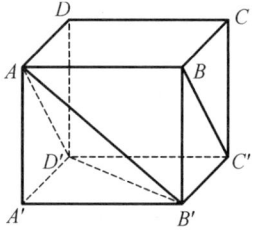
图 2-24

生： 如图 2-24 所示，联结 AD'，因为 $AB \underline{\parallel} D'C'$，故四边形 $ABC'D'$ 为平行四边形，于是 $AD' \parallel BC'$，故 $\angle B'AD'$ 即为异面直线 AB' 与 BC' 所成的角（或其补角）；联结 $B'D'$，因为 $AD' = AB' = B'D' = \sqrt{2}a$，即 $\triangle AB'D'$ 为正三角形，故异面直线 AB' 与 BC' 所成角的大小为 $60°$.

【设计说明】 因有前面的铺垫，故本题解题过程，尽量让学生去完成，借此为养成学生独立思考、合作学习的习惯提供一个平台.

5. 小结与布置作业

生： (1) 本节课通过观察长方体的棱与棱的位置关系，引入了异面直线的概念.

(2) 引入了异面直线所成角的定义.

(3) 对空间两条直线的位置关系进行了分类.

(4) 学习了用反证法证明两条直线是异面直线的方法.

(5) 研究了异面直线所成角的求法.

师： 同学们总结得很好，但我们对于异面直线的距离没有研究，由于异面直线距离不作要求，因此有兴趣的同学可以自行研究，并欢迎同学们就此问题和老师交流.

【课例点评】

异面直线所成角是立体几何引入的第一个度量空间图形基本元素相互位置关系的关于角的量. 就立体几何的章节范围而言，异面直线的概念是一个前位概念，因而本节课采取了"概念课过程性教学"的"前位概念"中从特殊到一般的教学策略，并对本节课进行了以下处理：

(1) 设计了能充分暴露概念从特例观察到抽象的生成过程.

(2) 鉴于异面直线概念的抽象性和首现的实际，设计了以学生为主体的对概念的辨析过程.

(3) 由于反证法以及逻辑演绎是数学教学的一个难点,因此在例题的证明和判断中十分关注推理过程的严谨.

(4) 立体几何问题的呈现和解决都离不开图形,本节课十分重视学生作图能力的培养,解题中设计了很多让学生作图的环节.

第 3 章 原理课过程性教学探析

3.1 正本清源 关注原理课过程性教学

数学原理是数学公理、定理、公式等的统称,是对概念的属性以及概念之间关系的逻辑判断. 数学原理既是数学概念及其关系认识的深化,又是联系概念和问题间的桥梁. 原理一般由若干概念组成,它揭示了几个概念之间的关系,表示了某种规律,故原理的学习实际上就是数学概念之间关系的学习. 把高中数学中定理、公式、公理和法则等数学原理的学习作为主要教学任务的一类课型称为原理课,数学原理课的教学不仅要学生理解和掌握数学原理,而且要让学生理解原理中所蕴含的数学思想方法,并在学习和应用原理解决问题的过程中丰富和发展认知结构,形成数学思维能力. 在数学课本上,考虑到叙述的简洁、严谨以及课本的篇幅问题,往往对数学原理进行了直接的表述,而这样直接的表述,往往省略了原理的发现过程和原理证明的探索过程. 而原理的发现和证明过程蕴含了丰富的数学思想方法,因此在原理课的教学中教师要根据学生的实际情况,通过合理的设计,还原原理的发现过程和证明探索过程,同时依据数学"过程性教学"的原则,根据原理课课堂的思维过程来设计原理课的教学.

3.1.1 数学原理发现过程的设计

1. 归纳猜想发现原理

所谓归纳,是指通过对特例的分析来推出普遍结论的一种推理形式,它由推理前提和结论两部分构成. 前提是若干已知的个别事实,是由个别或特殊的判断、陈述构成的. 结论是从前提中通过推理而获得的猜想,是具有普遍性的陈述或者判断. 起初,命题往往通过归纳和猜想得到. 例如对二项式定理的发现,通过观察:

$(a+b)^2 = a^2 + 2ab + b^2$,

$(a+b)^3 = a^3 + 3a^2b + 3ab^2 + b^3$,

$(a+b)^4 = (a+b)^3(a+b) = a^4 + 4a^3b + 6a^2b^2 + 4ab^3 + b^4$,

……

对系数的观察、发现进而得到:

$(a+b)^2 = C_2^0 a^2 + C_2^1 ab + C_2^2 b^2$,

$(a+b)^3 = C_3^0 a^3 + C_3^1 a^2 b + C_3^2 ab^2 + C_3^3 b^3$,

$(a+b)^4 = (a+b)^3(a+b) = C_4^0 a^4 + C_4^1 a^3 b + C_4^2 a^2 b^2 + C_4^3 ab^3 + C_4^4 b^4$,

……

加之此时学生已经学习过归纳法,在教师的引导下,可以猜想得到:

$(a+b)^n = C_n^0 a^n + C_n^1 a^{n-1} b + C_n^2 a^{n-2} b^2 + \cdots + C_n^{n-1} ab^{n-1} + C_n^n b^n$,

即二项式定理.

表 3-1

$\begin{array}{r} 1+1 \\ +1+1 \\ \hline 1+2+1 \end{array}$

$(a+b)^2 = (a+b)(a+b) = a^2 + ab + ab + b^2 = a^2 + 2ab + b^2$ 通过省去字母摘录得到表 3-1.

$(a+b)^3 = (a+b)(a^2 + 2ab + b^2)$
$= a^3 + 2a^2 b + ab^2 + a^2 b + 2ab^2 + b^3$
$= a^3 + 3a^2 b + 3ab^2 + b^3$.

表 3-2

$\begin{array}{r} 1+2+1 \\ +1+2+1 \\ \hline 1+3+3+1 \end{array}$

通过省去字母摘录得到表 3-2.

$(a+b)^4 = (a+b)(a^3 + 3a^2 b + 3ab^2 + b^3)$
$= a^4 + 3a^3 b + 3a^2 b^2 + ab^3 + a^3 b + 3a^2 b^2 + 3ab^3 + b^4$
$= a^4 + 4a^3 b + 6a^2 b^2 + 4ab^3 + b^4$.

表 3-3

$\begin{array}{r} 1+3+3+1 \\ +1+3+3+1 \\ \hline 1+4+6+4+1 \end{array}$

通过省去字母摘录得到表 3-3.

……

通过归纳猜想得到著名的杨辉三角.

2. 类比猜想发现原理

数学家波利亚曾说过,"类比是伟大的引路人". 所谓类比猜想,就是根据两个不同的对象,在某些方面的类同之处,猜测它们的其他方面也可能有类同之处,并作出某种判断的推理方法. 在数学中,类比猜想是建立新概念、发现新原理的重要手段之一.

例如在空间向量中,我们类比平面向量的夹角公式:已知 $\vec{a} = (x_1, y_1), \vec{b} = (x_2, y_2)$ 的夹角为 θ,则 $\cos\theta = \dfrac{|x_1 x_2 + y_1 y_2|}{\sqrt{x_1^2 + y_1^2}\sqrt{x_2^2 + y_2^2}}$. 由于平面向量与空间向量的类同之处,因而在教师的引导下,学生能够通过类比联想发现:已知 $\vec{a} = (x_1, y_1, z_1), \vec{b} = (x_2, y_2, z_2)$ 的夹角为 θ,则 $\cos\theta = \dfrac{|x_1 x_2 + y_1 y_2 + z_1 z_2|}{\sqrt{x_1^2 + y_1^2 + z_1^2}\sqrt{x_2^2 + y_2^2 + z_2^2}}$,即空间向量的夹角公式. 类似的还有在立体几何中,通过"若矩形的两相邻边长分别为 a、b,则矩形对角线长为 $\sqrt{a^2 + b^2}$". 可以类比发现:

"若过长方体的同一个顶点三条棱长分别为 a、b、c,则长方体的体对角线长为 $\sqrt{a^2+b^2+c^2}$";等等.

3. 直观观察猜想发现原理

观察猜想是指在数学问题解决的过程中,通过观察的手段,找到一些客观的形状与数量的线索,对问题做出的一种有依据、有逻辑的猜测,也就是运用我们的眼睛,发现客观存在的事实中的数学原理. 例如在三角诱导公式的教学中,通过将角 α 的顶点放在原点,将其始边放在 x 轴的正半轴,其终边与单位圆的交点为 $P(x,y)$(图 3-1),由三角比的定义得到 $P(\cos\alpha,\sin\alpha)$. 得到角 $\pi+\alpha$ 终边与单位圆的交点 $P'(-x,-y)$,由三角比的定义得到 $P'(\cos(\pi+\alpha),\sin(\pi+\alpha))$,通过对图形的观察就可以猜想得到 "$\pi+\alpha$" 这一组诱导公式.

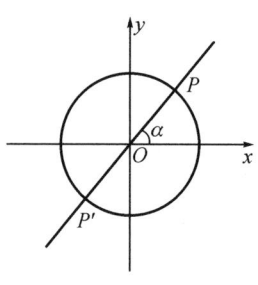

图 3-1

4. 演绎推理发现原理

所谓演绎,是指从前提必然地得出结论的推理. 从一些假设的命题出发,运用逻辑的规则,导出另一命题的过程. 如在余弦定理的教学中,对于已知 $\triangle ABC$ 的两边长 $AB=c$,$BC=a$,$\angle ABC=\theta$ 的条件,从尺规作图出发,$\triangle ABC$ 一定是唯一确定的. 从而猜想其第三边边长 $AC=b$ 必然可以用 a、c、θ 来表示;从任意角三角比的定义和条件出发,自然产生通过建立直角坐标系,利用两点间距离公式建立关系的演绎推理的方式发现余弦定理.

当然发现原理除了这 4 种方法之外还有其他方法,教师应根据原理的特征,采取适当的方式,构造"再发现""再创造"的情景,培养学生合情推理、归纳猜想、发现创新的能力.

3.1.2 数学原理课的三个过程

数学思想方法作为一种隐形知识,蕴含在数学原理的形成过程中. 数学原理的形成过程是感悟数学原理的一个重要的途径,因此教师在原理课的教学中要精心设计教学流程,让学生经历原理的形成过程,感悟原理的形成过程中所蕴含的数学思想方法.

1. 创设情境、提出问题

布鲁纳认为:"学习者在一定的问题情境中,经历对学习材料的亲身体验和发展过程,才是学习者最有价值的东西."数学情境是从事数学活动的一种环境,也是产生数学行为的条件. 从它提供的信息,通过联想、想象和反思,发现数量关系与空间形式的内在联系,进而提出数学问题、研究问题、解决问题的策略和方法.

如,在余弦定理的教学中我们可以创设下面的教学情境:截至

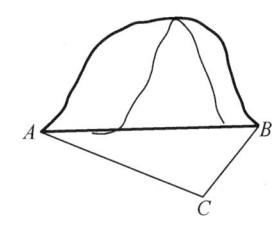

图 3-2

2019年年末,我国铁路营业里程达 13.9×10^3 km 以上,其中高铁 3.5×10^3 km,居世界第一. 高铁建设中为了缩短两地的行车距离,往往通过修建隧道的方式进行. 如图 3-2 所示,山体上计划修建一条隧道,在设计时,技术人员需要测量隧道口 A、B 之间的距离,技术人员在山的一侧选取一个测量点 C,经过测量得到以下数据:$AC = 800$ m, $BC = 600$ m, $\angle ACB = 120°$,请问 A、B 之间的距离是多少米?(结果精确到 0.1 m)

创设上面鲜活的高铁建设的情景,营造学生主动参与、激发学生学习积极性的数学学习环境. 同时有利于将上述问题化为相应的一般性问题,即已知 $\triangle ABC$ 的两边长 $AB = c$, $BC = a$, $\angle ABC = \theta$ 的条件,怎样求出它的第三边长的余弦定理的本质问题."创设情境"是数学原理课教学中常用的一种策略,"创设情境"同时还伴随着一种积极的情感体验,其表现为对新知识的渴求、对客观世界的探索欲望、对数学知识价值的认识等,因而有利于缓解数学的高度抽象性和学生思维的具体形象性之间的矛盾.

2. 原理的发现与证明过程

学生常常有这样的学习心理现象:对于那些经过思考、演算、推导出来的结论,比较容易接纳,而对于由别人告诉的结论往往产生怀疑和排斥. 因此在原理的教学中,我们必须首先让学生弄清原理的来龙去脉,为后面原理的理解、记忆和应用奠定坚实的基础.

数学原理具有典型性、代表性、综合性强的特点. 数学原理证明过程具有涉及的知识面广、方法多,没有现成的模式可以套用的特点,因而数学原理证明是解题的典范. 通过教师的分析、类比、归纳,引导学生用所学过的知识从不同的方面和角度去思考,可以达到创造性地解决问题、提出多种新的探索和新的途径的目的(如余弦定理的证明就有多种方法和途径,就是一个很好的例子). 另外,数学原理的发现与证明的过程常常反映了解决数学问题的一般思想和方法,即数学思想方法. 其发现与证明的过程常常提供了解决问题的一般思考程序,也就是当条件具备后,我们怎样通过联系相关知识解决问题的思考方法. 因此通过原理的学习,可以使学生习得一种产生式,即只要条件信息一满足,学习者相应的行为反应就自然出现,学习者据此指导自己的行为并解决新问题,也就是让学生学会学习. 综上所述,数学原理的发现与证明过程,是培养学生创造性思维的好素材,我们要十分重视原理的发现与证明过程.

3. 原理的应用过程

学生掌握原理是有一个过程的,一般是先懂、再会、后熟的过程. 应用所学原理解决相关问题是实现掌握原理的一个重要的环节,我们可以通过典型的例题和习题教学,让学生通过动笔、特别是动脑,达到明确原理的适用范围、明确原理的注意事项、把握解决问题的基本类型等效果. 例如在余弦定理的教学中,结合前面的正弦定理,通过应用环节的教学对解三角形达到以下的认识:已知一边和两角,使用正弦定理;已知两边和夹角,正余弦定理皆可以使用;已知三边,使用余弦定理;已知两边和一边对角,使用正余弦定理皆可. 这样归纳与总结起到了理解原理、运用原理、掌握原理的目的,同时起到了在原理与原理之间建立联系的目的,促进了学生对原理的同化与顺应.

在例题与习题的选择上必须遵循以下原则.

(1) 要符合教学实际:开始的题目,通常是对原理的直接应用,其层次基本属于基本记忆阶段,其目的是促进学生对基础题型的理解,达到面向全体的目标.

(2) 要有一定的层次:根据教学目标和认识规律,题目的选择要从浅到深、从易到难、逐步提升的原则,使不同层次的学生都有收获.

(3) 要有典型性:由于原理课的教学中,原理的发现和证明过程占据了不少时间,在原理运用的环节不可能有大块的时间,因此要达到发挥例题功能的目的,就必须注意题目特别是例题的典型性.

(4) 要有联系性:习得原理不是孤立地掌握一个原理,而是要在原理之间建立联系,形成原理网络.例如在余弦定理的教学中,我们要将正弦定理和余弦定理等建立联系,形成解三角形的原理群.在例题的环节,我们可以选择"在 $\triangle ABC$ 中,已知其外接圆半径是 2,$AB = 3$,$\angle A = \frac{\pi}{6}$,求 AC 的长"这种与正弦定理有联系的问题.相应在练习中选择"在 $\triangle ABC$ 中,其三边为连续正整数,若最大角为钝角,求 $\triangle ABC$ 的外接圆的半径"这样的问题.

教材往往省略原理的发现和证明过程,其实这也是一种很好的留白.这种留白为教师根据学生学情,开展具有自身与学校特色的个性化教学提供了一个广阔的平台.只要教师精心设计,就能达到正本清源的效果,还原原理的发现、证明和应用的完整过程.同时,只有按照过程性教学的原则,才能确保原理课的有效实施.

3.1.3 对原理发现的再反思

重视原理发现过程,把原理学习从思维的源头去寻找动因,对激发学生主动思维、学习数学方法、培养思维能力有十分重要的意义.归纳、类比、观察及演绎所构成的猜想,让学生感悟原理发现的不同形态,在具体的教学中更需要教师引导学生对原理发现的再反思,不仅要让学生了解发现的途径,还需让学生知道实施途径的必然,由此去阐述不同发现形态的数学本质,真正做到对原理课教学的正本清源.

如,从特殊到一般的归纳猜想发现原理的杨辉三角形教学案例,除呈现三角形系数外,还需要揭示:无论是 $n = 2$、3,还是其他的 n,都在运算中遵循着多项式与多项式乘法法则,同类项系数相加法则,以及两个多项式有相同的排序特征.而二项式定理则是在 n 个相同二项式相乘时,遵循的是由 n 个二项因式中取 k 个第一项与 $n-k$ 个第二项乘积而得,并思考二项展开式中某项的系数及项中字母各次数与取法关系,使特殊到一般的归纳猜想建立在运算实质没变、只是数量变化的基础之上.

又如,类比猜想发现原理教学中,让学生思考不同对象是什么、什么变、什么没变等问题.二维几何空间与三维几何空间维数不同,但在每一空间中的平行与垂直要素关系不变,因此,可以借鉴二维空间的向量夹角计算公式类比到三维空间.

再如,直观观察猜想中图形表达与符号表达的等价性,演绎推理发现中作图步骤与计算推理转译的一致性都要让学生看得明、想得通,从根本上去认识猜想的数学本质.

3.2 原理课过程性教学课例剖析

3.2.1 课例1 正弦定理

【教材内容分析】 本节是上教版高一数学第二学期(试用本)第五章第六节(5.6)"正弦定理、余弦定理和解斜三角形". 根据我校的教学进度安排和笔者所教班级的实际情况,将"正弦定理、余弦定理和解斜三角形"安排4个课时,这是第一课时. 本节课的主题为:"经历三角形面积公式和正弦定理的形成过程,使用正弦定理解简单的已知两边及其中一边的对角解三角形问题."三角形面积公式和正弦定理是解三角形的重要工具,而三角形作为基本图形渗透到了解析几何和立体几何等方面,因此三角形面积公式和正弦定理在中学教学中占有十分重要的位置.

【学生学习情况分析】 在本节课之前,学生学习了三角形的相似与全等、任意角的三角比的定义、三角恒等式等知识,对解决三角形问题有了一定的基础和积累. 由于初中学习的知识点绝大部分都是以具体数值的形式呈现的,以多个字母形式出现基本没有. 本节课涉及的公式中字母较多,加上本部分涉及的相关公式较多,因此思考问题时的头绪也较多,学生接受还是有一定难度的.

【教学目标】

(1) 经历从具体实例出发,三角形面积公式和正弦定理的形成过程.

(2) 掌握三角形面积公式和正弦定理.

(3) 会利用正弦定理解决已知两边及其中一边的对角解三角形问题.

【教学重点】 三角形面积公式和正弦定理.

【教学难点】 正弦定理.

【教学过程】

1. 创设情境、提出问题

师: 为了边疆人民的幸福安全,我边防官兵舍生忘死开展了大规模的扫雷行动,涌现出一大批英雄人物. 2018感动中国十大人物杜富国就是他们中的杰出代表. 某日,某扫雷部队要对插有三个标杆点 A、B、C 为顶点的三角形的平坦的、长满荆棘的河滩区域(图3-3)进行扫雷作业. 通过测量得到: B 在 A 的正东方向, A、B 之间

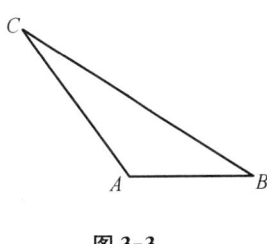

图3-3

的距离为 580 m，C 在 A 的北偏西 40°方向 1 000 m 处．为了确定派遣人员的数量，必须计算出△ABC 的面积．请问怎样计算？（结果精确到 0.1 m²）

生：过 C 作边 AB 的垂线交其延长线于点 D（图 3-4），在 Rt△CDA 中，

$\angle CAD = 180° - 130° = 50°$，△ABC 的高

$CD = 1\,000\sin 50°$，故 $S_{\triangle ABC} = \dfrac{1}{2}AB \cdot CD$

$= \dfrac{1}{2} \times (1\,000\sin 50°) \times 580 \approx 222\,152.9 \text{ m}^2$.

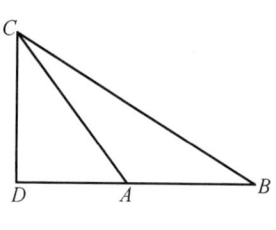

图 3-4

师：对的，很好！如果在△ABC 中，已知 $AB = c$，$AC = b$，$\angle CAB = A$，同学们能计算得到△ABC 的面积吗？

生：可以．

师：怎样的形式？

生：$S_{\triangle ABC} = \dfrac{1}{2}bc\sin A$.

师：怎么来的？

生：受到上面例子的启发猜想得到的．

师：你能证明你的结论吗？请同学们给出证明．

生：以 A 为原点建立直角坐标系如图 3-5 所示，由任意角的三角比的定义得：

$\sin A = \dfrac{y_C}{AC} = \dfrac{h_{AB}}{b}$，故 $h_{AB} = b\sin A$

$S_{\triangle ABC} = \dfrac{1}{2}ch_{AB} = \dfrac{1}{2}bc\sin A$.

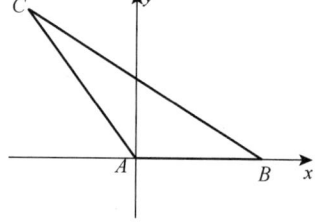

图 3-5

师：对的，很好！同理我们可以得到三角形面积计算公式：

$S_{\triangle ABC} = \dfrac{1}{2}bc\sin A = \dfrac{1}{2}ac\sin B = \dfrac{1}{2}ab\sin C$.

师：如果已知一个三角形的两个内角和其中一个角所对的边，这个三角形是不是唯一确定？

生：这个三角形唯一确定．

师：为什么？

生：因为两个三角形满足两角夹一角边相等，这两个三角形全等．

师：既然这个三角形唯一确定，那么它的另一个已知角的对边一定是唯一确定的，它的值怎样用这个三角形的两个内角和其中一个角所对的边的值来表示呢？

2. 定理的发现与证明过程

师：刚才这个问题转化为更加具体的表述为：在△ABC 中，已知 $AB = c$，$\angle ACB = C$，

$\angle CAB = A$,求边 BC 长 a 的值(图 3-6).同学们看一看怎样解决?

生:$S_{\triangle ABC} = \dfrac{1}{2}bc\sin A$,同时 $S_{\triangle ABC} = \dfrac{1}{2}ab\sin C$,

于是得:$\dfrac{1}{2}bc\sin A = \dfrac{1}{2}ab\sin C$,两边同时除以 $\dfrac{1}{2}b$ 得到:

$c\sin A = a\sin C$,从而有:$c = \dfrac{a\sin C}{\sin A}$.

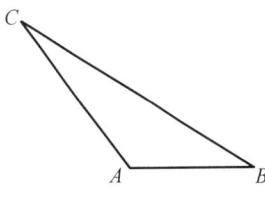

图 3-6

师:很好!将上式变形可以得到:$\dfrac{a}{\sin A} = \dfrac{c}{\sin C}$,同理可得:

$$\dfrac{a}{\sin A} = \dfrac{b}{\sin B} = \dfrac{c}{\sin C}.$$

这就是著名的正弦定理.

3. 定理的应用过程

例1 在 $\triangle ABC$ 中,已知 $A = 30°$,$c = 8$,$a = 5$,求角 C、B 和边 b 的值(结果保留两位小数).

(学生自主完成,教师巡视,希沃交流、评讲)

生:由正弦定理,得:$\dfrac{5}{\sin 30°} = \dfrac{8}{\sin C}$ 即 $\sin C = \dfrac{4}{5}$. 所以 $C \approx 53.13°$ 或 $C \approx 180° - 53.13° = 126.87°$.

(1) 当 $C \approx 53.13°$ 时,$B \approx 180° - 30° - 53.13° = 96.87°$. 由 $\dfrac{5}{\sin 30°} = \dfrac{b}{\sin 96.87°}$,得到:

$$b = \dfrac{5\sin 96.87°}{\sin 30°} \approx 9.93;$$

(2) 当 $C \approx 126.87°$ 时,$B \approx 180° - 30° - 126.87° = 23.13°$. 由 $\dfrac{5}{\sin 30°} = \dfrac{b}{\sin 23.13°}$,得到:

$$b = \dfrac{5\sin 23.13°}{\sin 30°} \approx 3.93;$$

综上得到:$C = 53.13°$,$B = 96.87°$,$b = 9.93$ 或 $C = 126.87°$,$B = 23.13°$,$b = 3.93$.

例2 在 $\triangle ABC$ 中,已知 $A = 30°$,$c = 3$,$a = 5$,求角 C、B 和 b 的值(结果保留两位小数).

(学生自主完成,教师巡视,希沃交流、评讲)

生:由正弦定理,得:$\dfrac{5}{\sin 30°} = \dfrac{3}{\sin C}$ 即 $\sin C = \dfrac{3}{10}$. 所以 $C \approx 17.46°$ 或 $C \approx 180° - 17.46° = 162.54°$.

(1) 当 $C \approx 17.46°$ 时,$B \approx 180° - 30° - 17.46° = 132.54°$. 由 $\dfrac{5}{\sin 30°} = \dfrac{b}{\sin 132.54°}$,

得到：
$$b = \frac{5\sin 132.54°}{\sin 30°} \approx 7.37;$$

(2) 当 $C \approx 162.54°$ 时，$A + C = 30° + 162.54° > 180°$，此时不成立.

综上得到：$C = 17.46°$，$B = 132.54°$，$b = 7.37$.

例 3 如图 3-7 所示，已知圆 O 是 $\triangle ABC$ 的外接圆，直径为 $2R$，试用 $\angle A$、$\angle B$、$\angle C$ 的三角比来表示三角形的三边长 a，b，c.

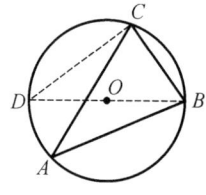

图 3-7

师：怎样建立三角形的三条边、三个角与直径的关系呢？

生：我们可以连接 BO 并延长得到圆 O 的一条直径 BD，联结 CD 知：$\triangle DBC$ 为直角三角形，得到 $a = BC = BD\sin\angle CDB = 2R\sin\angle CDB$，由在同一个圆中同弧所对的圆周角相等知：$\angle CDB = A$，所以 $a = 2R\sin A$，同理得到：$b = 2R\sin B$，$c = 2R\sin C$.

师：很好！于是有 $\dfrac{a}{\sin A} = \dfrac{b}{\sin B} = \dfrac{c}{\sin C} = 2R$，这就是完整的正弦定理.

师：在初中我们知道：大角对大边，大边对大角，即：$A > B \Leftrightarrow a > b$. 在我们学习了正弦定理之后同学们能得到怎样的新结论？

生：$A > B \Leftrightarrow a > b \Leftrightarrow \sin A > \sin B$.

师：很好！你是怎样得到的？

生：由 $a > b \Leftrightarrow 2R\sin A > 2R\sin B \Leftrightarrow \sin A > \sin B$.

师：很好！我们再思考下面的问题：请同学们看看例1、例2有什么相同之处和不同之处？

生：以上两道题的已知条件都是已知两边及其中一边的对角的值，但已知条件中 c 值不同，例 1 有两组解，而例 2 只有一组解.

师：这是为什么？

生：因为两个三角形中，边边角对应相等的两个三角形不一定全等，即已知两边及其中一边的对角的值的三角形并不唯一.

师：很好！但三角形不唯一时，为什么不会出现 3 个或者 3 个以上解？

生：这是因为 $\sin C = \dfrac{c}{a}\sin A$，而 $\dfrac{c}{a}$ 定值与 1 有 3 种关系.

(1) 若 $\dfrac{c}{a} < 1$，$\sin C < \sin A$；有 $C < A$，故 C 只能为锐角，此时有一解；

(2) 若 $\dfrac{c}{a} > 1$，$\sin C > \sin A$；有 $C > A$，故 C 为锐角或钝角，此时有两解；

(3) 若 $\dfrac{c}{a} = 1$，$\sin C = \sin A$；有 $C = A$，故 C 此时也只有一解.

4. 小结与布置作业

师：本节课我们学习了哪些内容？

生:(1) 推导了三角形面积公式和正弦定理.

(2) 利用正弦定理解决已知两边及其中一边的对角解三角形问题,并对这种问题解的情况的依据进行了讨论,得到了 $A>B \Leftrightarrow a>b \Leftrightarrow \sin A>\sin B$,这为解决已知两边及其中一边的对角解三角形问题提供了理论依据.

【课例点评】 本节课遵循数学原理课的教学设计原则,在教学环节上做了精心的思考,同时更加注重教学过程的展开,"数学过程性教学"得到了充分的体现.

新课程标准指出,教师在教学中首先要把握数学知识的本质,理解其中的教育价值,把握教学中的难点,理解学生认知特征. 在此基础上,探索什么样的途径能够引发学生思考,让学生在掌握知识技能的同时,感悟知识的本质. 首先,将引例在原来已知两角和其中一角所对的边,求它的另一个已知角的对边长问题改变为:已知三角形的两边夹一角求三角形的面积,目的是先引入三角形面积公式,然后再来发现并推导正弦定理. 这样的设计符合学生的认识水平,同时使得正弦定理的发现更加自然. 把教材中森林灭火背景的问题改编为以边防将士舍生忘死地排雷为背景的引例,充分体现了设计者开发教学内容、体现教材的育人价值的良苦用心.

将定理的形成过程设计为一个一个的问题,然后以教师问、学生答的方式进行问题驱动式,可大大提高学生的参与度,充分体现学生的主体作用与教师的主导作用. 引导学生通过三角形面积公式的两种不同的形式得到两个方程,然后消元得到正弦定理,渗透了方程的思想方法. 教学设计时,把分散在课本中的例题进行了整合,形成了一个相对完整的正弦定理体系,使学生对知识的发生、发展的脉络更加清晰. 通过课堂上提出问题,让学生思考回答,再由教师给出评价的方式,体现了过程性教学的意义.

数学原理的教学是有意义的教学和学习的活动,是新旧数学原理知识的相互作用,从而形成新的认知结构的过程. 教师依据课堂教学的思维过程,根据本节课的内容特点,打通与初中解三角形和三角比的知识的逻辑联结,使得学生对三角形的知识内化得到了有序展开,借以帮助形成知识有序的逻辑结构.

例3的选择,为例1、例2所涉及的边边角问题的三角形解的组数的讨论提供理论依据. 本处重新编排了书上的3个例题的次序,目的是使正弦定理应用结构得到完整呈现.

本节课通过创设情境揭示出课题,顺其自然地提出问题,引导学生思考,使学生明确目标,课堂的主导和主体分别迅速进入角色,教学目标得以凸显,教学过程完整流畅.

3.2.2 课例2 最简三角方程的解法(1)

【教材内容分析】 本节是上教版高一数学第二学期(试用本)第六章第五节(6.5)"最简三角方程". 根据我校的教学进度安排和笔者所教班级的实际情况,将"最简三角方程"安排2个课时,这是第一课时. 本节课的主题为:"经历三角方程通解的形成过程,使用最简三角方程通解解三角方程". 最简三角方程是解决三角方程问题的基础,也是测量、物理学和高等数学的工具.

【学生学习情况分析】 在本节课之前,学生学习了三角函数的图像与性质、反三角函数的图像与性质,并且学习了一元二次方程、指、对数方程等方程.对于方程解的图像意义已有较好的基础,对于使用图像法研究含有参数的方程的程序基本清楚.由于三角方程的通解涉及分类讨论和归纳思想方法,因而对高一的学生来讲,仍有一定的挑战.

【教学目标】

(1) 从具体实例出发,抽象得到三角方程的概念.

(2) 经历简单三角方程通解的形成过程,会写出 $\sin x = a$, $\cos x = a$, $\tan x = a$ 三种形式方程的解集.

(3) 会求三角方程 $A\sin(\omega x + \varphi) = a$, $A\cos(\omega x + \varphi) = a$, $A\tan(\omega x + \varphi) = a$ 的解集.

【教学重点】 $\sin x = a$, $\cos x = a$, $\tan x = a$ 三种形式方程的解集.

【教学难点】 $\sin x = a$, $\cos x = a$, $\tan x = a$ 三种形式方程的解集.

【教学过程】

1. 创设情境、提出问题

摩天轮的半径为 50 m,其轴心 O 离地面高度为 60 m,摩天轮做匀速转动,每 3 min 转动一圈,通过研究得到摩天轮的一个坐舱 P 距离地面的高度 y 与时刻 t 的关系为:$y = 60 - 50\cos\left(\dfrac{2\pi}{3}t\right)$, $t \geq 0$;为了观察摩天轮乘客的乘坐安全情况,在距离地面 85 m 处设置了一个观测点,为了提高观察的效果,需要知道坐舱 P 到达 85 m 的时刻.请你给出到达 85 m 的时刻的一般形式.

师:这个问题的实质是什么?

生:实质就是解关于 t 的方程:$60 - 50\cos\left(\dfrac{2\pi}{3}t\right) = 85$.

师:这一类方程叫什么方程?怎样来定义?

生:叫做三角方程,**我们把含有未知数的三角函数方程叫做三角方程**.

师:很好!那么我们怎样来解三角方程呢?

【设计说明】 知识的形成一定有一个产生的起点.本处情境的创设课本上没有,故在教学中,设计了学生十分感兴趣的摩天轮问题.教材是知识的简单呈现,设计的主动权掌握在教师的手中,教师必须通过加工才能得到符合自己学生的情境在课堂上呈现.

2. 公式的发现与推导过程

师:我们知道在解方程时,较复杂的方程通过换元,往往我们都可以得到最简单的方程来进行求解.那么三角方程的最简单的形式又有哪些呢?

生:有 $\sin x = a$, $\cos x = a$, $\tan x = a$ 三种形式.

师:首先我们来研究方程:$\sin x = a$ 怎样求解.从图像法的角度,我们怎样来理解此方程的解?

生:此方程的解就是函数 $y=\sin x$ 图像与常值函数 $y=a$ 图像交点处的横坐标.

师:很好,下面我们来观察一下它们的图像,函数 $y=\sin x$ 图像我们马上就可以画出,而常值函数 $y=a$ 图像我们怎样画呢?

生:我们必须分类讨论,分 $-1<a<1$,$a=1$,$a=-1$,$|a|>1$ 四种情况来讨论.

师:很好,我们先来研究 $-1<a<1$ 时,请同学们来观察下列图形(图 3-8),回答交点的横坐标.

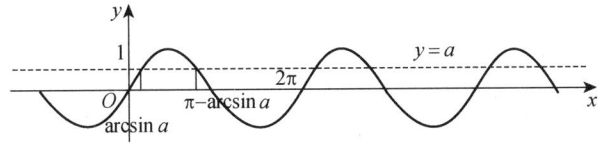

图 3-8

生:分两类. 第一类有:$\cdots$,$\arcsin a$,$2\pi+\arcsin a$,$4\pi+\arcsin a$,$\cdots$

第二类有:$\cdots$,$\pi-\arcsin a$,$2\pi+\pi-\arcsin a$,$4\pi+\pi-\arcsin a$,$\cdots$

【设计说明】 函数图像法是研究方程问题常用的方法,这里使用此法的目的是要进一步加深对图像法的理解. 根据图像,按序列举,目的是想渗透归纳法的思想方法.

师:我们一起来分析一下,看一看上面两类解对不对,由反三角函数式与三角函数式的互化知:$\sin x=a$,$x\in\left(-\dfrac{\pi}{2},\dfrac{\pi}{2}\right)\Rightarrow x=\arcsin a$,由 $x=\dfrac{\pi}{2}$ 是 $y=\sin x$ 的一条对称轴知:

$\sin x=a$,$x\in\left(\dfrac{\pi}{2},\pi\right)\Rightarrow x=\pi-\arcsin a$,故上面的结果正确.

师:同学们想一想,此时方程:$\sin x=a$ 解的一般形式为怎样?

生:$x=2k\pi+\arcsin a$ 或 $x=2k\pi+\pi-\arcsin a$,$k\in\mathbf{Z}$.

或者 $x=k\pi+(-1)^k\arcsin a$,$k\in\mathbf{Z}$.

师:如果 $a=1$,方程 $\sin x=a$ 的解怎样呢?

生:见图 3-9,得到方程解为:$\cdots$,$\dfrac{\pi}{2}$,$2\pi+\dfrac{\pi}{2}$,$4\pi+\dfrac{\pi}{2}$,$\cdots$,

得到:$x=2k\pi+\dfrac{\pi}{2}$,$k\in\mathbf{Z}$.

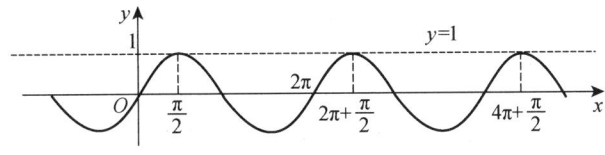

图 3-9

师:如果 $a=-1$,方程 $\sin x=a$ 的解怎样呢?

生:如图 3-10 所示,$\cdots$,$-\dfrac{\pi}{2}$,$2\pi-\dfrac{\pi}{2}$,$4\pi-\dfrac{\pi}{2}$,$\cdots$

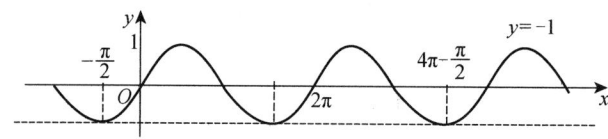

图 3-10

得到：$x = 2k\pi - \dfrac{\pi}{2}, k \in \mathbf{Z}$.

师：如果 $|a| > 1$，方程 $\sin x = a$ 的解怎样呢？

生：因函数 $y = \sin x$ 图像与常值函数 $y = a$ 图像没有交点，此时方程 $\sin x = a$ 无解.

师：通过以上分析，请同学们总结一下方程 $\sin x = a$ 的解集.

生：方程 $\sin x = a$ 的解集为：

(1) 当 $-1 < a < 1$ 时，$\left\{ x \mid x = 2k\pi + \arcsin a \text{ 或 } x = 2k\pi + \pi - \arcsin a, k \in \mathbf{Z} \right\}$

或者表示为：$\left\{ x \mid x = k\pi + (-1)^k \arcsin a, k \in \mathbf{Z} \right\}$.

(2) 当 $a = 1$ 时，$\left\{ x \mid x = 2k\pi + \dfrac{\pi}{2}, k \in \mathbf{Z} \right\}$.

(3) 当 $a = -1$ 时，$\left\{ x \mid x = 2k\pi - \dfrac{\pi}{2}, k \in \mathbf{Z} \right\}$.

(4) 当 $|a| > 1$ 时，方程 $\sin x = a$ 的解集为：$\varnothing$.

师：下面请同学们自己来推导 $\cos x = a$，$\tan x = a$ 这两个方程的通解.

生：如图 3-11 所示，$\cos x = a$ 的通解的推导过程：

当 $-1 < a < 1$ 时：第一类有：$\cdots, \arccos a, 2\pi + \arccos a, 4\pi + \arccos a, \cdots$

第二类有：$\cdots, -\arccos a, 2\pi - \arccos a, 4\pi - \arccos a, \cdots$

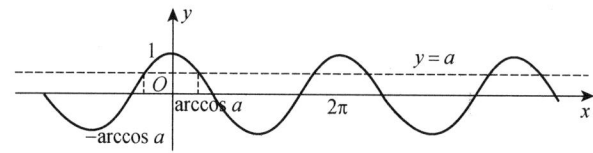

图 3-11

方程 $\cos x = a$ 的解集为：

(1) 当 $-1 < a < 1$ 时，$\left\{ x \mid x = 2k\pi \pm \arccos a, k \in \mathbf{Z} \right\}$.

(2) 当 $a = 1$ 时，$\left\{ x \mid x = 2k\pi, k \in \mathbf{Z} \right\}$.

(3) 当 $a = -1$ 时，$\left\{ x \mid x = 2k\pi + \pi, k \in \mathbf{Z} \right\}$.

(4) 当 $|a| > 1$ 时，方程 $\cos x = a$ 的解集为：$\varnothing$.

如图 3-12 所示，$\tan x = a$ 通解的推导过程：
当 $a \in \mathbf{R}$ 时，得到解：
$\cdots$，$\arctan a$，$\pi + \arctan a$，$2\pi + \arctan a$，$\cdots$
方程 $\tan x = a$ 的解集为：
$$\{x \mid x = k\pi + \arctan a, k \in \mathbf{Z}\}.$$

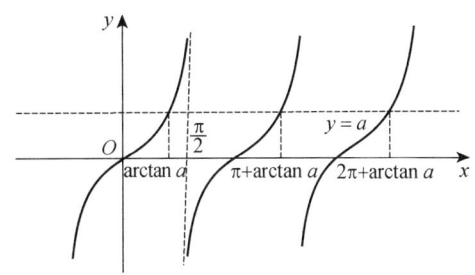

图 3-12

【设计说明】 将推导方程 $\sin x = a$ 的通解过程，设计为以问题驱动的形式予以呈现，体现了以学生为主体、教师为主导的教学设计理念. 在方程 $\sin x = a$ 的通解推出并证明之后，学生已得到"渔"，接下来就可以放手让学生去"渔"鱼；通过学生对 $\cos x = a$，$\tan x = a$ 这两个方程的通解的自主推导，使研究三角方程的方法得到了很好的迁移和应用，为学生提供了一个很好的方法习得和应用机会.

3. 公式的应用过程

师：请同学们解决下列问题：(教师巡视，适当对基础差的同学的指导，拍照上传希沃、评讲)

例 1 写出下列方程的解集：

(1) $\sin x = \dfrac{1}{2}$；　　(2) $\cos x = -\dfrac{1}{2}$；　　(3) $\tan x = -\dfrac{\sqrt{3}}{3}$.

生：(1) $\left\{x \mid x = 2k\pi + \arcsin \dfrac{1}{2} \text{ 或 } x = 2k\pi + \pi - \arcsin \dfrac{1}{2}, k \in \mathbf{Z}\right\}.$
$= \left\{x \mid x = 2k\pi + \dfrac{\pi}{6} \text{ 或 } x = 2k\pi + \dfrac{5\pi}{6}, k \in \mathbf{Z}\right\}$ 或 $\left\{x \mid x = k\pi + (-1)^k \dfrac{\pi}{6}, k \in \mathbf{Z}\right\}.$

(2) $\left\{x \mid x = 2k\pi \pm \arccos\left(-\dfrac{1}{2}\right), k \in \mathbf{Z}\right\} = \left\{x \mid x = 2k\pi \pm \dfrac{2\pi}{3}, k \in \mathbf{Z}\right\}.$

(3) $\left\{x \mid x = k\pi + \arctan\left(-\dfrac{\sqrt{3}}{3}\right), k \in \mathbf{Z}\right\} = \left\{x \mid x = k\pi - \dfrac{\pi}{6}, k \in \mathbf{Z}\right\}.$

【设计说明】 前面已经选择先推导三角方程的通解，因而课堂设计的次序须进行改变，故将课本三个例题收入一个例题中，用来进行三角方程通解的规范化求解的训练.

师：很好！接下来我们一起看看本节课开头问题，大家看看怎样解决？

例 2 "$y = 60 - 50\cos\left(\dfrac{2\pi}{3}t\right)$，$t \geqslant 0$；解方程：$60 - 50\cos\left(\dfrac{2\pi}{3}t\right) = 85.$"

生：由方程 $60 - 50\cos\left(\dfrac{2\pi}{3}t\right) = 85$，令 $\dfrac{2\pi}{3}t = x$，得方程：$\cos x = -\dfrac{1}{2}$，

$x = 2k\pi \pm \dfrac{2\pi}{3}$，$k \in \mathbf{Z}$，$t \geqslant 0$，故有 $\dfrac{2\pi}{3}t = 2k\pi \pm \dfrac{2\pi}{3} \Rightarrow t = 3k \pm 1$，$k \in \mathbf{Z}.$

又 $t > 0$，即 $t = 3k + 1$，$k \in \mathbf{N}$ 或者 $t = 3k - 1$，$k \in \mathbf{N}^*$.

【设计说明】 本题使用了解方程的常用方法——换元法解决此问题. 通过问题的解决，

使得学生使用换元法解方程的知识结构又得到了一次同化.同时,将本节课开头的问题放在此处解决的安排起到了前呼后应、知识结构完整的效果.

4. 小结与布置作业

师:本节课我们学习了哪些内容?

生:经历了简单三角方程的通解的形成过程,得到简单三角方程的通解形式、利用简单三角方程的通解解决相关的问题.

【课例设计说明】

(1) 通过设计,使问题的提出 → 三角方程通解的发现与证明 → 三角方程通解的应用过程形成一个完整的"原理课教学过程"的流程.

(2) 在方程通解的推导过程中设计了自主讨论与自主探索的过程,充分体现了学生的主体地位和教师的主导作用.

(3) 根据教材内容笔者作了两种思考:一种是按照课本的次序从例1到例2,然后从特殊到一般的思维方式来归纳简单三角方程的通解;另一种是按此设计,但笔者感到如此设计它所涵盖的数学思想方法更加丰富,如:分类讨论、数形结合、数学抽象等.

3.2.3 课例3 点到直线的距离公式

【教材内容分析】 本节是上教版高二数学第二学期(试用本)第十一章第四节(11.4) "点到直线的距离".根据我校的教学进度安排和本人所教班级的实际情况,将"点到直线的距离"安排3个课时,这是第一课时.本节课的主题为:"经历点到直线的距离公式的形成过程,使用点到直线的距离公式解决与公式相关问题."点到直线的距离公式是解析几何的重要计算公式之一,在研究直线与二次曲线的位置关系等内容中经常被使用.

【学生学习情况分析】 在本节课之前,学生学习了直线的点方向式方程与点法向式方程等直线方程、直线与直线的位置关系、三角恒等式、解三角形、向量的数量积等知识和方法,对计算线段长度以及使用行列式解一元一次方程组求点的坐标等都有了一定的基础和积累.

【教学目标】

(1) 经历从具体实例出发,点到直线的距离公式的形成过程.

(2) 掌握点到直线的距离公式.

(3) 会利用点到直线的距离公式解决相关问题.

【教学重点】 点到直线的距离公式.

【教学难点】 点到直线的距离公式.

【教学过程】

1. 创设情境、提出问题

如图 3-13 所示,在铁路的附近有一煤矿仓库,现要修建一公路与之连接,为节省建设费用,建设的公路要尽量短,为此设计人员经过测量(单位:km)得到煤矿仓库所在位置的点 P 的坐标为 $P(5,7)$,铁路所在的直线方程为:$20.55x+10.8y+7.98=0$,请你帮设计人员求一下煤矿仓库到铁路的最近距离(结果精确到 1 km).

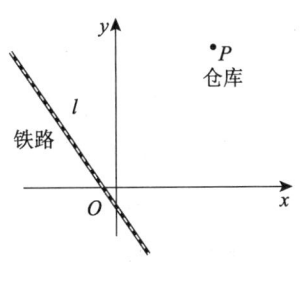

图 3-13

师:求煤矿仓库到铁路的最近距离,求的是一个怎样的量?

生:就是求点到直线的距离.

师:有公式吗?

【设计说明】 要让学生掌握知识,在学习的过程中,必须从知识的发生开始,通过知识的发生过程,使学生认识到学习的必要性,才能知道知识的价值. 教材上的知识是知识的呈现,教师必须通过加工才能得到好的、符合自己学生的课堂情景和知识的呈现. 本处情境的创设课本上没有,教师必须通过设计予以补充.

2. 师生互动、探究新知

生:有.

师:是怎样得来的呢?下面我们一起来研究这个公式是怎样推导出来的?

如图 3-14 所示,在直角坐标系中,已知定点 $P(x_0,y_0)$ 是定直线 $l:ax+by+c=0$(a,b 不同时为零)外的一点,求点 P 到直线 l 的距离 d.

师:点 P 到直线 l 的距离 d 是怎样定义的?

生:过 P 作直线 l 的垂线,得垂足为 R,线段 PR 的长就是点 P 到直线 l 的距离 d.

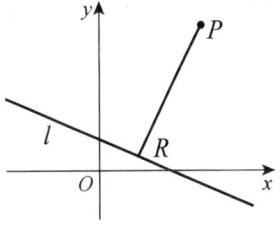

图 3-14

师:很好!下面请同学们讨论一下推导公式的方案.

生:

方案 1:(等面积法) 如图 3-15 所示,过 P 作直线 l 的垂线得垂足为 R,则线段 PR 的长即为定点 $P(x_0,y_0)$ 到定直线 $l:ax+by+c=0$(a,b 不同时为零)的距离 d. 过 P 作分别作 x 轴和 y 轴的垂线,分别与直线 l 相交于 S,Q 两点,在 Rt$\triangle QPS$ 中,由等面积法得到:$d=\dfrac{|PQ|\cdot|PS|}{|QS|}$,进而推得.

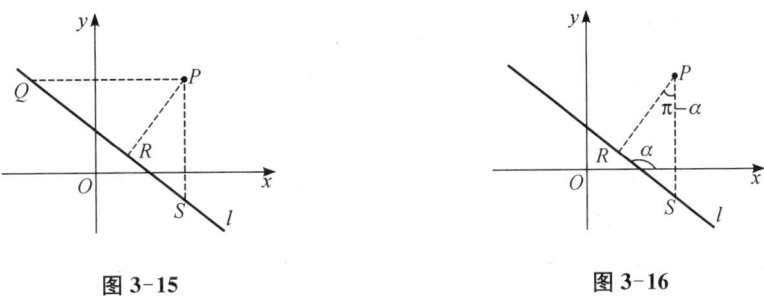

图 3-15　　　　　图 3-16

方案 2:(解直角三角形法) 如图 3-16 所示,记直线 l 的倾斜角为 α,过 P 作 x 轴的垂

线与直线 l 相交于 S 点得到：$d=|PS||\cos\alpha|$，进而推得.

方案 3:(坐标法) 首先求出直线 PR 的方程,将其与直线 l 的方程联立,先求出点 R 的坐标,然后再用两点间距离公式推得.

方案 4:(向量法) 使用向量的数量积的两种形式的表示方法和向量模的意义,通过列方程推得(即课本上的方法).

【**设计说明**】 根据"最近发展区"理论,学生往往最能想到和采取的方法是自己最熟悉的、有联系的知识点所提供的方法. 因此,学生最容易考虑的方法应该是坐标法,其次是等面积法和解直角三角形法,如果课本没有对向量法进行呈现,学生应该较难想到.

3. 公式的发现与证明过程

师:请同学们选择其中一种方案,来推导公式.

生:

方案 1 坐标法.

(1) 当 $a=0, b\neq 0$ 时(图 3-17),直线 $l: y=-\dfrac{c}{b}$,过点 P 作直线 l 的垂线得垂足为 R,则线段 PR 的长记为定点 $P(x_0, y_0)$ 到定直线 l 的距离为 d. $y_R=-\dfrac{c}{b}$,于是有:

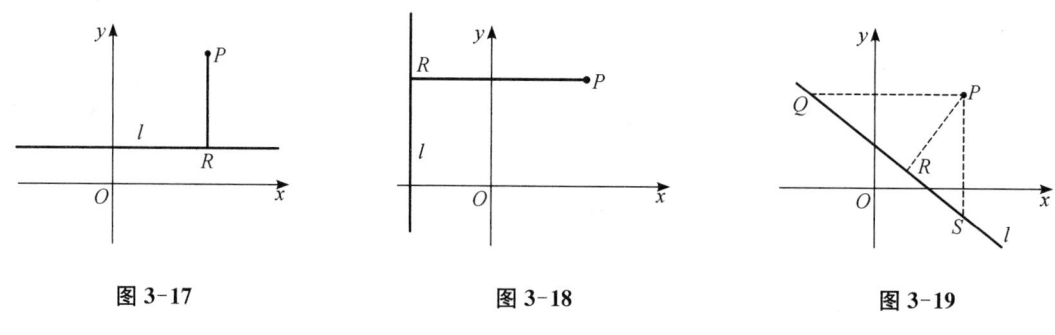

图 3-17　　　　　图 3-18　　　　　图 3-19

$$d=|PR|=\left|y_0-\left(-\dfrac{c}{b}\right)\right|=\dfrac{|by_0+c|}{|b|}.$$

(2) 当 $a\neq 0, b=0$ 时(图 3-18),直线 $l: x=-\dfrac{c}{a}$,过点 P 作直线 l 的垂线得垂足为 R,则线段 PR 的长记为定点 $P(x_0, y_0)$ 到定直线 l 的距离为 d. $x_R=-\dfrac{c}{a}$,于是有：$d=|PR|=\left|x_0-\left(-\dfrac{c}{a}\right)\right|=\dfrac{|ax_0+c|}{|a|}.$

(3) 当 $a\neq 0, b\neq 0$ 时(图 3-19),过点 P 作直线 l 的垂线得垂足为 R,则线段 PR 的长记为定点 $P(x_0, y_0)$ 到定直线 $l: ax+by+c=0$ (a, b 不同时为零) 的距离为 d. 过 P 分别作 x 轴和 y 轴的垂线,分别与直线 l 相交于 S, Q 两点,在 $Rt\triangle QPS$ 中,由等面积法得到：$d=\dfrac{|PQ|\cdot|PS|}{|QS|}.$

Q 的坐标：$\begin{cases} y = y_0 \\ ax + by + c = 0 \end{cases}$ 解得：$x_Q = -\dfrac{by_0 + c}{a}$，

故：$|PQ| = |x_P - x_Q| = \left|x_0 + \dfrac{by_0 + c}{a}\right|$，$|PQ| = \dfrac{|ax_0 + by_0 + c|}{|a|}$ … ①.

S 的坐标：$\begin{cases} x = x_0 \\ ax + by + c = 0 \end{cases}$ 解得：$y_S = -\dfrac{ax_0 + c}{b}$，

故：$|PS| = |y_P - y_S| = \left|y_0 + \dfrac{ax_0 + c}{b}\right|$，$|PS| = \dfrac{|ax_0 + by_0 + c|}{|b|}$ … ②.

$|QS| = \sqrt{|PR|^2 + |PS|^2} = \sqrt{\left(\dfrac{1}{a^2} + \dfrac{1}{b^2}\right)}|ax_0 + by_0 + c|$

$= \dfrac{\sqrt{a^2 + b^2}}{|ab|}|ax_0 + by_0 + c|$ … ③.

将式①、式②、式③代入 $d = \dfrac{|PQ| \cdot |PS|}{|QS|}$ 得到：$d = \dfrac{|ax_0 + by_0 + c|}{\sqrt{a^2 + b^2}}$.

定点 $P(x_0, y_0)$ **到定直线** l：$ax + by + c = 0$（a，b 不同时为零）的距离为 $d = \dfrac{|ax_0 + by_0 + c|}{\sqrt{a^2 + b^2}}$.

方案 2 直角三角形法.

(1) 当 $a = 0$，$b \neq 0$ 时，直线 l：$y = -\dfrac{c}{b}$，过 P 作直线 l 的垂线得垂足为 R，则线段 PR 的长记为定点 $P(x_0, y_0)$ 到定直线 l 的距离为 d. $y_R = -\dfrac{c}{b}$，于是有：

$$d = |PR| = \left|y_0 - \left(-\dfrac{c}{b}\right)\right| = \dfrac{|by_0 + c|}{|b|}.$$

(2) 当 $a \neq 0$，$b = 0$ 时，直线 l：$x = -\dfrac{c}{a}$，过点 P 作直线 l 的垂线得垂足为 R，则线段 PR 的长记为定点 $P(x_0, y_0)$ 到定直线 l 的距离为 d. 于是有：

$$d = |PR| = \left|x_0 - \left(-\dfrac{c}{a}\right)\right| = \dfrac{|ax_0 + c|}{|a|}.$$

(3) 当 $a \neq 0$，$b \neq 0$ 时（图 3-20），记直线 l 的倾斜角为 α，过点 P 作 x 轴的垂线与直线 l 相交于 S 点，$\tan \alpha = -\dfrac{a}{b}$，$S$ 的坐标：$\begin{cases} x = x_0, \\ ax + by + c = 0 \end{cases}$ 解得：$y_S = -\dfrac{ax_0 + c}{b}$，故：$|PS| = |y_P - y_S| = \left|y_0 + \dfrac{ax_0 + c}{b}\right|$，$\angle RPS = \alpha$ 或 $\pi - \alpha$，

在 Rt$\triangle QPS$ 中，得到：

$$d = |PS||\cos \alpha| = \dfrac{|PS|}{\sqrt{\tan^2 \alpha + 1}}，\text{故得到：}$$

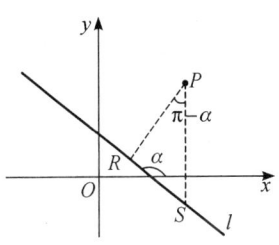

图 3-20

$$d = \frac{|PS|}{\sqrt{\tan^2\alpha + 1}} = \frac{|ax_0 + by_0 + c|}{|b|}\left(\sqrt{\left(-\frac{a}{b}\right)^2 + 1}\right)^{-1},$$

化简得到：$d = \dfrac{|ax_0 + by_0 + c|}{\sqrt{a^2 + b^2}}$.

方案 3 向量法(图 3-21).

记 P 在直线 l 上的射影为 $Q(x_Q, y_Q)$，则线段 PQ 的即为点 $P(x_0, y_0)$ 到直线 $l: ax + by + c = 0$ (a, b 不同时为零)的距离 d. $\vec{n} \parallel \overrightarrow{OP}, \vec{n} = (a, b), \overrightarrow{PQ} = (x_Q - x_0, y_Q - y_0)$,

$$|\vec{n} \cdot \overrightarrow{PQ}| = |a(x_Q - x_0) + b(y_Q - y_0)|$$
$$= |ax_Q + by_Q - ax_0 - by_0|,$$

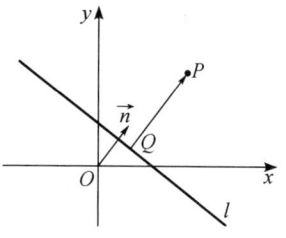

图 3-21

而 Q 在直线 l 上，有 $ax_Q + by_Q + c = 0$，有 $|\vec{n} \cdot \overrightarrow{PQ}| = |ax_0 + by_0 + c|$. 另外：$|\vec{n} \cdot \overrightarrow{PQ}| = |\vec{n}||\overrightarrow{PQ}||\cos\theta|$，而 $\theta = 0$ 或 $\theta = \pi$，于是有 $|\vec{n} \cdot \overrightarrow{PQ}| = |\vec{n}||\overrightarrow{PQ}||\cos\theta| = \sqrt{a^2 + b^2} \cdot d$,

故得：$\sqrt{a^2 + b^2} \cdot d = |ax_0 + by_0 + c|$，即 $d = \dfrac{|ax_0 + by_0 + c|}{\sqrt{a^2 + b^2}}$.

方案 4 坐标法. 过 P 作直线 l 的垂线得垂足为 R，则线段 PR 的长记为定点 $P(x_0, y_0)$ 到定直线 l 的距离为 d. 直线 l 的方向向量为：$\vec{d} = (b, -a)$，直线 PR 的方程为：$b(x - x_0) - a(y - y_0) = 0$,

$\begin{cases} bx - ay = bx_0 - ay_0, \\ ax + by = -c \end{cases}$，由行列式得到：$x_R = \dfrac{b^2 x_0 - aby_0 - ac}{a^2 + b^2}$，于是：

$$x_R - x_0 = \frac{-a(ax_0 + by_0 + c)}{a^2 + b^2}, \quad y_R - y_0 = \frac{b}{a}(x_R - x_0) = \frac{-b(ax_0 + by_0 + c)}{a^2 + b^2},$$

得到：$|PR| = \sqrt{(x_R - x_0)^2 + (y_R - y_0)^2} = \dfrac{|ax_0 + by_0 + c|}{\sqrt{a^2 + b^2}}$.

【设计说明】 因每种方法的过程基本上都很烦琐，加上表达的严谨性等因素的问题，教学中可能只能采纳其中的两种方法，当然以课本上的向量法再加一种方法，其他方法可以作为思考题供学生课后完成.

4. 公式的应用过程

师：同学们推导得很好，大家再计算一下前面的引例.

生：点 $P(5, 7)$ 到直线 $20.55x + 10.8y + 7.98 = 0$ 的距离为：

$$d = \frac{|20.55 \times 5 + 10.8 \times 7 + 7.98|}{\sqrt{20.55^2 + 10.8^2}} \approx 8.026\,229\,389,\ 按照精确要求得：d = 8\ \text{km}.$$

师：请同学们解决下列问题.

例 1 求点 $P(2, 3)$ 到下列直线的距离：

(1) $l_1: 5x+12y-3=0$;   (2) $l_2: y=-\dfrac{3}{4}(x-1)$;   (3) $l_3: 2y=7$.

生：(1) $d_1 = \dfrac{|5\times 2+12\times 3-3|}{\sqrt{5^2+12^2}} = \dfrac{43}{13}$.

(2) $l_2: 3x+4y-3=0$, $d_2 = \dfrac{|3\times 2+4\times 3-3|}{\sqrt{3^2+4^2}} = 3$.

(3) $l_3: 2y-7=0$, $d_3 = \dfrac{|0\times 2+2\times 3-7|}{\sqrt{0^2+2^2}} = \dfrac{1}{2}$.

【设计说明】 增加后面两个小题的目的是为了提供变式练习，同时也是为提高学生对公式的辨析与理解.

例 2 已知 $\triangle ABC$ 的三个顶点坐标分别为 $A(1,3)$、$B(3,1)$、$C(-1,0)$，求 $\triangle ABC$ 的面积.

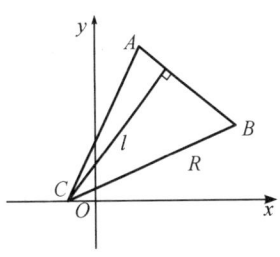

图 3-22

生：$|AB| = \sqrt{(1-3)^2+(3-1)^2} = 2\sqrt{2}$（图 3-22），
$\overrightarrow{AB} = (3,1)-(1,3) = (2,-2)$，由点方向式方程得：

$$\dfrac{x-1}{2} = \dfrac{y-3}{-2},$$

故 AB 方程为：$x+y-4=0$.

点 C 到 AB 的距离为：$h = \dfrac{|-1+0-4|}{\sqrt{1^2+1^2}} = \dfrac{5\sqrt{2}}{2}$，因此：

$$S_{\triangle ABC} = \dfrac{1}{2}\times 2\sqrt{2} \times \dfrac{5\sqrt{2}}{2} = 5.$$

【设计说明】 将本例题从后面提到这里，目的是使点到直线的距离公式的内容相对完整，通过计算三角形面积，进一步使学生感受学习点到直线距离公式的价值所在.

5．小结与布置作业

师：本节课我们学习了哪些内容？

生：经历了点到直线的距离公式的形成过程，从多种途径研究了点到直线的距离公式的证明过程，利用点到直线的距离公式解决相关的问题.

【课例点评】

(1) 通过设计，使问题的提出 → 公式的发现与证明 → 公式的应用形成一个完整的"原理课教学过程"的流程.

(2) 引导学生探究设计了 4 种对公式证明的方案，以及公式证明的自主讨论与自主书写的过程，充分体现了学生的主体地位和教师的主导作用，使过程性教学的理念得到了很好的贯彻.

(3) 由于点到直线的距离公式的证明涉及 4 种方法，因时间的问题，将余下的 2 种证明方法作为课后作业来布置的安排很好，因为证明的过程涉及讨论、烦琐的推理过程和含有多个字母的运算，这对学生核心素养的养成很有好处.

3.2.4 课例4 直线与平面垂直

【教材内容分析】 本节是上教版高三数学(试用本)第十四章第三节(14.3)"空间直线与平面位置关系". 根据我校的教学进度安排和笔者所教班级的实际情况,将"空间直线与平面位置关系"安排3个课时,这是第一课时. 本节课的主题为:"经历直线与平面垂直的判定定理与性质定理的形成与证明过程,使用判定定理和性质定理判断、证明相关垂直问题并求点到平面的距离、直线到平面的距离、平面到平面的距离、异面直线之间的距离."直线与平面垂直的判定与性质是立体几何的重要的识图基础,同时立体几何也是大学空间解析几何等的基础.

【学生学习情况分析】 在本节课之前,学生在小学和初中初步接触了一些立体图形,比如上海教育出版社六年级数学第二学期"长方体的再认识"就直观地介绍了长方体中有关两条直线、直线和平面、平面和平面的位置关系. 另外,学生在高一地理课和劳动技术课中已经接触到诸如球体等几何体的概念,加上又有了平面及其基本性质的公理及其推论的积累,为本节课的实施提供了很好的条件保证.

【教学目标】
(1) 经历直线与平面垂直的判定定理与性质定理的形成与证明过程.
(2) 会求点到平面的距离、直线到平面的距离、平面到平面的距离和异面直线之间的距离.

【教学重点】 直线与平面垂直的判定定理与性质定理.

【教学难点】 直线与平面垂直的判定定理与性质定理.

【教学过程】

1. 创设情境、提出问题

师:一根直立在地面的彩旗旗杆所在的直线与地面的交点为 P,那么旗杆所在的直线与地面上经过点 P 的直线有什么关系?

生:垂直.

师:你怎么知道的?

生:我们可以用一块三角板的两条直角边紧靠旗杆和地面严丝合缝地旋转就知道了.

师:说得对,很好!那么旗杆所在的直线与地面上不经过点 P 的直线有什么关系?

生:也垂直.

师:为什么?

生:利用异面直线成角的定义知:在地面上任取一条直线 l,过点 P 作直线 l 的平行线 l'. 因为直线旗杆 $PQ \perp l'$,由异面直线所成角的定义可知:旗杆 $PQ \perp l$.

师:讲得很好!像这样的直线与平面的位置关系我们怎样定义?

生:直线与平面垂直.

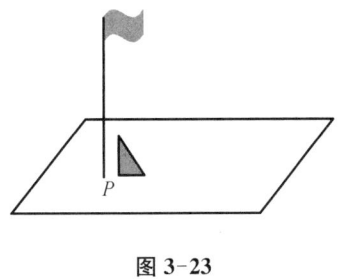
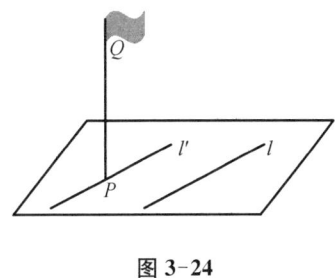

图 3-23　　　　　　　　　　　　　　图 3-24

师：对的，很好！定义：一般地，如果一条直线 l 与平面 α 上的任何一条直线都垂直，那么我们称直线 l 与平面 α 垂直，记作：$l \perp \alpha$. 直线 l 与平面 α 的交点叫做垂足.

师：那么我们怎样判断直线与平面垂直呢？

【设计说明】 在这里设计了直立的彩旗旗杆的例子，通过测量先得到彩旗旗杆所在的直线与地面上经过点 P 的直线垂直，进而引导学生从异面直线所成角的角度证明了彩旗旗杆所在的直线与地面上不经过点 P 的直线也垂直的结论，自然引入直线与平面垂直的概念. 这样的过程，使得概念的引入合情合理，更符合学生的认知水平. 恰当建立知识联系，发挥教师的主观能动性和创造性也是素质教育对教师的必然要求.

2. 定理的发现与证明过程

生：定理：如果直线 l 与平面 α 上的两条相交直线都垂直，那么直线 l 与平面 α 垂直.

师：对的. 已知：两条相交直线 a, b 均在平面 α 上，$l \cap \alpha = M$，直线 l 与直线 a, b 均垂直.

求证：$l \perp \alpha$.

师：要证明它，我们的主要依据是什么？

生：直线与平面垂直的定义，即证明：直线 l 与平面 α 上的任意一条直线都垂直.

师：很好！刚才我们经历了定义生成过程，大家现在知道证明定理只要证明哪几种情况？

生：两种情况，一种情况是要证明平面 α 上经过 M 的直线与直线 l 垂直；另一种情况是要证明平面 α 上不经过 M 的直线也与直线 l 垂直.

师：很好！从定义生成过程大家知道，根据异面直线所成角知，我们只要证明平面 α 上经过 M 的任意一条直线 c 与直线 l 垂直就可以了. 同时也只要考虑两条相交直线 a, b 的交点就是 M 的这种情况.

师：请同学们将图画一画.

生：如图 3-25 所示.

师：如图 3-26 所示，我们知道等腰三角形底边上的中线也是底边上的高，我们在直线 l 上取两点 $P、Q$ 使得 $|PM| = |MQ|$. 在直线 a 上取一点 A，于是有 $AM \perp PQ$；在直线 b 上取一点 B，于是有 $BM \perp PQ$. 接下来怎样来证明 $c \perp PQ$ 呢？

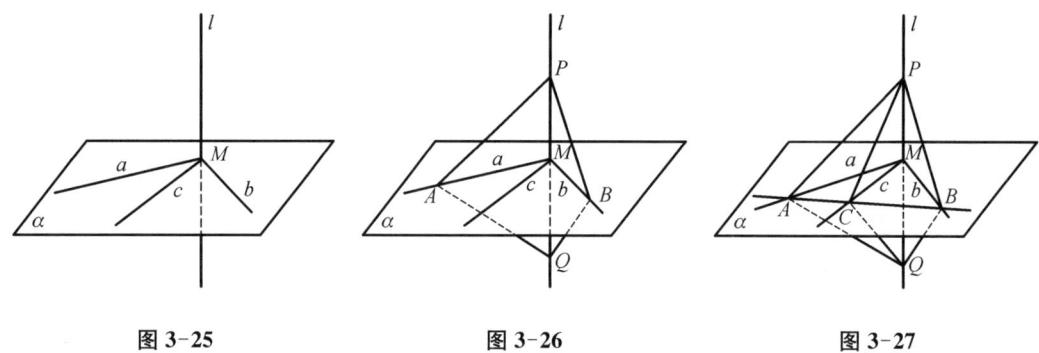

图 3-25 图 3-26 图 3-27

生：如图 3-27 所示. 联结 AB，记直线 AB 与直线 c 相交于 C，$\triangle PAB$ 与 $\triangle QAB$ 全等，故 $\triangle PAC$ 与 $\triangle QAC$ 全等，得到 $PC = QC$，又因 M 是 PQ 的中点，故有 $c \perp PQ$.

师：我们把上面的定理叫做直线与平面垂直的判定定理，那么直线与平面垂直的性质定理是什么呢？

【**设计说明**】 论点、论据、论证是论证的三要素，本处设计遵循了三个要素的要求，以直线与平面垂直的定义和等腰三角形的性质为论据，将图形的观察分析作为解题的开始，以条件：两条相交直线 a，b 均在平面 α 上，$l \cap \alpha = M$，直线 l 与直线 a，b 均垂直为逻辑的起点，通过问题不断驱动学生思考，得到一个个结论，助力思维的目标向着结论的指向推进.

师：**若直线 $a \perp \alpha$，直线 $b \perp \alpha$，则 $a // b$**. 同学们看看怎样证明？我们正面证明依据好找吗？

生：不好找.

师：大家想想我们应该使用什么方法？

生：反证法.

师：请同学们画一画本题的图形.

生：如图 3-28 所示.

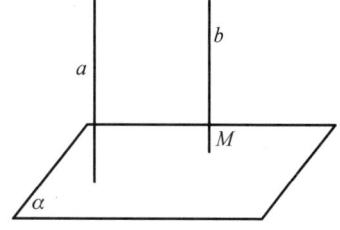

图 3-28

师：请同学们思考一下怎样来写证明过程？

生：如图 3-29 所示，假设直线 a 不平行于 b，记 $b \cap \alpha = M$；过点 M 作直线 $b' // a$，记 b、b' 确定的平面为 β；$\alpha \cap \beta = c$，$b \perp \alpha$ 得到 $b \perp c$，而 $b' // a$，$a \perp c$ 得到 $b' \perp c$；$b \perp c$，$b' \perp c$，b、b' 都在 β 上，这是不可能的，故矛盾，即假设不成立，原命题成立.

【**设计说明**】 本题使用反证法，这一点学生比较容易想到，因为在学习公理时涉及得不少；但记 $b \cap \alpha = M$，过点 M 作直线 $b' // a$，添加辅助线是一个难点，因此在此处教师可以根据学生不同的情况采取适当的提示指导.

师：我们在前面是怎样定义点到直线的距离的？

生：过点作直线的垂线，我们把点到垂足的距离叫做这个点到这条直线的距离.

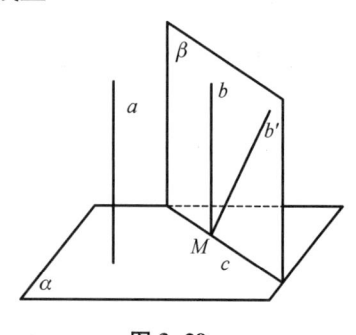

图 3-29

师：同学们想一想我们怎样来定义点到平面的距离,直线到平面的距离,平面到平面的距离?

生：(1) 如图 3-30 所示,点 M 到平面 α 的距离:过点 M 作平面 α 的垂线得垂足为 N,我们把线段 MN 的长度叫作点 M 到平面 α 的距离.

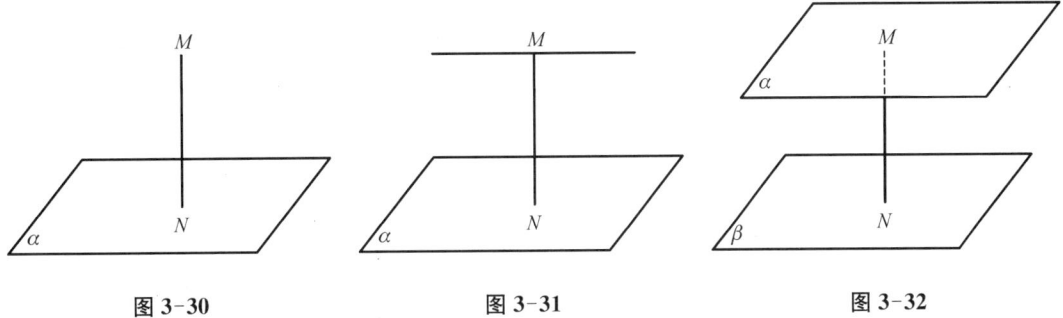

图 3-30　　　　　　　　图 3-31　　　　　　　　图 3-32

(2) 如图 3-31 所示,直线 l 到平面 α 的距离:若 $l \mathbin{/\mkern-3mu/} \alpha$,在直线 l 上任取一点 M,过点 M 作平面 α 的垂线得垂足为 N,我们把线段 MN 的长度叫做直线 l 到平面 α 的距离.

(3) 如图 3-32 所示,平面 α 到平面 β 的距离:若 $\alpha \mathbin{/\mkern-3mu/} \beta$,在平面 α 上任取一点 M,过点 M 作平面 β 的垂线得垂足为 N,我们把线段 MN 的长度叫做平面 α 到平面 β 的距离.

3. 定理的应用过程

师：请同学们解决下列问题.

例 1　如图 3-33 所示,长方体 $ABCD-A'B'C'D'$ 的棱 AA'、AB 和 AD 的长分别为:$3\,\mathrm{cm}$、$4\,\mathrm{cm}$ 和 $5\,\mathrm{cm}$.

(1) 求点 A 和点 C' 的距离;(2) 求点 A 到棱 $B'C'$ 的距离;
(3) 求棱 AB 到平面 $A'B'C'D'$ 的距离;(4) 求平面 $ABCD$ 与平面 $A'B'C'D'$ 的距离.

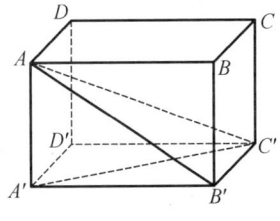

图 3-33

生：(1) 联结 AC'、$A'C'$,因为 $AA' \perp A'D'$,$AA' \perp A'B'$,所以由直线与平面垂直的判定定理得:$AA' \perp$ 平面 $A'B'C'D'$. 又 $A'C'$ 在平面 $A'B'C'D'$ 上,所以由直线与平面垂直的性质定理得:$AA' \perp A'C'$. 由勾股定理得:$AC' = \sqrt{AA'^2 + A'C'^2} = \sqrt{AA'^2 + A'B'^2 + B'C'^2} = \sqrt{3^2 + 4^2 + 5^2} = 5\sqrt{2}\,(\mathrm{cm})$.

(2) 联结 AB',因为 $B'C' \perp A'B'$,$B'C' \perp BB'$,所以由直线与平面垂直的判定定理得: $B'C' \perp$ 平面 $ABB'A'$. 又 AB' 在平面 $ABB'A'$ 上,所以由直线与平面垂直的性质定理得:$B'C' \perp AB'$,故线段 AB' 的长度即为点 A 到棱 $B'C'$ 的距离,由勾股定理得:

$AB' = \sqrt{AA'^2 + A'B'^2} = \sqrt{4^2 + 3^2} = 5\,(\mathrm{cm})$. 即点 A 到棱 $B'C'$ 的距离为 $5\,\mathrm{cm}$.

(3) 因为 $BB' \perp A'B'$,$BB' \perp B'C'$,所以由直线与平面垂直的判定定理得:$BB' \perp$ 平面 $A'B'C'D'$,又 $BB' \perp AB$,故线段 BB' 即为棱 AB 到平面 $A'B'C'D'$ 的距离,$BB' = 3\,(\mathrm{cm})$,即棱 AB 到平面 $A'B'C'D'$ 的距离为 $3\,\mathrm{cm}$.

(4) 因为 $BB'\perp A'B'$，$BB'\perp B'C'$，所以由直线与平面垂直的判定定理得：$BB'\perp$ 平面 $A'B'C'D'$，同理 $BB'\perp$ 平面 $ABCD$，故线段 BB' 的长度即为平面 $ABCD$ 与平面 $A'B'C'D'$ 的距离，$BB'=3$（cm）. 平面 $ABCD$ 与平面 $A'B'C'D'$ 的距离为 3 cm.

例 2 如图 3-34 所示，a,b 是两条已知的异面直线，试作出与它们既垂直又相交的公垂线段.

师： 同学们看一看这个问题我们怎样解决？这里也牵涉到垂直，与上面两个定理有关吗？

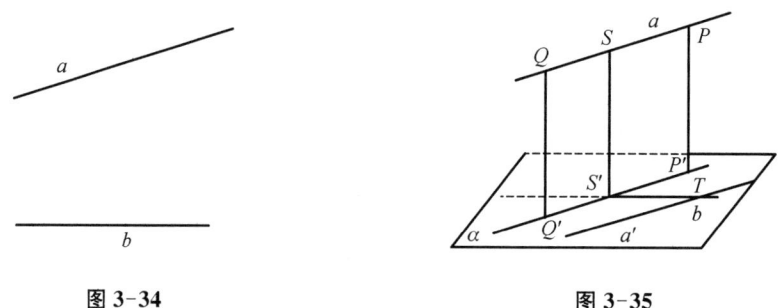

图 3-34　　　　　图 3-35

生： 在直线 b 上取一点 T，过点 T 作直线 a 的平行线 a'，两相交直线确定一个平面不妨记为 α；在直线 a 上取两点 P、Q，过 P、Q 分别作平面 α 的垂线得垂足分别为 P'、Q'，联结 $P'Q'$ 交直线 b 于点 S'，过点 S' 作直线 a 的垂线得垂足为点 S，则线段 SS' 即为所求（图 3-35）.

师： 对不对？请大家证明一下.

生： 因为 $PP'\perp\alpha$，$QQ'\perp\alpha$，所以由直线与平面垂直的性质定理得：$PP'\text{∥}QQ'$，因此它们可以确定一个平面，即确定平面 $PP'Q'Q$. $SS'\perp PQ$，故 $SS'\text{∥}QQ'$，所以 $SS'\perp\alpha$，又直线 b 在平面 α 上，由直线与平面垂直的性质定理得：$SS'\perp b$，故正确.

【设计说明】 此处的例 2 解决的过程给出了异面直线公垂线的作法，通过问题的解决达到了异面直线之间的距离的引入自然和证明了异面直线公垂线唯一的目标，可谓一箭双雕. 直观想象是六大数学核心思想之一，而按照要求作图是培养直观想象的一个有效途径，在此处教师可以根据学生的实际进行设计.

师： 我们把夹在两异面直线之间的公垂线段的长度，叫做两条异面直线之间的距离.

例 3 请回过头看一看例 1，求一下异面直线 AD 和 $A'B'$ 的距离.

生： 因为 $AA'\perp AD$，$AA'\perp A'B'$，故线段 AA' 的长度即为异面直线 AD 和 $A'B'$ 的距离.

所以异面直线 AD 和 $A'B'$ 的距离为 3 cm.

4. 小结与布置作业

师： 本节课我们学习了哪些内容？

生： (1) 经历了直线与平面垂直的判定定理和性质定理的发现与证明过程.

(2) 学习了直线与平面垂直、点到平面的距离、直线到平面的距离、平面到平面的距离及异面直线之间的距离等概念.

(3) 学习了点到平面的距离、直线到平面的距离、平面到平面的距离和异面直线之间的距离的求法.

【课例点评】

(1) 通过设计,使问题的提出 → 定理的发现与证明 → 定理的应用形成一个完整的"原理课教学过程"的流程.

(2) 设计问题,通过问题驱动,推动学生自主讨论;在教师的指导下,让学生尝试自主书写定理的证明过程,充分体现了学生的主体地位和教师的主导作用.

(3) 本设计经历了解决立体几何问题的程序,如计算问题应该是:作图 → 证明 → 指出计算的量 → 计算的程序,同时证明问题的表述必须关注逻辑起点和逻辑依据,这些设计无疑对学生逻辑性和规范性的培养都大有好处.

第4章 习题课过程性教学探析

4.1 探究归纳 聚焦习题课过程性教学

著名教育家、数学家波利亚指出,"掌握数学就是意味着善于解题". 面临常规问题时,学生可直接利用已有的概念、原理和方法解决问题,同时使学生更加熟悉知识的内涵和功能,使得解决问题的能力变得更加完善. 当学生面临的问题与原有的经验有一定的差距时,学生将习得的方法进行改进,以寻找解决当前问题的思路. 这一环节可以帮助学生深化对知识的理解,建立知识与知识之间更加丰富的联系. 因此从建构主义特征来看,解题学习是一种主动建构性学习、积累性学习. 由此,解题的重要性可见一斑.

习题课是解题教学的主阵地,习题课型是数学教学课型的一个重要组成部分. 之所以十分重要,是因为通过习题课的教学能够使学生加深对概念、原理、方法等的理解,提高应用数学知识解决问题的能力,与此同时也是培养思维品质的一个重要方式.

而学会解题必须通过解决一定数量的数学问题后才能实现. 在课本上,习题课往往没有现成的教学内容的呈现,教师必须通过自主备课和备课组的集体备课两个渠道去实现,然后根据各自班级的实际情况来形成教学设计. 在多种备课中,将教案上升到课例的高度进行研究是保证教学有效性的一个很好的举措. 怎样才能进行有效的习题课教学呢?笔者认为必须弄清解题教学的基本含义和根本遵循. 解题教学的基本含义是:通过典型数学题的解决,去体验灵活运用数学知识探究数学问题的环节,归纳解决问题的方法和形成解题经验,加深对知识的理解,促进能力的形成. 而实施习题课过程性教学,是提高习题课教学效果的根本保证.

4.1.1 数学习题课的分类

数学习题课可以分为以下三种类型.

1. "解题巩固,探究深化型"

这种课型往往适用于概念课后、且问题与概念关联较近的习题课. 如双曲线图形及性质学习后的习题课:第一步,通过引导学生回顾双曲线的定义、方程的形式、性质和图形等;第二步,我们可以使用下列例题,通过例题的探讨和分析,引导学生总结求双曲线方程的方法和使用其性质、图形等解决相关问题的方法.在解题环节中加深对相关内容的理解,同时为进一步学习抛物线奠定基础.

问题1 已知 MN 是椭圆 $\dfrac{x^2}{25}+\dfrac{y^2}{9}=1$ 中垂直于长轴的动弦,A、B 是椭圆长轴的两个端点,求直线 MA 与 NB 的交点 P 的轨迹方程.

引入本问题的目的是引导学生总结求双曲线方程的两种轨迹法:一种是通过设椭圆上的相关点使用交轨法;第二种是使用三角代换,即参数法,得到轨迹方程为:$\dfrac{x^2}{25}-\dfrac{y^2}{9}=1$. 交轨法和参数法是通过中间变量的引入,消去中间变量后得到轨迹方程的过程,这进一步突出了方程的思想方法,深化了对求轨迹方程的本质,即千方百计建立轨迹上动点的横、纵坐标的关系.

问题2 已知双曲线的中心在原点,焦点 F_1、F_2 在坐标轴上,其焦距与实轴长之比为 $\sqrt{2}$,且过 $(5,\sqrt{19})$.

(1) 求双曲线的方程;

(2) 若点 $P(-3,m)$ 在双曲线上,求证:$\overrightarrow{PF_1} \cdot \overrightarrow{PF_2}=0$.

引入本题的第(1)小题,目的是引导学生来总结求双曲线方程的两种待定系数法:一种是设标准方程;第二种是设 $\dfrac{x^2}{m^2}-\dfrac{y^2}{n^2}=\lambda$ 的方法,得到双曲线方程为:$\dfrac{x^2}{6}-\dfrac{y^2}{6}=1$. 不管采用哪一种方法去设双曲线方程,均需要思考焦点在哪条坐标轴上,由焦距与实轴长之比得到等轴双曲线,及点 $(5,\sqrt{19})$ 判定焦点只能在 x 轴上,再由题设的"之比"得到 a 与 b 的关系,和"过点"代入所设方程,又得到 a 与 b 的关系,两者均是运用方程思想去获得求解双曲线方程的思路.因此,从方程形态选用的判断至运用方程观点拟定解题思路,促使学生在解题中巩固基本知识、深化思维.

引入本题的第(2)小题,目的是引导学生来总结证明向量垂直的多种方法和途径.第一种方法是使用斜率法,通过证明 $k_{PF_1} \cdot k_{PF_2}=-1$ 来实现;第二种方法是使用向量法,通过向量的数量积的运算和双曲线的定义来实现;第三种方法是使用解三角形法,通过勾股定理和双曲线的几何性质来实现.向量数量积 $\overrightarrow{PF_1} \cdot \overrightarrow{PF_2}=0$ 与 $k_{PF_1} \cdot k_{PF_2}=-1$ 等价转化,以及结合具体图形构成的直角三角形,这些都是对图形中的垂直作了不同形式的数量计算解读的结果.其中坐标、角度、距离构成了思维要点,在符号语言和图形语言的转译中,运用方程观点求解了点 P 坐标中的待定量,促使思维从"做什么""如何做",向"可行吗"转变.

2. "示范归纳型"

这种课型适用于问题与概念、法则、性质等关联较远,但通过提示引导能够解决问题的习题课.如,由数列的递推公式求数列通项公式问题、解分式不等式等习题课.数列章节学习后,在由数列的递推公式求通项公式习题课中,我们可以使用下列例题进行教学.第一步,通过引导学生回顾等差、等比数列的定义和通项公式等;第二步,通过对例题的探讨和分析,引导学生总结由递推公式求通项公式的解题方法.通过教学深化对等差、等比数列渗透的基本思想方法的理解,通过层次递进问题的解决和提炼,推动学生知识结构进一步的完善和思维层次的进级.

问题 1 已知数列$\{a_n\}$满足 $a_{n+1} = 2a_n + 3 \cdot 2^n$,$a_1 = 2$,求数列$\{a_n\}$的通项公式.

引入本问题的目的是引导通过变形 $\dfrac{a_{n+1}}{2^{n+1}} = \dfrac{a_n}{2^n} + \dfrac{3}{2}$,构造等差数列$\left\{\dfrac{a_n}{2^n}\right\}$解题,进而引导学生来总结递推公式为:$a_{n+1} = ma_n + p \cdot m^n$,$a_1 = t\ (m \neq 0, n \in \mathbf{N}^*, p \in \mathbf{R})$类型的数列通项公式的求法,即构造等差数列法.

问题 2 已知数列$\{a_n\}$满足 $a_1 = 1$,$a_{n+1} = a_n + 2n + 1$,求数列$\{a_n\}$的通项公式.

引入本问题的目的是引导学生通过变形得到 $a_n - a_{n-1} = 2n - 1$,类比等差数列通项公式的推导方法解题,进而引导学生来总结递推公式为:$a_{n+1} = a_n + f(n)$,$a_1 = t$ 类型的数列通项公式的求法,即累加法.

问题 3 已知数列$\{a_n\}$满足 $(n+1)a_{n+1} = (n+2)a_n$,$a_1 = 2$,求数列$\{a_n\}$的通项公式.

引入本问题的目的是引导学生通过变形得到 $\dfrac{a_{n+1}}{a_n} = \dfrac{n+2}{n+1}$,类比等比数列通项公式的推导方法解题,进而引导学生来总结递推公式为:$\dfrac{a_{n+1}}{a_n} = f(n)$,$a_1 = t\ (t \neq 0)$ 类型的数列通项公式的求法,即累乘法.

问题 4 已知数列$\{a_n\}$满足 $a_{n+1} = 2a_n + 3 \times 5^n$,$a_1 = 6$,求数列$\{a_n\}$的通项公式.

引入本问题的目的是引导学生通过待定系数变形得到 $a_{n+1} - 5^{n+1} = 2(a_n - 5^n)$,构造等比数列$\{a_n - 5^n\}$解题,进而引导学生来总结递推公式为:$a_{n+1} = pa_n + rq^n$,$a_1 = t$,$p \neq 0$ 类型数列通项公式的求法,即待定系数法.

问题 5 已知数列$\{a_n\}$满足 $a_{n+1} = a_n^{2^n}$,$a_1 = 5$ 求数列$\{a_n\}$的通项公式.

引入本问题的目的是学生通过两边取对数变形得到 $\dfrac{\lg a_{n+1}}{\lg a_n} = 2^n$,使用累乘法解题或者通过列式使用迭代法解题,进而引导学生来总结递推公式为:$a_{n+1} = a_n^p$,$a_1 = t$,$t > 0$,$p \neq 0$ 类型数列通项公式的求法,即迭代法.

上述 5 个问题从思维层次上看呈层次分明、难度逐渐递进分布,通过问题的解决起到了既有利于方法总结,又推动了思维深度提升的效果.

"示范模仿型"的教学步骤为:①教师精选样例,通过师生共同探索,分析解题步骤,教师给出规范的解答过程,重点突出教师的主导作用.②教师精选题组,让学生由浅入深地模仿样例解题.③教师对学生的练习进行形成性的评价,及时纠正学生解题时出现的错误,引导学生进行反思.④教师选编题组,让学生继续练习,逐步达到熟练解题的目的.

3. "提炼归纳方法型"

这种课型适用于问题与概念、法则、性质等关联较远,同时通过提示引导较难解决问题的习题课,这种课往往需要通过教师的解题示范才能解决.如,排列组合的方法、涉及含参数的方程的有解与恒成立等习题课.排列组合学习后,排列组合应用题习题课,我们可以使用下列例题进行教学.第一步,引导学生回顾两个原理、排列组合的定义等;第二步,通过问题的探究提炼、解题方法的归纳、学生的模仿练习,强化对方法的理解与掌握.

问题 1 由 0、1、2、3、4、5 可以组成多少个没有重复数字的五位奇数?引入本问题的目的是引导学生来总结特殊元素和特殊位置优先法.

问题 2 7 人站成一排,其中甲乙相邻且丙丁相邻,共有多少种不同的排法?引入本问题的目的是引导学生来总结相邻元素捆绑法.

问题 3 一个晚会的节目有 4 个舞蹈、2 个相声、3 个独唱,舞蹈节目不能连续出场,则节目的出场顺序有多少种?引入本问题的目的是引导学生来总结不相邻问题插空法.

问题 4 从 0、1、2、3、4、5、6、7、8、9 这十个数字中取出三个数,使其和为不小于 10 的偶数,不同的取法有多少种?引入本问题的目的是引导学生来总结排除法.

问题 5 有 10 个运动员名额,分给 7 个班,每班至少一个,有多少种分配方案?引入本问题的目的是引导学生来总结元素相同问题隔板法.

在以上问题的解决环节中,可以通过师生的交流对排列组合方法进行总结,在总结的环节中尽量让学生通过交流归纳、教师完善的方式来完成,注意教师的主导作用的发挥.第一步,通过引导学生回顾两个原理、排列组合的定义等;第二步,通过问题的探究提炼、解题方法的归纳、学生的模仿练习,强化对方法的理解与掌握.即"提炼归纳方法型"的教学步骤为:①引导学生回顾基本定义、原理等;②通过以学生为主的问题探究,提炼、归纳解题方法;③学生通过模仿练习,强化对方法的理解与掌握.

4.1.2 对习题课课例设计的认识

1. 学情分析是实施解题教学课例设计的前提

学情分析是了解学生"从哪里来"的根本途径,是进行课例设计的前提.

以排列组合为例,在本节课之前,学生系统学习了加法原理、乘法原理和排列、组合基础知识,基本掌握了解决单纯的排列和单纯的组合最基本的方法,面临排列组合混合问题,存在将问题向两个原理和排列、组合的等价转化还十分不够的情况.只有了解了以上的情况,才能设计出有针对性的排列组合课例.

2. 教材内容的分析和教学要求的把握是进行习题课教学课例设计的基础

教材内容分析是明确学生"往哪里去"的目标方向的保证.以排列组合为例,排列组合这一部分是极富有生命力的中学数学教学题材.排列组合比较抽象,因而这一部分被认为是高中数学中训练学生思维的好题材,它对培养学生的数学表达、数学建模、运算求解等数学核心能力十分有用. 排列组合是现代数学概率论等高等数学的基础,随着大数据科学的发展,概率论得到了广泛的应用,因此排列组合在高中数学教学中已引起足够的重视.

借此确立本节课的教学要求和目标:

(1) 进一步理解加法原理和乘法原理的异同、排列与组合的异同.

(2) 会灵活运用两个原理和排列组合的方法解决简单的排列组合应用题.

(3) 感受数学建模、数学表达、数学运算求解的过程.

确立教学重点为两个原理与排列组合的应用与基本方法的探究、归纳和提炼. 教学难点为两个原理、排列与组合的区别和方法的适切应用.

3. 遵循选题原则是落实育人目标、提高习题课效果和吸引力的根本保证

开发习题课的育人功能,做好德育和文化渗透;面向全体学生,突出学生的主体地位;优化课程结构,精选教学内容,突出教学主线,是课程标准对我们提出的组织教学内容的根本遵循. 习题课的选题要在以课本习题优先的前提下进行选题,对于有些在课本上没有的内容(如排列组合混合问题),要教师根据教学和学生的实际情况自主选定. 在这一部分,我们要按照针对性、可行性、典型性的原则和有利于学生探究、归纳的原则进行选题. 同时,要尽量选择一部分题型新颖的问题,提高学生对学习的吸引力和积极性. 只有做好这些,才能引导学生进行有效学习,才能真正回答好"到哪里去和怎么去"的问题.

比如在"排列组合"这一课中,就可以选择和改编下面 4 道例题.

例1 甲乙丙 3 个人站到共有 7 级的台阶上,若每级台阶最多站 2 人,同一级台阶上的人不区分站的位置,问有多少种不同的站法?

例2 目前,我国铁路营业里程达 13.1×10^3 km 以上,位于世界第一. 某火车站将 5 列高铁停在 5 条不同的轨道上,其中 a 列车不停在第一轨道上,b 列车不停在第二轨道上,问有多少种不同的停放方法?

例3 甲乙丙等 5 个人站成一排,要求甲、乙均不与丙相邻,问有多少种不同的站法?

例4 如图 4-1 所示,洋山港码头货场有同样大小的 5 个集装箱,一堆 2 个,一堆 3 个,要把集装箱一个一个地吊装到某远洋货轮上,每次只能吊装其中一堆最上面的一个,则不同的吊装次序有多少种?(用数字作答).

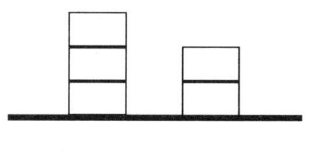

图 4-1

为了发挥习题课教学的育人功能,歌颂我们伟大祖国七十年铁路建设成就和港口建设成就,我们专门设计了例 2 与例 4;4 道例题涵盖了间接法(排除法)、直接法、特元、特位优待法、相邻问题的捆绑法、不相邻问题的插入法及图表法等重要的基本方法. 加之这 4 个问题本身就比较新颖,且由浅入深,符合学生实际,提高了对学生的吸引力和学习本节课的积极性,很好地体现了针对性、可行性、典型性的原则.

4.1.3 对习题课课堂教学环节的认识

1. 遵循习题课环节性教学要求、科学设计习题课教学的"问题",是凸显学生主体地位和突出问题驱动的根本途径

习题课一般要经历引导复习、解题方法探究、解题方法归纳、解题方法的提炼总结和解题方法应用的环节.在这 5 个环节中,要凸显学生的主体地位、凸显问题联结,实施问题驱动.为落实这 5 个环节,在例题教学的环节必须设计好以下 5 个环节:第一是读题环节,在这一环节中,通过学生读题理解题意,将问题归类.第二是悟题环节,在这一环节中,促成学生对问题与知识点的联系.第三是探究解题环节,使用定义、原理等尝试解决问题,形成初步的解题环节.第四是交流与评讲环节,通过这一环节集思广益,达到丰富和完善解题方法的目的.第五是课堂练习环节,在这一环节中引导学生对解题方法进行深层次的思考与探究,使学生对总结的方法有更深的理解.鼓励学生大胆地将小组或个人的解题环节进行展示,教师再适度评讲.

在习题课教学环节中,要按照"最近发展区"的理论,科学设计习题课的问题.而问题的设计要根据学生的基础实际,基础差的班级问题设计的坡度要小一些,基础好的班级问题设计的坡度可以大一些.只有这样,在基础差的班级才不至于冷场,基础好的班级才能保证思维量.

例题 1:

【读题环节】

师:请一同学读题.

生:读题.

师:本题是怎样的一个问题呢?

生:这是 3 个元素放到 7 个位置的有条件的排列组合问题.

【悟题环节】

师:同学们认为这一题将与哪些知识点发生联系呢?

生:可能与两个原理与排列组合知识点均有联系.

【探究解题环节】

师:请同学们试试看此题的解法(小组讨论).

【交流与评讲环节】

师:请同学们讲出自己的解题环节.

生一:将甲乙丙三人看成三个元素,放入下列 7 个空位中(图 4-2),得:

$$N = 7(放甲) \times 7(放乙) \times 7(放丙) - 7(3 人在一起) = 336.$$

图 4-2

| 1 | 2 | 3 | 4 | 5 | 6 | 7 |

【提炼归纳方法】

师：本方法从加法原理（即分步的角度）出发，使用了分步和正难则反，总体淘汰的策略，此种方法我们把它叫做间接法或排除法.

生二：将甲乙丙3个人看成3个元素，放入下列7个空位中，分两种情况：3个人站在三阶和二阶上，得：

$N = C_7^3(选位置) \times P_3^3(排3人)(站在三阶上) + C_7^2(选阶) \times C_3^2(人分堆) \times P_2^2(站在二阶)$
$= 336$ 或简化成：$N = P_7^3(排3人)(站在三阶上) + C_3^1(人分堆) \times P_7^2(排两堆) = 336$.

【提炼归纳方法】

师：本题从加法原理（即分步的角度）出发，使用了分类解题的策略，此种方法我们把它叫做直接法.

例题2：

解法一 将5列动车看成5个元素，放入5个空位中，得：
$N = 1(a 放位置2) \times P_4^4(放其余列车) + P_3^1(a 在 3,4,5 之一位) P_3^1(b 只有三个位能排) P_3^3(排其余) = 78$.

【提炼归纳方法】

师：本题使用了分类的直接考虑问题的策略，采取先考虑 a 列车，再考虑 b 列车，最后考虑其余的思考步骤，此种方法我们把它叫做特元、特位优待法.

解法二 将5列动车人看成5个元素，放入5个空位中，得：$N = P_5^5 - 2P_4^4 + P_3^3 = 78$. （此种方法即为间接法）

例题3：

解 将甲乙丙等5人看成5个元素，放入下列5个空位中，得：
$N_1 = P_2^2(捆绑相邻的甲乙) \times P_2^2(排甲乙丙以外两人) \times P_3^2(放两个新元素) = 24$.
$N_2 = P_2^2(排甲乙丙以外两人) \times P_3^3(排甲乙丙) = 12$，故 $N = N_1 + N_2 = 36$.

【提炼归纳方法】

师：本方法从甲乙相邻与不相邻出发，使用了相邻元素排一起（看成一个新元素），不相邻元素插入的策略，我们把相邻问题的处理方法叫做捆绑法，把不相邻问题的处理方法叫做插入法.

例题4：

生：如图4-3所示，将左边的集装箱从上到下依次看作1、2、3. 右边的集装箱从上到下依次看作4、5，得：

$N = C_5^3(选3个位置) \times 1(填1,2,3) \times C_2^2(填4,5) = 10$.

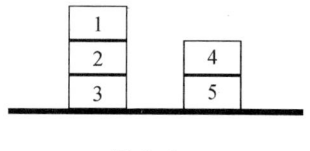

图 4-3

【情景预设】 本题从实际问题转化为数学问题，这一环节是解决这一问题的关键步骤，也是一个难点. 因为这里需要借助于图形（数表）来进行思考，同时还需要通过探索发现每一种吊装的方法都与一条指令相对应.本题涉及等价转化、数形结合等数学方法,因此此处学生可能会有些困难,教师要根据课堂情况作适当的引导.

【提炼归纳方法】

师:本题借助于数表将问题转化为用元素来填空格的排列组合问题,此处借助了数形结合、等价转化的策略.此种方法我们把它叫做图表法.

在以上排列组合问题中,学生对于为什么想到采用这种方法往往存在困惑.这个问题我们往往可以通过写出一个具体的结果,发现构成排列组合的方式,从而通过两个原理,使用排列组合式子加以解决,即通过特殊到一般的思维方式探索发现.

问题的设计可以根据与往届的教学情况对比来进行预设.问题应包含针对全班的一般性小坡度问题.一般性大坡度问题对基础好的同学来说留有思考空间和思维量.涉及教师巡视环节中现场发现确有困难的,可通过个别交流和提示,例如在解决例4的环节中对于思路不畅的同学可以通过"每种吊装方法对应什么?每条指令怎样生成"等问题来驱动引导思考.在具体的课堂中,教学流程不是一成不变的,而是随机生成的,这就需要教师有随机应变的能力.

2. 课堂小结画龙点睛,是习题课教学中培养学生归纳能力的一个必不可少的环节

习题课课堂小结是对本节课涉及的基本方法的一个归纳总结.通过这一环节,可以促进学生知识结构的形成,知识模块的建立,促成对知识的同化和对知识结构的顺应的效果;促成解题技能的优化和思想方法的提炼.同时也是对学生的归纳和表达能力以及对本节课掌握情况的一个很好的呈现,为教学评价提供了一个很好的机会.因此,对课堂小结应该予以足够的重视.

例如"排列组合"这节课我们就设计了以下的课后小结(学生小结,教师补充的方式完成).

学生小结:①本节课通过4个例题,学习了使用两个原理和排列组合知识解决排列组合混合问题的方法;②通过例1总结出间接法(排除法);③通过例2总结出直接法;④通过例3总结出相邻问题的捆绑法,不相邻问题的插入法;⑤通过例4总结出图表法.

师:总结得很好.对一个问题的研究往往方法并不唯一,其实排列组合也是如此.在排列组合问题中,根据问题的实际,往往我们还可以作其他的联想、探索和转化,其中的方法多种多样,这些还需要同学们不断地去探索和发现.

习题课教学课例研究是有一定的针对性的,充分体现教师教学风格和个性化的创造性工作.只有把控好教学内容的精当选择、课堂提问的科学设计、画龙点睛式的课堂小结,才能使习题课的教学成为一个环环相扣的整体结构.习题课的教学有效实施,是学生真正地掌握学习方法、提升学生的学习能力的重要途径之一,同时只有聚焦了习题课教学的过程性教学,才能真正达到习题课的探究、归纳的效果.

4.2 习题课过程性教学课例剖析

4.2.1 课例1 指数函数与对数函数的图像与性质的应用

【教材内容分析】 本节课是上教版高一数学第二学期(试用本)第四章"指、对数函数"教学完成后的章节习题课,是在学习了幂函数和指、对数函数的图像与性质之后进行的. 由于学生对于指、对数函数的相关问题接触不多,加之这两个函数的抽象性、对数运算的抽象性,至此学生对两个函数的掌握还很不够,必须要进一步加深领会. 作为函数大家庭的主要组成部分,本节课面临以下两个任务:其一是进一步丰富指、对数函数的内涵,将两个函数有机地纳入基本初等函数的行列;其二是通过相关高阶思维问题的解决,促成学生对已习得方法的改进,从而深化对函数知识的理解和思维的进级. 指、对数函数图像与性质包含了丰富的图像、运算、结论以及知识之间的联系,是提升学生的直观想象、逻辑推理、数学运算等核心素养的很好的载体. 指、对数函数是两个重要的基本初等函数,而基本初等函数又是高等数学等学科的基础,因此必须突出这个重点内容.

【学生学习情况分析】 学生在初中学习了一次函数、二次函数、反比例函数,高一上学期学习了函数的基本性质、幂函数等,在"四基"上有了一定的积累. 由于对数式和对数运算的抽象性,加上本节课涉及的对数函数的抽象性,还有含参数的较复杂的字母运算和丰富的数学思想方法的渗透,再加上高一学生的年龄特征,因此本节课的学习对部分学生来说仍存在一定的挑战.

【教学目标】
(1) 经历使用研究函数性质的方法研究与指数函数、对数函数有关问题的过程.
(2) 进一步加深对指、对数函数的性质与图像的理解.
(3) 会应用指、对数函数的性质解决简单问题.

【教学重点】 指、对数函数的图像与性质的应用.
【教学难点】 指、对数函数的图像与性质的应用.
【教学过程】
1. 复习与提问
师:前面我们学习的指、对数函数是怎样定义的?
生:指数函数的定义:形如 $f(x) = a^x (a > 0, a \neq 1)$ 的函数叫做指数函数.
对数函数的定义:形如 $f(x) = \log_a x (a > 0, a \neq 1)$ 的函数叫做对数函数.
师:$f(x) = a^x (a > 0, a \neq 1)$ 与 $g(x) = \log_a x (a > 0, a \neq 1)$ 之间是什么关系?
生:它们是互为反函数.

师：请回答它们的性质与图像是怎样的?

生：见表 4-1.

表 4-1

指数函数	$y = a^x (a > 1)$	$y = a^x (0 < a < 1)$
图像	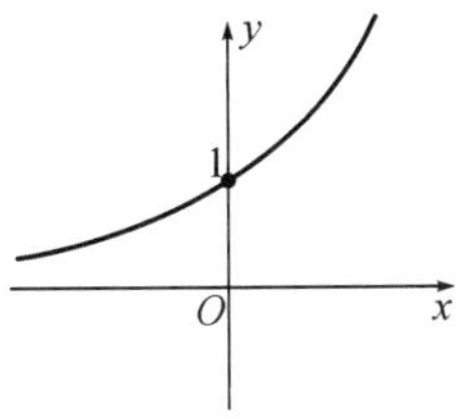	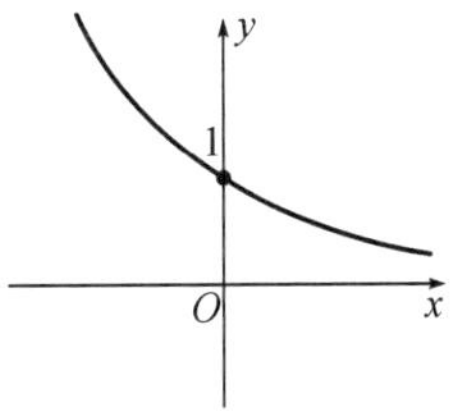
通过的特殊点	(0, 1)	
渐近线	$y = 0$	
单调性	增函数	减函数
对数函数	$y = \log_a x\ (a > 1)$	$y = \log_a x\ (0 < a < 1)$
图像	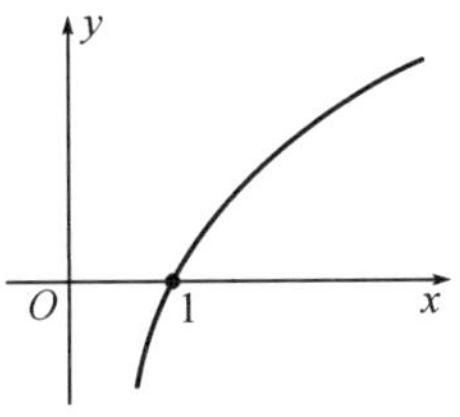	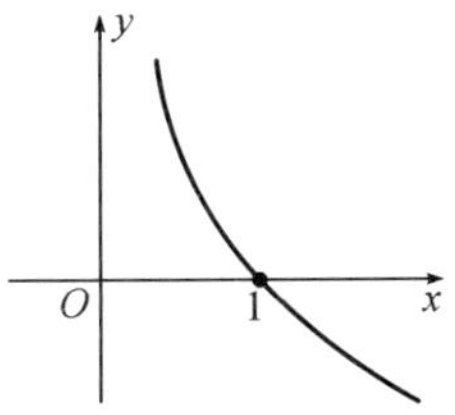
通过的特殊点	(1, 0)	
渐近线	$x = 0$	
单调性	增函数	减函数

【**设计说明**】 通过对两个函数的图像与性质的回顾为本节课提供知识的储备;通过两个函数图像与性质的对比,加深对两个函数的理解,建立知识的联系.

2. 解题方法探索与总结过程

例 1 已知定义域为 R 的函数 $f(x) = \dfrac{a - 2^x}{b + 2^x}$ 是奇函数,

(1) 求 a, b 的值;

(2) 判断 $f(x)$ 的单调性,并用定义予以证明;

(3) 若对于任意的 $t \in (-\infty, 0]$,使 $f(|2^t - 2| - 1) + f(1 - m) > 0$ 恒成立,求 m 的取值范围.

生：(1) **方法一** 因为此函数是定义域为 R 的奇函数,故有：$\begin{cases} f(0) = 0 \\ f(-1) = -f(1) \end{cases}$,赋值得到：$\begin{cases} \dfrac{a-2^0}{b+2^0} = 0 \\ \dfrac{a-2^{-1}}{b+2^{-1}} = -\dfrac{a-2}{b+2} \end{cases}$ 解之得：$\begin{cases} a = 1 \\ b = 1 \end{cases}$,故 $f(x) = \dfrac{1-2^x}{1+2^x}$（经检验符合题意）.

方法二 因为此函数是定义域为 R 的奇函数,故对于任意的 $x \in \mathbf{R}$ 恒有：$f(-x) = -f(x)$ 成立.赋值得到：$\dfrac{a-2^{-x}}{b+2^{-x}} = -\dfrac{a-2^x}{b+2^x}$,得到：$\dfrac{a \cdot 2^x - 1}{b \cdot 2^x + 1} = \dfrac{a-2^x}{b+2^x}$.

整理得：$(a-b) \cdot 2^{2x} + 2(ab-1) \cdot 2^x + a - b = 0$ 恒成立,故有：$\begin{cases} a-b = 0 \\ ab-1 = 0 \end{cases}$.解之得：$\begin{cases} a = 1 \\ b = 1 \end{cases}$ 或者 $\begin{cases} a = -1 \\ b = -1 \end{cases}$,此时 $f(x) = \dfrac{1-2^x}{1+2^x}$ 或者 $f(x) = \dfrac{-1-2^x}{-1+2^x}$,由函数定义域为 R 知：

$$f(x) = \dfrac{1-2^x}{1+2^x}.$$

(2) 生：$y = f(x), x \in \mathbf{R}$ 是减函数.

证明 任取 $x_1, x_2 \in \mathbf{R}$,且 $x_1 < x_2$,则 $f(x_1) - f(x_2) = \dfrac{1-2^{x_1}}{1+2^{x_1}} - \dfrac{1-2^{x_2}}{1+2^{x_2}} = \dfrac{2(2^{x_2} - 2^{x_1})}{(1+2^{x_1})(1+2^{x_1})}$.

由 $x_1 < x_2$ 知：$2^{x_1} < 2^{x_2}$,于是 $f(x_1) - f(x_2) > 0$,故 $y = f(x), x \in \mathbf{R}$ 是减函数.

(3) 生：由 $y = f(x), x \in \mathbf{R}$ 是奇函数得到：$f(|2^x - 2| - 1) > -f(1-m) = f(m-1)$.

由 $y = f(x), x \in \mathbf{R}$ 是减函数得到：$|2^t - 2| - 1 < m - 1$. 原命题等价于：对于任意的 $t \in (-\infty, 0]$,不等式 $m > |2^t - 2|$ 恒成立. 令 $g(t) = |2^t - 2|, t \in (-\infty, 0]$,(图 4-4) 得到 $g(t) < 2$,故 $m \in [2, +\infty)$.

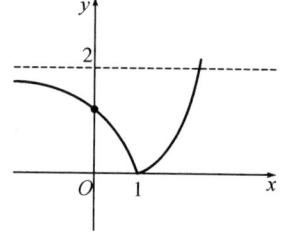

图 4-4

【设计说明】 第一小题渗透了方程的思想方法;第二小题加深了对函数单调性和指数运算的理解;第三小题渗透了数形结合的方法.

例 2 已知函数 $f(x) = 4^x - m \cdot 2^{x+1}$,存在实数 x_0 使得 $f(-x_0) = -f(x_0)$ 成立,求实数的取值范围.

生：由题意知,原命题等价于关于 x 的方程 $f(-x) = -f(x)$ 有实数解. 由 $f(-x) = -f(x)$

得到：$4^{-x} - m \cdot 2^{-x+1} = -4^x + m \cdot 2^{x+1}$. 整理得：$4^x + \dfrac{1}{4^x} = 2m\left(2^x + \dfrac{1}{2^x}\right)$.

则原命题等价于关于 x 的方程：

$$m = \dfrac{4^x + \dfrac{1}{4^x}}{2\left(2^x + \dfrac{1}{2^x}\right)}$$ 有实数解. 令 $T = \dfrac{4^x + \dfrac{1}{4^x}}{2\left(2^x + \dfrac{1}{2^x}\right)}$,

令 $t = 2^x + \dfrac{1}{2^x} \geqslant 2\sqrt{2^x \cdot \dfrac{1}{2^x}} = 2$，$4^x + \dfrac{1}{4^x} = t^2 - 2$，则 $T(t) = \dfrac{1}{2}t - \dfrac{1}{t}$，$t \in [2, +\infty)$ 单调递增，故

$$(T(t))_{\min} = T(2) = \dfrac{1}{2},$$ 得到：$m \in \left[\dfrac{1}{2}, +\infty\right)$.

【设计说明】 本题通过对条件"存在实数 x_0，使得 $f(-x_0) = -f(x_0)$ 成立"的理解以及和奇函数概念的比较，使学生明白"透过现象看本质"的重要性. 同时渗透等价转化和函数与方程的思想方法，目的是通过此题促进学生思维的进级.

例 3 已知函数 $f(x) = e^{x-1} + 4x - 4$，求满足 $f\left(\log_a \dfrac{3}{4}\right) < 1$ 的实数 a 的取值范围.

生： 因为 $y = e^{x-1}$ 与 $y = 4x - 4$ 都是 R 上的增函数，故 $f(x) = e^{x-1} + 4x - 4$ 也是 R 上的增函数. 又因为 $f(1) = e^{1-1} + 4 - 4 = 1$，故由 $f\left(\log_a \dfrac{3}{4}\right) < 1$ 得到 $f\left(\log_a \dfrac{3}{4}\right) < f(1)$.

于是由 $\log_a \dfrac{3}{4} < 1$，得到 $\log_a \dfrac{3}{4} < \log_a a$，进一步得到：$\begin{cases} a > 1 \\ \dfrac{3}{4} < a \end{cases}$ 或 $\begin{cases} 0 < a < 1 \\ \dfrac{3}{4} > a \end{cases}$.

故实数 a 的取值范围为：$0 < a < \dfrac{3}{4}$ 或 $a > 1$.

【设计说明】 本题通过对函数 $y = e^{x-1}$ 与 $y = 4x - 4$ 的图像分析，得到 $f(x) = e^{x-1} + 4x - 4$ 为 R 上的增函数，且 $f(1) = 1$，目的是培养学生的探索发现能力和解决综合问题的能力，同时建立知识间的紧密联系. 通过对问题切入点的发掘，提炼函数问题的思考方法.

例 4 已知函数 $f(x) = \begin{cases} (x+1)^2, & x \leqslant 0 \\ |\log_2 x|, & x > 0 \end{cases}$.

(1) 作出此函数的大致图像；

(2) 若关于 x 的方程有 4 个不同的解 x_1, x_2, x_3, x_4，且 $x_1 < x_2 < x_3 < x_4$，求 $x_3(x_1 + x_2) + \dfrac{1}{x_3^2 x_4}$ 的取值范围.

生： (1) 如图 4-5 所示.

(2) 由图 4-6 知 $0 < a \leqslant 1$ 符合题意. x_1, x_2 关于 $x = -1$ 对称，即 $x_1 + x_2 = -2$，

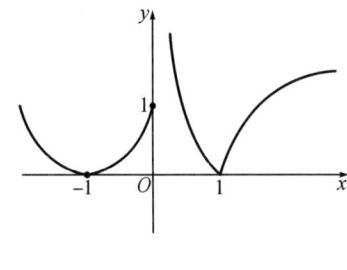

图 4-5

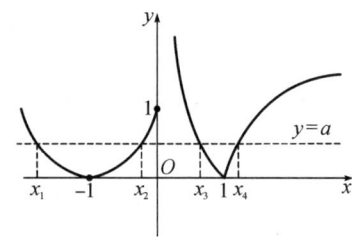

图 4-6

$0 < x_3 < 1, x_4 > 1$,故由 $f(x_3) = f(x_4)$ 得到：$|\log_2 x_3| = |\log_2 x_4|$；于是有：$-\log_2 x_3 = \log_2 x_4$，即 $x_3 \cdot x_4 = 1$. 令 $T = x_3(x_1 + x_2) + \dfrac{1}{x_3^2 x_4}$，

则 $T = -2x_3 + \dfrac{1}{x_3}$，$x_3 \in \left[\dfrac{1}{2}, 1\right)$ 单调递减，故 $T \in \left(T(1), T\left(\dfrac{1}{2}\right)\right] = (-1, 1]$.

【设计说明】 本题通过对函数 $f(x) = \begin{cases} (x+1)^2, & x \leqslant 0 \\ |\log_2 x|, & x > 0 \end{cases}$ 的图像分析，得到 4 个不同的解 x_1, x_2, x_3, x_4 的关系，从而通过函数 $T = -2x_3 + \dfrac{1}{x_3}$，$x_3 \in \left[\dfrac{1}{2}, 1\right)$ 解决问题. 目的是培养学生解决综合问题的能力，同时建立知识间的紧密联系，提高思维的深刻性.

3. 课堂小结与布置作业

师：本节课我们学习了什么？

生：(1) 学习了如何使用定义与待定系数法求函数的解析式.

(2) 学习了如何使用等价转化的方法和数形结合的方法解决函数问题.

【课例点评】

数学教学中一种重要的课型就是习题课. 对教师来说，习题课可以检查学生对所学知识的理解和掌握程度. 教学设计过程中通过精心选题，以问题为载体，以问题解决为主线，加深学生对数学知识的理解，掌握分析问题、提高解决问题的能力. 通过对典型数学题的推理和演算，去体验灵活运用数学知识探究数学问题的过程，归纳总结解决问题的方法和解题经验，促进其能力的形成.

从教学设计的选题来看，例 1 中第(1)小题的第二种方法涉及的指数运算还是有一点复杂的，但这种运算较常见，而且较重要，应通过自主运算让学生体会和总结，这也是培养学生的数学运算能力的需要，函数的单调性的证明十分重要；第(2)小题的设计是为学生提高一个应用定义规范表达的机会；第(3)小题反用了单调性的定义，通过此问推动学生对函数相关命题的思考和体会对等价转化解题过程的实施过程. 创设合适的教学情境，启发学生思考，是数学案例设计的根本遵循.

注重引导学生把握数学本质. 在例 2 中，"存在实数 x_0，使得 $f(-x_0) = -f(x_0)$ 成立"的条件,从形式上与函数的奇偶性的定义极其相似,很容易使学生产生误解.通过审题辨析,进一步加深了对奇函数定义的本质理解.把握研究对象的数学特征,感悟"通性通法"的数学原理,是能够运用准确的方法与思路解题的根本保证.本题的本质特征就是利用函数单调性的定义的逆向运用解不等式,把握了这一点,进行逆向思维便很快找到了解决问题的方法,这是选择例3的初衷.

直观想象是发现和提出问题、分析和解决问题的重要手段,是进行数学推理的基础.例4通过对函数图像的观察,从 $x \leqslant 0$ 时二次函数的对称性得到 $x_1+x_2=-2$;从 $x>0$ 时对数函数的图像得到 $x_3 \cdot x_4=1$,从而感知到 $x_3(x_1+x_2)+\dfrac{1}{x_3^2 x_4}$ 的形态的变化,得到函数 $T=-2x_3+\dfrac{1}{x_3}$,$x_3 \in \left[\dfrac{1}{2}, 1\right)$,然后顺利等价转化解决问题.直观想象是研究数学问题的基本素养之一,借助于几何直观感知事物的形态与变化,从而上升到数学化的层面以达到解决问题的目的.

本节习题课不宜面面俱到,但容量也不宜过小,安排4道题基本符合教学实际.课堂教学贯彻了解题教学过程性教学原则,实现了教学目标.

4.2.2 课例2 空间角

【教材内容分析】 本节课是上教版高中三年级数学(试用本)第十四章"空间直线与平面"一章教学完成后的一节习题课.由于在本节课之前学生对空间角的学习是相对独立的、浅显的,因而还存在知识之间联系不够,空间角体系的建构不够紧密完整的问题.求空间角一般都要经历:找角→将角置于可解图形中(包含判断图形形状)→解可解图形(一般为解三角形)得到解.这一过程包含了利用定义、定理对空间位置关系的判断过程,对学生的识图、推理、计算有较高的要求,是提升直观想象、逻辑推理、数学运算等核心素养的一个很好的载体.根据教学实际,将"空间直线与平面"的习题课划分为2节课,本节课为第一节.空间角包含了异面直线所成角、直线与平面所成角、二面角,是立体几何的重要组成部分.空间角的概念与度量在建筑学等学科都有广泛的应用,同时也是高等数学空间解析几何的基础.

【学生学习情况分析】 这是一节章节结束之后的习题课,在本节课之前,学生已经系统地学习了平面及其性质、空间直线与直线的位置关系、空间直线与平面的位置关系、空间平面与平面的位置关系,以及掌握了异面直线所成角、直线与平面所成角、二面角等空间角的概念和分布于各部分相对独立的、简单的计算,但缺乏相互间的比较.由于本节课涉及直线、平面等位置关系的判断、识图以及较烦琐的解三角形计算,因此对部分同学仍存在不小的挑战.

【教学目标】

(1) 通过实例进一步巩固求异面直线所成角、直线与平面所成角、二面角等空间角的方法.

(2) 通过实例经历含有异面直线所成角、直线与平面所成角、二面角等多个空间角混合的数学问题的解决过程,归纳解决此类问题的方法.

(3) 感受可解三角形找寻的方法、数学表达、数学推理和运算求解的探索过程.

【教学重点】 异面直线所成角、直线与平面所成角、二面角的求法.

【教学难点】 空间直线与直线、直线与平面位置关系的判定.

【教学过程】

1. 复习与提问

师: 异面直线所成角、直线与平面所成角、二面角是怎样定义的?

生: (1) 异面直线 l_1,l_2 所成角:过空间任意一点分别作 l_1,l_2 的平行线 l_3,l_4,称 l_3,l_4 生成的两对对顶角中的锐角或者是直角为异面直线 l_1,l_2 所成角 θ,$\theta \in \left(0, \dfrac{\pi}{2}\right]$.

(2) 直线 l 与平面 α 所成的角 θ:若直线 l 与平面 α 垂直时,规定 $\theta = \dfrac{\pi}{2}$;若直线 l 与平面 α 平行或者在平面上时,规定 $\theta = 0$;若直线 l 与平面 α 相交又不平行时,我们把直线 l 与其在平面 α 上的射影所成的角,叫做直线 l 与平面 α 所成的角 θ,$\theta \in \left[0, \dfrac{\pi}{2}\right]$.

(3) 二面角和它的平面角:从一条直线 l 出发的两个半平面 α、β 生成的图形,叫做二面角,记作:二面角 α-l-β,直线 l 叫做二面角的棱.过二面角 α-l-β 的 l 棱上一点分别在两个半平面 α、β 上作棱 l 的垂线,两条垂线所成的角,叫做二面角的平面角 θ,$\theta \in [0, \pi]$.

【设计说明】 异面直线所成角、直线与平面所成角、二面角等空间角的概念的表述比较冗长且抽象,鉴于这样的特点,学生准确掌握和表达起来比较困难,此处特意安排这样的复习与提问,为学生的表达与比较提供一个机会,同时为下面的探讨提供概念保障.

2. 解题方法探索与总结过程

例 1 在我国古代数学名著《九章算术》中,将 4 个面都为直角三角形的四面体称为鳖臑.如图 4-7 所示,在鳖臑 $ABCD$ 中,$AB \perp$ 平面 BCD,且 $AB = BC = CD$,求异面直线 AC 与 BD 所成角的大小.

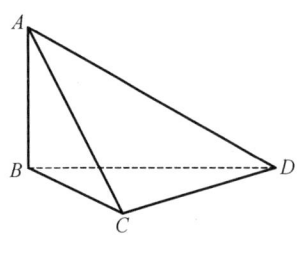

图 4-7

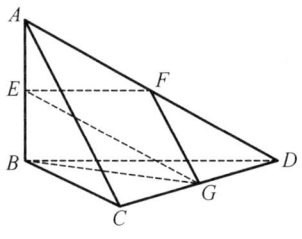

图 4-8

方法一 如图 4-8 所示,分别取 AB、AD、CD 的中点 E、F、G,联结得到 EF、FG;由

三角形中位线的性质得到：$EF \parallel BD$，$FG \parallel AC$，故$\angle EFG$为异面直线AC与BD所成角或其补角.联结EG,联结BG,记$AB=BC=CD=2a$.

在$Rt\triangle ACD$中,$FG=\dfrac{1}{2}AC=\sqrt{2}a$,同理$EF=\sqrt{2}a$，$AB\perp$平面$BCD$，$BG$在平面$BCD$上,所以$AB\perp BG$.

在$Rt\triangle EBG$中,
$EG=\sqrt{BE^2+BG^2}=\sqrt{BE^2+BC^2+CG^2}=\sqrt{a^2+(2a)^2+a^2}=\sqrt{6}a$.

在$\triangle EFG$中,$\cos\angle EFG=\dfrac{EF^2+FG^2-EG^2}{2EF\cdot FG}=\dfrac{2a^2+2a^2-6a^2}{2\cdot\sqrt{2}a\cdot\sqrt{2}a}=-\dfrac{1}{2}$,故异面直线$AC$与$BD$所成角的大小为$\dfrac{\pi}{3}$.

方法二 如图4-9所示,分别取AD、AB、BC的中点F、E、G,联结得到EF、FG,由三角形中位线的性质得到：$EF \parallel BD$，$EG \parallel AC$，故$\angle FEG$为异面直线AC与BD所成角或其补角.取BD的中点O联结FO,由三角形中位线的性质得到：$FO \parallel AB$.因为$AB\perp$平面BCD,故$FO\perp$平面BCD,联结OG,记$AB=BC=CD=2a$,则$BD=AC=2\sqrt{2}a$.

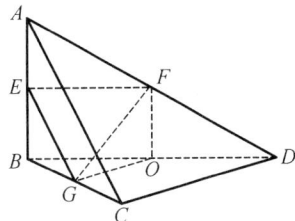

图 4-9

$FO\perp$平面BCD.OG在平面BCD上,所以$FO\perp OG$

在$Rt\triangle FOG$中,$FG=\sqrt{FO^2+OG^2}=\sqrt{a^2+a^2}=\sqrt{2}a$;

在$Rt\triangle BAD$中,$EF=\dfrac{1}{2}BD=\sqrt{2}a$,同理$EG=\sqrt{2}a$.

在$\triangle EFG$中,$EF=EG=FG=\sqrt{2}a$,故异面直线AC与BD所成角的大小为$\dfrac{\pi}{3}$.

【设计说明】 方法一的关键就是求EG的长度,而求EG的长度的关键就是对包含EG的可解直角三角形的寻找.对方法一的研究目的是为了加深对直线与平面垂直的判定定理和性质定理的理解和应用.在方法二中通过联结OG、FO,在$Rt\triangle FGC$中得到$FG=\sqrt{CF^2-CG^2}=\sqrt{2}a$,或者在等腰$\triangle BFC$计算$FG$的长度,从而引发一题多解的讨论.

例2 如图4-10所示,甲站在水库底面上的点D处,乙站在水坝斜面上的点C处.已知,测得从D、C到库底与水坝的交线的距离分别为$DA=10\sqrt{2}$m、$CB=10$m,AB的长为10 m,CD的长为$10\sqrt{6}$m,求库底与水坝所成的二面角的大小.

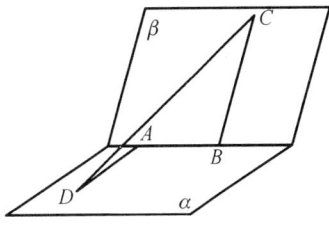

图 4-10

方法一 如图4-11所示,过点D在平面α上作$DE\parallel AB$,且使得$DE=AB$,联结BE得到$BE\perp AB$.又$BC\perp AB$,故$\angle CBE$为库底与水坝所成的二面角的平面角.

在 Rt△CED 中，$EC = \sqrt{DC^2 - DE^2} = \sqrt{(10\sqrt{6})^2 - (10)^2} = 10\sqrt{5}$.

在△CBE 中根据余弦定理知：

$\cos\angle EBC = \dfrac{EB^2 + BC^2 - EC^2}{2EB \times BC} = \dfrac{(10\sqrt{2})^2 + 10^2 - (10\sqrt{5})^2}{2 \times 10\sqrt{2} \times 10} = -\dfrac{\sqrt{2}}{2}$，故库底与水坝所成的二面角的大小为 135°.

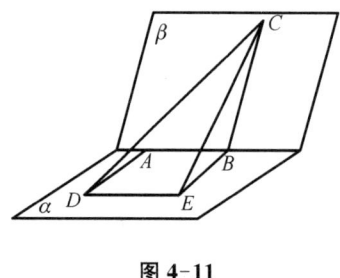

图 4-11

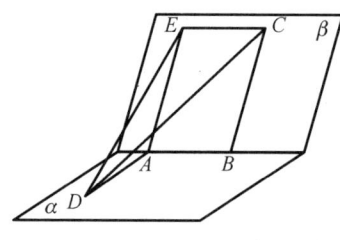

图 4-12

方法二 如图 4-12 所示，过点 C 在平面 β 上作 CE // AB，且使得 CE = AB，联结 AE 得到 AE ⊥ AB. 又 DA ⊥ AB，故 ∠DAE 为库底与水坝所成的二面角的平面角. 在 Rt△CED 中，$DE = \sqrt{DC^2 - CE^2} = \sqrt{(10\sqrt{6})^2 - (10)^2} = 10\sqrt{5}$.

在△DAE 中根据余弦定理知：

$\cos\angle EAD = \dfrac{EA^2 + DA^2 - ED^2}{2EA \times DA} = \dfrac{(10)^2 + (10\sqrt{2})^2 - (10\sqrt{5})^2}{2 \times 10 \times 10\sqrt{2}} = -\dfrac{\sqrt{2}}{2}$，故库底与水坝所成的二面角的大小为 135°.

【设计说明】 通过观察实物教具，运用信息技术来展示空间图形的直观图，引导学生观察、想象，由直观图想象空间图形的形状和结构，进而在观察的基础上引导学生从不同的角度来识图，并借助直观图进行简单的计算. 本题使用了两种不同的方位求解，反映了不同学生解题的不同视角.

例 3 如图 4-13 所示，在长方体 $ABCD-A_1B_1C_1D_1$ 中，$AD = AA_1 = 1$，$AB = 2$，E 为 AB 的中点，求二面角 $D-EC-D_1$ 的大小.

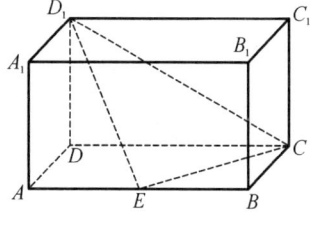

图 4-13

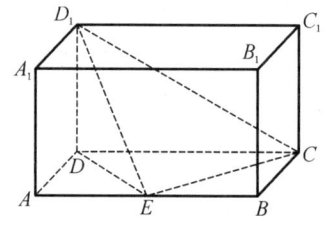

图 4-14

解 如图 4-14 所示，联结 DE，$DE = \sqrt{AD^2 + AE^2} = \sqrt{2}$，同理得到 $EC = \sqrt{2}$，故有 DE^2

$+EC^2 = CD^2$,即 $DE \perp EC$.

在 Rt$\triangle D_1DE$ 中,$D_1E = \sqrt{D_1D^2 + DE^2} = \sqrt{1^2 + (\sqrt{2})^2} = \sqrt{3}$.

在 Rt$\triangle D_1DC$ 中,$D_1C = \sqrt{DC^2 + D_1D^2} = \sqrt{2^2 + 1^2} = \sqrt{5}$. 在 Rt$\triangle EBC$ 中,$EC = \sqrt{EB^2 + BC^2} = \sqrt{1^2 + 1^2} = \sqrt{2}$. 故有 $D_1E^2 + EC^2 = CD_1^2$ 即 $D_1E \perp EC$. 故 $\angle D_1ED$ 为二面角 $D\text{-}EC\text{-}D$ 的平面角.

在 Rt$\triangle D_1DE$ 中,$\tan \angle D_1ED = \dfrac{D_1D}{DE} = \dfrac{1}{\sqrt{2}} = \dfrac{\sqrt{2}}{2}$,故二面角 $D\text{-}EC\text{-}D_1$ 的大小为 $\arctan\left(\dfrac{\sqrt{2}}{2}\right)$.

【设计说明】 牛顿说过"没有大胆的猜测就没有伟大的发现". 数学猜想是数学发展中最活跃、最主动、最积极的因素之一,是人类理性中最富有创造性的部分. 数学猜想强烈地吸引数学家全身心投入,积极开展相关研究,从而强有力地推动数学发展. 数学猜想一旦被证实,就将转化为定理,汇入数学理论体系之中,从而丰富了数学理论. 因此在问题解决的过程中,我们要鼓励学生大胆使用猜想. 在本题解决的过程猜想 $\angle D_1ED$ 为二面角 $D\text{-}EC\text{-}D_1$ 的平面角就是一个十分具体生动的例证.

例 4 如图 4-15 所示,在 Rt$\triangle PDC$ 中,$\angle D = 90°$,A、B、E 分别是 PD,PC,CD 的中点,$PD = 4$,$CD = 2\sqrt{2}$. 现将 $\triangle PAB$ 沿 AB 折起,如图 4-16 所示,使二面角 $P\text{-}AB\text{-}C$ 为 $120°$,F 是 PC 的中点. 求直线 PB 与平面 PCD 所成的角的大小.

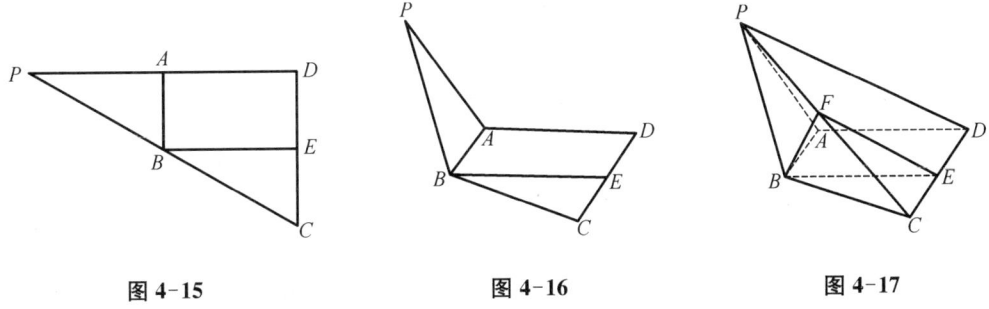

图 4-15　　　　图 4-16　　　　图 4-17

解 如图 4-17 所示,取 PC 的中点 F,联结 BF、EF. 由 $CD \perp PA$,$CD \perp AD$,故 $CD \perp$ 平面 PAD,有 $CD \perp PD$,$FE \parallel PD$,故 $CD \perp EF$. 又 $CD \perp BE$,故 $CD \perp$ 平面 BEF,故有 $CD \perp BF$. 而 $\triangle PBC$ 为等腰三角形,故 $BF \perp PC$,所以 $BF \perp$ 平面 PCD,所以 $\angle BPF$ 即为直线 PB 与平面 PCD 所成的角.

由 $PA \perp AB$,$AD \perp AB$,故 $\angle PAD$ 为二面角 $P\text{-}AB\text{-}D$ 的平面角,故 $\angle PAD = 120°$.

在 $\triangle PAD$ 中,$PD = \sqrt{PA^2 + AD^2 - 2PA \cdot AD\cos 120°} = 2\sqrt{3}$.

$BF = \sqrt{BE^2 - EF^2} = \sqrt{2^2 - (\sqrt{3})^2} = 1$. 在图 4-15 的 Rt$\triangle PDC$ 中,

$$PC = \sqrt{PD^2 + CD^2} = \sqrt{4^2 + (2\sqrt{2})^2} = 2\sqrt{6}, 故 PB = \sqrt{6}. 在 \text{Rt}\triangle PBF 中,$$

$$\sin\angle BPF = \frac{BF}{PB} = \frac{1}{\sqrt{6}} = \frac{\sqrt{6}}{6};直线 PB 与平面 PCD 所成的角的大小为 \arcsin\frac{\sqrt{6}}{6}.$$

【设计说明】 折叠问题一定要注意折叠前和折叠后相关线段的位置关系的变与不变问题.

如本例题中的线段 PC 在折叠前后就有变化.

3. 课堂小结与布置作业

师：本节课我们学习了什么？

生：(1) 梳理了异面直线所成角、直线与平面所成角、二面角等空间角的概念.

(2) 归纳探究了异面直线所成角、直线与平面所成角、二面角等多个空间角混合的数学问题的解决方法.

(3) 感受了可解三角形寻找的方法和数学推理数学运算求解的过程.

【课例点评】 新课标提出：高中数学课程要体现社会发展的需求；要强调数学与生活以及其他学科的联系，提升学生应用数学解决实际问题的能力，要突出数学主线，凸显数学的逻辑联系；同时要注意数学文化的渗透. 本节课的主线就是求空间角，而空间角与直线、平面等位置关系的判断有着紧密的联系. 例1的背景就是《九章算术》中的一个数学问题；例2的"库底与水坝所成的二面角"和例4的折叠问题都来源于生产与生活实际，符合以上要求. 本节课作为"空间直线与平面"章节的习题课，遵循"习题课过程性教学"的教学方法，通过层层递进的四道例题的设计和实施达到了：进一步巩固求异面直线所成角、直线与平面所成角、二面角等空间角的方法；经历含有异面直线所成角、直线与平面所成角、二面角等多个空间角混合的数学问题的解决方法的探究归纳过程；感受可解三角形寻找的方法、数学表达、数学推理和运算求解的过程的教学目标.

4.2.3 课例3 椭圆的标准方程和性质的应用

【教材内容分析】 本节课是上教版高二数学第二学期（试用本）第12章第4节"椭圆性质"教学完成后的一节课. 根据教学情况，将"椭圆的标准方程和性质"划分为4节课；本节课为单独设计的一节解题教学课. 椭圆是圆锥曲线的重要组成部分. 通过建立椭圆的标准方程，可以进一步运用方程探究它的简单几何性质；通过采用坐标法解决一些实际问题或简单几何问题，进一步体会数形结合、函数与方程等数学思想方法. 从实际应用方面来看，椭圆与科研、生产活动以及日常生活都有非常密切的关系，椭圆在光学、天文学、建筑学等学科都有广泛的应用.

【学生学习情况分析】 在学习本节课之前，学生已学习了直线、曲线与方程，在高一学习了两个基本不等式及其应用、函数的基本性质等，在"四基"方面有了一定的积累. 椭圆是常见的图形,学生对它有一定的感性认识.通过前面两节课的学习,学生对椭圆的方程与性质有了一定的了解,但深度依然不够,如若干延伸的基本性质、与函数等的联系都没有涉及.但学生从基础知识、基本技能、基本思想和基本活动的经验储备,为本节课教学活动的开展提供了较好的保证.由于本节课涉及含参数的较复杂的字母运算和函数分析,对部分同学仍存在一定的挑战.

【教学目标】

(1) 通过实例概括归纳求椭圆标准方程的定义法与待定系数法.

(2) 会运用椭圆的定义、性质解决相关问题,为进一步的双曲线和抛物线的学习奠定基础.

(3) 感受数学建模、数学表达、数学运算求解的探究过程.

【教学重点】 椭圆标准方程的求法;椭圆性质的应用.

【教学难点】 椭圆性质的应用.

【教学过程】

1. 复习与提问

师: 前面我们学习了椭圆,椭圆是怎样定义的?

生: 到定点 F_1,F_2($|F_1F_2|=2c$)的距离和为定值 $2a$,$a>c$ 的动点轨迹,叫做椭圆.

师: 椭圆的标准方程有几种形式?图形怎样?焦点坐标,x,y 取值范围怎样?

生: (1) 当焦点在 x 轴上时,如图 4-18 所示,椭圆的标准方程为:$\dfrac{x^2}{a^2}+\dfrac{y^2}{b^2}=1\,(a>b>0)$,$a^2=b^2+c^2$,$c>0$.

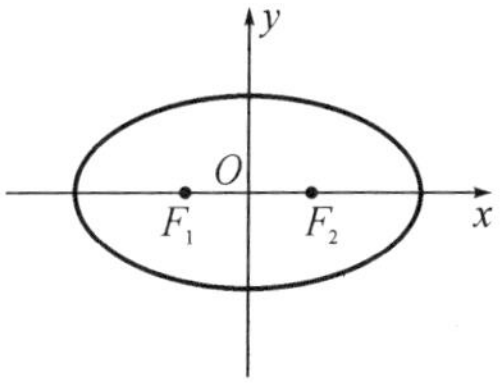

焦点坐标:$F_1(-c,0)$,$F_2(c,0)$,范围:$x\in[-a,a]$,$y\in[-b,b]$.

(2) 当焦点在 y 轴上时,如图 4-19 所示,椭圆的标准方程为:$\dfrac{y^2}{a^2}+\dfrac{x^2}{b^2}=1\,(a>b>0)$,$a^2=b^2+c^2$,$c>0$,

焦点坐标 $F_1(0,-c)$,$F_2(0,c)$,范围:$x\in[-b,b]$,$y\in[-a,a]$.

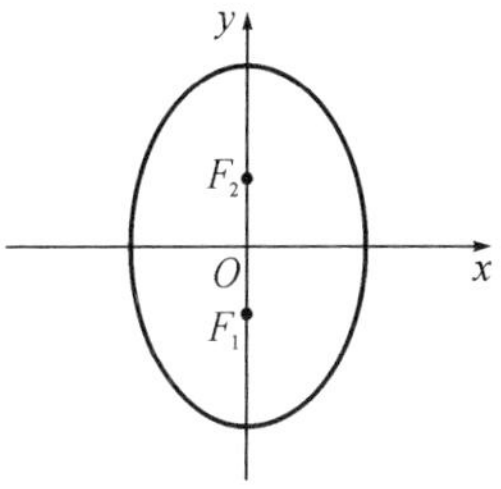

图 4-18

【设计说明】 通过复习提问想达到两个目的,一个目的是通过复习推动学生对椭圆方程与性质梳理总结;另一个目的是为本节课建立相对完善的知识结构,确保解题的顺利.

图 4-19

2. 解题方法探索与总结过程

例 1 求满足下列条件的轨迹方程:

(1) 已知 $\triangle ABC$ 的两个顶点 $B(-5,0)$,$C(5,0)$,三角形的周

长为 32,求其第三个顶点的 A 的轨迹方程.

(2) 已知圆 $C:(x-3)^2+y^2=100$ 和定点 $A(-3,0)$,动点 P 在圆上,AP 的中垂线与直线 CP 交于点 Q,求点 Q 的轨迹方程.

解 (1) $|AB|+|AC|=22>|BC|=10$,故 A 的轨迹是以 $B(-5,0)$,$C(5,0)$ 为焦点的椭圆;设椭圆的方程为 $\dfrac{x^2}{a^2}+\dfrac{y^2}{b^2}=1\,(a>b>0)$,则 $\begin{cases}c=5\\2a+2c=32,\\a^2=b^2+c^2\end{cases}$

解得 $a=11,b^2=96,c=5$,故顶点 A 的轨迹方程为:$\dfrac{x^2}{121}+\dfrac{y^2}{96}=1,y\neq 0$.

(2) 如图 4-20 所示,$|CP|=10$,$|AQ|=|PQ|$,得到 $|AQ|+|CQ|=10>|AC|$,故点 Q 的轨迹为以 A,C 为焦点的椭圆.设椭圆的方程为 $\dfrac{x^2}{a^2}+\dfrac{y^2}{b^2}=1\,(a>b>0)$,由题意知:$2a=10,c=3,b=\sqrt{a^2-c^2}=4$,故点 Q 的轨迹方程为:$\dfrac{x^2}{25}+\dfrac{y^2}{16}=1$.

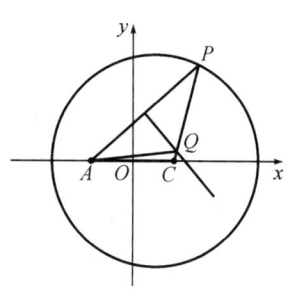

图 4-20

【设计说明】 本题第(1)小题通过师生问答的方式加以解决;同时总结出求椭圆方程的定义法与待定系数法;第(2)小题通过学生自主解题,希沃拍照、评讲的方式进行完善,借以巩固定义与待定系数法.

例 2 我们知道在圆中以直径为斜边的内接三角形为直角三角形,故有这两条直角边的斜率乘积为 -1. 如果已知椭圆 $\dfrac{x^2}{a^2}+\dfrac{y^2}{b^2}=1\,(a>b>0)$ 长轴两个端点分别为 M、N,点 P 是椭圆上异于 M、N 的任意一点,那么:$k_{MP}\cdot k_{NP}$ 是否为定值呢?

生: 设 $P(x_0,y_0)$ 为椭圆 $\dfrac{x^2}{a^2}+\dfrac{y^2}{b^2}=1$ 上任意一点,$M(-a,0)$,$N(a,0)$ 则有:$k_{MP}\cdot k_{NP}=\dfrac{y_0-0}{x_0+a}\cdot\dfrac{y_0-0}{x_1-a}=\dfrac{y_0^2}{x_0^2-a^2}$;由 $\dfrac{x_0^2}{a^2}+\dfrac{y_0^2}{b^2}=1$ 得到:$y_0^2=-\dfrac{b^2}{a^2}(x_0^2-a^2)$;

故有:$k_{MP}\cdot k_{NP}=-\dfrac{b^2}{a^2}$,为定值.

【设计说明】 本题通过类比猜测的方法启发学生思考、探索,通过小组讨论的方式进行思考交流,最后通过师生双边活动形成解题过程.

例 3 人造地球卫星的运动轨道是一个以地球(将地球看成一个点)为一个焦点的椭圆,某人通过建立直角坐标系(图 4-21),得到的某人造地球卫星的轨道方程为:$\dfrac{x^2}{a^2}+\dfrac{y^2}{b^2}=1$

$(a>b>0)$，$a^2-b^2=c^2$，$c>0$.

试求此人造地球卫星离地球距离的最大值和最小值，并指出相应最值位置.

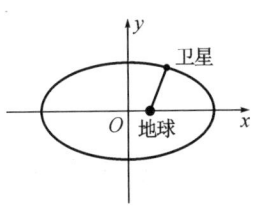

图 4-21

生：设卫星某时刻位于 $P(x_0, y_0)$，地球所在点为椭圆的右焦点 F_2，依题意其坐标为 $F(c, 0)$，记 $|PF_2|=d$，

则 $d=\sqrt{(x_0-c)^2+y_0^2}$，将 $y_0^2=-\dfrac{b^2}{a^2}(x_0^2-a^2)$ 代入整理得 d

$=\sqrt{(x_0-c)^2-\dfrac{b^2}{a^2}(x_0^2-a^2)}=\sqrt{\left(\dfrac{a^2-c^2}{a^2}\right)x_0^2-2cx_0+b^2+c^2}$.

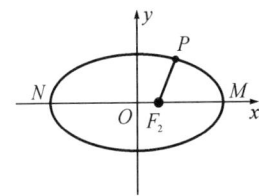

图 4-22

再由 $a^2=b^2+c^2$ 得到：$d=\sqrt{\left(\dfrac{c^2}{a^2}\right)x_0^2-2cx_0+a^2}=\left|a-\dfrac{c}{a}x_0\right|$，

由椭圆的性质知：$x_0 \in [-a, a]$，于是有：$a-\dfrac{c}{a}x_0 \in [a-c, a+c]$，

故 $d(x_0)=a-\dfrac{c}{a}x_0$，$x_0 \in [-a, a]$；因为此函数为单调递减函数，故 $d_{\max}=d(-a)=a+c$，$d_{\min}=d(a)=a-c$，故图 4-22 中的 M，N 分别为近地点和远地点.

例 4 （1）已知椭圆 $\dfrac{x^2}{a^2}+\dfrac{y^2}{b^2}=1$ $(a>b>0)$ 的两个焦点分别为 F_1、F_2，点 P 是椭圆上的任意一点，请指出 $\angle F_1PF_2$ 取最大值时点 P 的位置；

（2）已知椭圆 C：$\dfrac{x^2}{m}+\dfrac{y^2}{2}=1$ 的两个焦点分别为 F_1、F_2，若在 C 存在点 M 满足 $\angle F_1MF_2=120°$，求实数 m 的取值范围.

解 （1）如图 4-23 所示，记 $|PF_1|=r_1$，$|PF_2|=r_2$，$|F_1F_2|=2c$，$\cos\angle F_1PF_2=\dfrac{r_1^2+r_2^2-4c^2}{2r_1r_2}=\dfrac{(r_1+r_2)^2-2r_1r_2-4c^2}{2r_1r_2}$；

又 $r_1+r_2=2a$，得到：$\cos\angle F_1PF_2=\dfrac{4b^2-2r_1r_2}{2r_1r_2}=\dfrac{2b^2}{r_1r_2}-1$.

而 $r_1r_2 \leq \dfrac{(r_1+r_2)^2}{4}=a^2$，故 $\cos\angle F_1PF_2=\dfrac{2b^2}{r_1r_2}-1 \geq \dfrac{2b^2}{a^2}-1$.

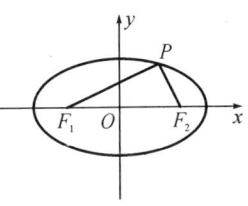

图 4-23

即：$(\angle F_1PF_2)_{\max}=\arccos\left(\dfrac{2b^2}{a^2}-1\right)$，当且仅当 $r_1=r_2=a$，等号成立，也就是点 P 位于短轴的端点位置时，$\angle F_1PF_2$ 取最大值.

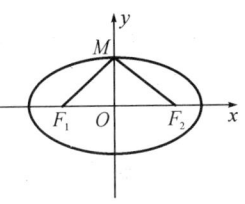

图 4-24

（2）① 当 $m>2$ 时，如图 4-24 所示，由第（1）题得知：当点 M 位于短轴的端点位置时 $(\angle F_1MF_2)_{\max}$，若在 C 存在点 M 满足

$\angle F_1MF_2 = 120°$,则图 4-24 位置的 $\angle F_1MF_2 \geqslant 120°$,即

$\angle OMF_2 \geqslant 60°$,$\cos\angle OMF_2 \leqslant \dfrac{1}{2}$,

$\cos\angle OMF_2 = \dfrac{b}{a} = \sqrt{\dfrac{2}{m}} \leqslant \dfrac{1}{2}$,解得:$m \geqslant 8$.

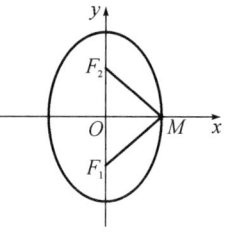

图 4-25

② 当 $0 < m < 2$ 时,如图 4-25 所示,由第(1)题知:当点 M 位于短轴的端点位置时 $(\angle F_1MF_2)_{\max}$,若在 C 存在点 M 满足 $\angle F_1MF_2 = 120°$,则则图 4-25 位置的 $\angle F_1MF_2 \geqslant 120°$,即 $\angle OMF_2 \geqslant 60°$,$\cos\angle OMF_2 \leqslant \dfrac{1}{2}$,$\cos\angle OMF_2 = \dfrac{b}{a} = \sqrt{\dfrac{m}{2}} \leqslant \dfrac{1}{2}$,解得:$0 < m \leqslant \dfrac{1}{2}$.综上得到符合题意的 $m \in \left(0, \dfrac{1}{2}\right] \cup [8, +\infty)$.

【设计说明】 引入这两道例题的目的是为了引导学生用函数的思想方法来研究解析几何问题,并探索与体验以函数方法解决解析几何问题的程序:"选择变量→建立函数关系→解决函数问题→得到解题结果".给学生积累使用函数方法研究解析几何问题的经验,同时在课本的基础上丰富椭圆的基本性质.

3. 课堂小结与布置作业

师: 本节课我们学习了什么?

生: (1) 学习了如何使用定义法与待定系数法求椭圆的标准方程;

(2) 学习了如何用类比和函数方法研究椭圆的基本性质的方法.

【课例点评】 本节习题课不宜面面俱到,但容量也不宜过小,安排 4 道题基本符合教学实际.

例 1 第(1)小题通过师生问答的方式加以解决,同时总结出求椭圆方程的定义法与待定系数法;例 1 第(2)小题通过学生自主解题,希沃拍照、评讲的方式进行完善,借以巩固定义与待定系数法.

例 2 通过类比圆猜测,启发学生思考、探索,通过小组讨论的方式进行思考交流,最后通过师生双边活动解决问题.

通过例 3、例 4,引导学生用函数的思想方法来研究解析几何问题,并探索总结出函数法解决解析几何问题的程序:"选择变量→建立函数关系→解决函数问题→得到解题结果".通过归纳探究,给学生提供了使用函数方法研究解析几何问题经验的借鉴.

本节课属于"解题巩固,探究深化型"课型,通过本节课在课本的基础上丰富了椭圆的基本性质.本节课作为"椭圆的方程和性质"部分章节习题课,按照"习题课过程性教学"的教学方法进行设计和实施,达到了课前设置的 3 个教学目标.

4.2.4 课例4 排列组合的基本方法

【教材内容分析】 本节课是上教版高三数学第二学期(试用本)第十六章第四节(16.4)"组合"教学完成后的一节课.根据进度安排和教学实际情况,将"排列组合"分为10节课.本节课为单独设计的一节解题教学课.排列组合这一部分是极富有生命力的中学数学教学题材.排列组合比较抽象,因而这一部分被认为是高中数学中训练学生思维的好题材,它对培养数学表达能力、数学建模能力、运算求解能力等数学核心能力十分有用.排列组合是现代数学概率论等高等数学的基础,随着大数据的科学发展,概率论得到了广泛的应用,因此排列组合在高中数学教学中已引起足够的重视.

【学生学习情况分析】 高三阶段是学生认知水平从形象过渡到抽象、特殊过渡到一般的比较成熟的时期,在这一时期学生有相当的自主意识,有主动学好数学的愿望,是完善、形成知识体系、掌握分析问题的方法及形成良好思维习惯的一个重要时期.本节课是在学生系统学习了加法原理、乘法原理和排列、组合之后,学生基本掌握了解决单纯的排列和单纯的组合的等最基本方法的情况下进行的,因此通过教师的启发引导,学生能够自主探索完成本节课的学习.但学生面临排列组合混合问题像两个原理和排列、组合的等价转化还十分不够,因此对部分同学仍然面临一定的困难.

【教学目标】
(1) 进一步理解加法原理和乘法原理的异同及排列与组合的异同.
(2) 会灵活运用两个原理和排列组合的方法解决简单的排列组合应用题.
(3) 感受数学建模、数学表达、数学运算求解的过程,掌握排列组合的基本方法.

【教学重点】 两个原理与排列组合的应用.

【教学难点】 两个原理与排列组合的区别和适切应用.

【教学过程】

1. 复习与提问

师: 前面我们学习了两个原理,同学们对这两个原理有何理解?

生: 加法原理对应了对问题分类的方法,乘法原理对应了对问题分步思考的方法.

师: 排列与组合有何区别?

生: 排列有序,组合无序.排列涉及两个"动作":先取后排;而组合只涉及一个"动作":取,是只取不排的.

【设计说明】 通过对两个原理、排列与组合概念的复习,使学生对两组类似概念进行比较、辨析,加深对概念的理解,同时为下面的探索和归纳做好铺垫.基于教学和学生的实际,本节习题课应定位为"示范归纳型".

2. 解题方法探索与总结过程

例1 某次学校艺术节文艺汇演,要将 A、B、C、D、E、F 这6个不同的节目排成节目单,如表 4-2.

表 4-2

序号	1	2	3	4	5	6
节目						

如果 A、B 两个节目要相邻,且都不排在 3 号位,问节目单有多少种不同的排法?

【读题过程】

师:请一同学读题.

生:读题.

师:本题是怎样的一个问题呢?

生:这是 6 个元素有条件地放到 6 个位置的排列组合问题.

【悟题过程】

师:同学们认为这一题将与哪些知识点发生联系呢?

生:可能与两个原理和排列组合知识点有联系.

【探究解题过程】

师:请同学们试试看此题的解法(小组讨论).

【交流与评讲过程】

师:请同学们讲出自己的解题过程.

解法一 A、B 两个节目可以排在 1、2 号位或者排在 4、5 号位或者排在 5、6 号位.

① 当 A、B 两个节目可以排在 1、2 两个位置上时,节目单不同的排法种数为 $N_1 = P_2^2$(排 A,B)P_4^4(排 C,D,E,F). ② 当 A、B 两个节目可以排在 4、5 两个位置上时,节目单不同的排法种数为 $N_2 = P_2^2$(排 A,B)P_4^4(排 C,D,E,F). ③ 当 A、B 两个节目可以排在 5、6 两个位置上时,节目单不同的排法种数为 $N_3 = P_2^2$(排 A,B)P_4^4(排 C,D,E,F). 故节目单不同的排法种数为:$N = N_1 + N_2 + N_3 = 3P_2^2 P_4^4 = 144$ 种.

【提炼方法】

师:本方法从加法原理(即分步的角度)出发,使用了分类解题的策略,此种方法我们把它叫做直接法.

解法二 将 A、B 两个节目看成一个整体,再与 C、D、E、F 进行全排得到的结果减去 A、B 两个节目之一排在 3 这个位置上的情况(A、B 两个节目在 2、3 和 3、4 两个情况),故节目单不同的排法种数为:$N = P_2^2 P_5^5 - 2P_2^2 P_4^4 = 144$ 种.

【提炼方法】

师:本方法从加法原理(即分类的角度)出发,使用了分步和正难则反、总体淘汰的策略,此种方法我们把它叫做间接法或排除法.第一个步骤将 A、B 两个节目看成一个整体的方法叫做相邻问题捆绑法.

例 2 某次学校艺术节文艺汇演,要排一张有 6 个歌唱节目和 4 个舞蹈节目的演出节目单,任何两个舞蹈节目不得相邻且次序确定,有多少不同的排法?

【读题过程】

师:请一同学读题.

【悟题过程】

师:本题是怎样的一个问题呢?

生:这是 10 个元素有条件地放到 10 个位置的排列组合问题.

【探究解题过程】

师:请同学们试试看此题的解法(小组讨论).

【交流与评讲过程】

师:请同学们讲出自己的解题过程.

解法一 先将 6 个歌唱节目排好,其不同的排法为 P_6^6 种,这 6 个歌唱节目的空隙及两端共 7 个位置中再排 4 个舞蹈节目,有 C_7^4 种排法.由分步计数原理可知,任何两个舞蹈节目不得相邻的排法为 $C_7^4 P_6^6 = 25\,200$ 种不同方法.

解法二 先将 6 个歌唱节目排好,其不同的排法为 P_6^6 种,这 6 个歌唱节目的空隙及两端共 7 个位置中再排 4 个舞蹈节目(不管它们次序确定),有 P_7^4 种排法.由分步计数原理可知,不管 4 个舞蹈节目次序确定条件的排法为 $P_7^4 P_6^6$ 种不同方法,而 4 个舞蹈节目次序共有 P_4^4 种,故任何两个舞蹈节目不得相邻的排法为 $\dfrac{P_7^4 P_6^6}{P_4^4} = 25\,200$ 种不同方法.

【提炼方法】

师:先将 6 个歌唱节目排好,这 6 个歌唱节目的空隙及两端共 7 个位置中再排 4 个舞蹈节目,使得 4 个舞蹈节目不相邻的这种方法叫做不相邻问题的插入法.

例 3 将 4 名大学生分配到 3 个乡镇去当村官,每个乡镇至少 1 名,问不同的分配方案有多少种?

【读题过程】

师:请一同学读题.

【悟题过程】

师:本题是怎样的一个问题呢?

生:这是 4 个元素有条件地放到 3 个位置的排列组合问题.

【探究解题过程】

师:请同学们试试看此题的解法(小组讨论).

【交流与评讲过程】

师:请同学们讲出自己的解题过程.

解法一 第一步,考虑有 2 个人的乡镇,从 3 个乡镇取 1 个,再派 2 个人去有 $C_3^1 C_4^2$ 种方法;第二步,排 2 个 1 个人的乡镇,故不同的分配方案有 $(C_3^1 C_4^2)P_2^2 = 36$ 种.

解法二 从 4 个人中取 3 个人先分到 3 个乡镇有 $C_4^3 P_3^3$ 种方法,再将剩下的 1 个人分到 1 个乡镇有 C_3^1 种方法,可知,不同的分配方案有 $(C_4^3 P_3^3)C_3^1 = 72$ 种.

解法三 第一步,4 个人分 3 堆,2 堆 1 个人、1 堆 2 个人有 C_4^2 种方法;第二步,将 3 堆分到 3 个乡镇有 P_3^3 种方法,故不同的分配方案有 $C_4^2 P_3^3 = 36$ 种.

解法四 第一步,4 个人分 3 堆,2 堆 1 个人、1 堆 2 个人有 $C_4^1 C_3^1 C_2^2$ 种方法;第二步,将 3 堆分到 3 个乡镇有 P_3^3 种方法,故不同的分配方案有 $C_4^1 C_3^1 C_2^2 P_3^3 = 72$ 种.

师:上面 4 种解法得到 2 个结果,到底哪一个错了呢?

生:解法二错了,比如去 2 个人的乡镇去的是甲乙两人,按照解法二的排法,甲乙就有先后次序,而实际上,甲乙不会有次序,故解法二错误.若拿掉甲乙次序,即除以 2 就对了.

解法四也错了,分堆只是取,不能有序,分堆的 $C_4^1 C_3^1$ 就存在序了,若拿掉 1 个形成堆的次序,得到 $\left[\dfrac{C_4^1 C_3^1 C_2^2}{P_2^2}\right] P_3^3 = 36$ 就对了.

【提炼方法】

师:像解法一,第一步就考虑有两人的乡镇的方法叫做特位优待法.

例 4 (特元优待)我国的第一艘航空母舰"辽宁舰"在某次舰载机起降飞行训练中,有 5 架"歼-15"飞机准备着舰,如果乙机不能最先着舰,而丙机必须在甲机之前着舰(不一定相邻),那么不同的着舰方法有多少种?

【读题过程】

师:请一同学读题.

【悟题过程】

师:本题是怎样的一个问题呢?

生:这是 5 个元素有条件地放到 5 个位置,相当于填一个有 5 个空位的表格的有条件的排列组合问题.

【探究解题过程】

师:请同学们试试看此题的解法(小组讨论).

【交流与评讲过程】

师:请同学们讲出自己的解题过程.

解法一 5 架"歼-15"飞机着舰的方法共有 P_5^5 种方法,乙机最先着舰共有 P_4^4 种方法,如果乙机不能最先着舰,而丙机必须在甲机之前着舰(不一定相邻)有 $\dfrac{P_5^5 - P_4^4}{2} = 48$ 种.

解法二 第一步排乙有 C_4^1 种方法,第二步排丙甲有 C_4^2 种方法,
$N = C_4^1(乙)C_4^2(丙甲)P_2^2(其余) = 48$ 种.

【提炼方法】

师：像解法二，第一步优先考虑乙机的方法叫做特元优待法.

例5 将4个相同的白球、5个相同的黑球、6个相同的红球放入4个不同盒子中的3个中，使得有1个空盒且其他盒子中球的颜色齐全的不同放法有多少种？

【读题过程】

师：请一名同学读题.

【悟题过程】

师：本题是怎样的一个问题呢？

生：这是15个元素有条件地放到3个口袋中（口袋中的元素无序）的排列组合问题.

【探究解题过程】

师：请同学们试试看此题的解法（小组讨论）.

【交流与评讲过程】

师：请同学们讲出自己的解题过程.

解法一 第一步，先从4个盒子中选3个放置小球的盒子有 C_4^3 种方法；第二步，将4个白球分成1、1、2三组分别放入3个盒子，有 C_3^1 种放法（因为小球完全相同，所以可以从3个盒子中选一个放2个小球）；第三步，将5个黑球分成1、1、3三组或者2、2、1三组分别放到3个盒子中，各有 C_3^1 种放法；第四步，将6个红球分成2、2、2或者1、2、3或者1、1、4三组，放到3个盒子中分别有1种、P_3^3 种、C_3^1 种放法.由分步的乘法原理可得 $C_4^3 C_3^1 (C_3^1 + C_3^1)(1 + P_3^3 + C_3^1) = 720$ 种.

解法二 第一步，先从4个盒子中选3个放置小球的盒子，有 C_4^3 种方法；第二步，注意到小球都是相同的，不妨给选出的盒子中分别放置3种颜色的小球各1个，先保证每个盒子中球的颜色齐全，现在剩下了1个白球、2个黑球、3个红球；第三步，1个白球有 C_3^1 种放法，2个黑球可能放到1个盒子里也可能分别放到2个盒子里，有 $C_3^1 + C_3^2$ 种放法，3个红球放到1个盒子里有 C_3^1 种放法，放到2个盒子里必然分成1、2两组，有 P_3^2 种放法，放到3个盒子里只有1种方法.由乘法原理可得 $C_4^3 C_3^1 (C_3^1 + C_3^2)(1 + P_3^2 + C_3^1) = 720$ 种.

解法三 第一步，先从4个盒子中选3个放置小球的盒子，有 C_4^3 种方法；第二步，注意到小球都是相同的，我们可以采用隔板法.为了保证3个盒子中球的颜色齐全，可以在4个相同的白球、5个相同的黑球、6个相同的红球所产生的3个、4个、5个空档中分别插入2个板，各有 C_3^2、C_4^2、C_5^2 种方法，由乘法原理可得 $C_4^3 C_3^2 C_4^2 C_5^2 = 720$ 种.

【提炼方法】

师：像解法三中的第二步，在相同小球之间插入2块板的方法叫做隔板法.

3. 课堂小结与布置作业

生：学生小结：(1) 本节课通过5个例题，学习了使用两个原理和排列组合知识解决排列组合的混合问题的方法.

(2) 通过例1总结出直接法、间接法及相邻问题捆绑法.

(3) 通过例2总结出不相邻问题的插入法.

(4) 通过例3总结出特殊位置优待法.

(5) 通过例4总结出特殊元素优待法.

(6) 通过例5总结出隔板法.

师： 总结得很好，对一个问题的研究方法往往并不唯一，其实排列组合也是如此. 在排列组合问题中，根据问题的实际，往往我们还可以做其他的联想、探索和转化，其中的方法多种多样，这些还需要同学们不断地去探索发现，并加以归纳.

【课例点评】

(1) 通过丰富有趣的、学生熟悉的典型案例，开展教学活动. 5道例题分别涉及节目排序、大学生下乡挂职安排、歼-15战机在航母着舰次序等熟悉的案例，提高了学生的学习兴趣，同时也渗透了国情教育；通过设计探索情境式学习方式与课堂教学过程将知识学习与真实生活连接起来，在"做实事、实做事"中学习，真切感受到知识的意义在实际应用中的价值.

(2) 通过层次清楚的案例，实施教学过程. 从例1到例5，从难度上看层层递进，达到了面向全体、因材施教的目标，从方法的选择看也是由浅到深的进级过程.

(3) 在本节课的教学中，努力实践探索自主探究与小组合作的学习方式，通过师生、生生交流，体会、总结、反思探究问题的过程，体验了研究性学习数学的方法，达到了自然而然地提炼排列组合的基本方法的过程效果，使得学生对方法的来龙去脉清晰明了，提高了学生掌握基本方法的效率，优化了"示范归纳型"习题课的过程性教学，同时通过教学，渗透了分类讨论、等价转化等数学思想方法.

第 5 章 复习课过程性教学探析

5.1 注重梳理 夯实复习课的过程性教学

高中数学复习课是学生在学完高中数学的某一个单元或全部内容后,在教师的引导下进行的一次系统的、全面的回顾和整理.其目的是达到将各个部分的知识进行整合,构建知识的结构体系,形成整体认识框架,进一步完善学生的认知结构,是提高学生综合应用知识分析和解决问题能力的过程.数学复习课可以以阶段性的标准来划分,可分为:①章节复习课;②学期复习课;③总复习课.不同阶段的学生对知识的认知和理解水平以及能力水平是不一样的,因此复习方法是有一定的区别的.数学复习课的基本流程是:①明确复习目标要求;②对知识进行梳理;③课堂例题讲练;④课后作业巩固;⑤作业批改反馈及纠正等过程.在前面4个过程中,千万不能成为教师展示自我的舞台,而是要让学生成为学习的主人,要放手发动学生积极参与学习的每一个环节,要切实落实好以学生为主体的复习课的过程性教学策略.

5.1.1 以学生为主体的知识网络的自我构建

在知识梳理阶段,教师要按照以下程序进行教学:①引导学生主动对本章节的知识进行回顾;②由学生自主建立知识框架图;③通过交流展示,师生共同完善知识框架图.

章节复习课的知识点梳理要依照知识发生和发展的过程,体现本章节的主体内容,同时要体现章节知识整体的视角.学期复习课的知识点的梳理除了要依照知识发生和发展的过程,体现本章节的主体内容外,同时要注意章节之间的横向联系,建立学期章节知识整体的较大视角.例如在不等式的章节学完后可以绘制知识框图 1(图 5-1).

在期末的不等式的复习中,因学生已学习过函数,可以指导学生结合函数画这样的知识框图(图 5-2).梳理总复习课的知识点,除了依照知识发生和发展的过程建立本章节的主体

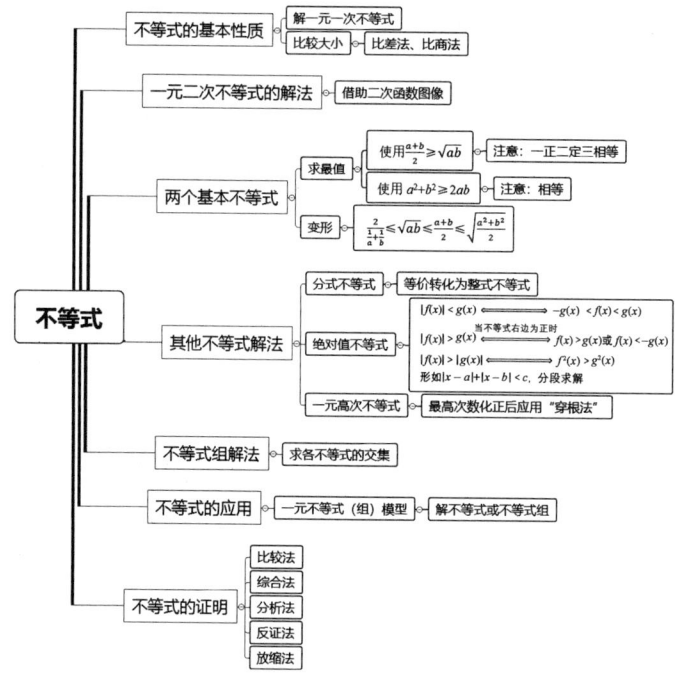

图 5-1　知识框图 1

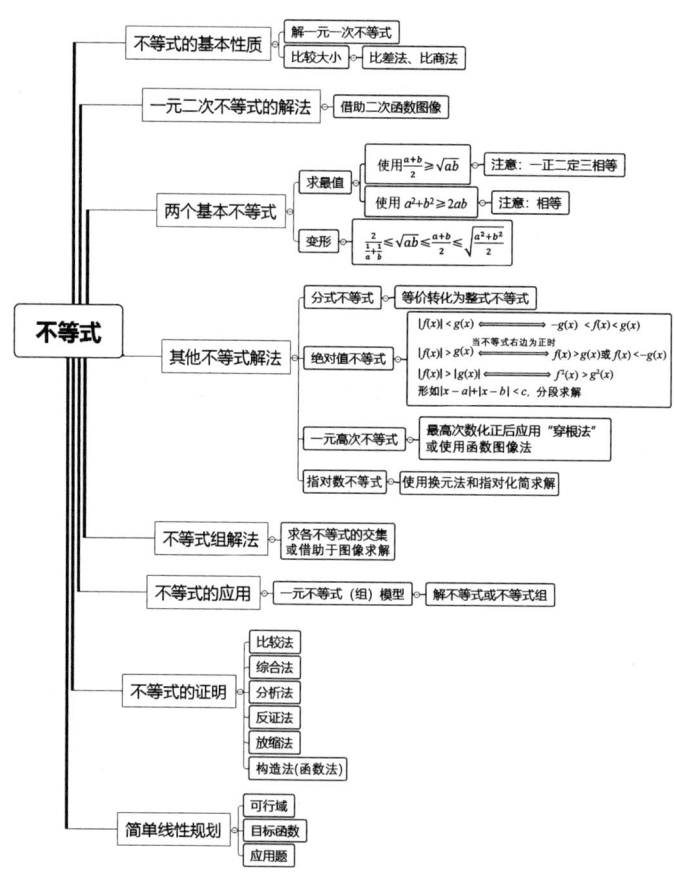

图 5-2　知识框图 2

内容外,同时应注意章节之间更大范围的横向联系,建立高中阶段章节知识整体的更大的视角.如在不等式章节的总复习中,还可以建立不等式与函数的横向联系,画出框图 2(图 5-3).

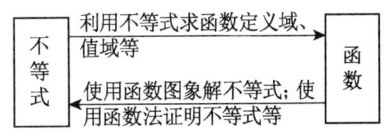

图 5-3　知识框图 3

5.1.2　以学生为主体的解题思路的自我探究

要从学生的实际情况出发精选例题与习题,使得不同层次和水平的学生都能得到提升.无论是例题还是课后练习的选择,都要遵循由浅入深、由简到繁、循序渐进的原则,要让全体学生都能参与进来,这样才能使面向全体成为现实.要有目的地选取一定数量的一题多解、一题多变的问题让学生去思考,培养他们主动联系、发散思维的习惯,从而使学生特别是学有余力的学生的发展得到保障,以期达到探索能力的提升,最终实现全体学生不同程度的提升,达到既面向全体又能因材施教的目的.

例题 1　函数 $f(x) = \dfrac{x^2 + 4x + 3}{x - 6}$ 的值域为 _____.

师:请同学们谈谈有理分式函数求值域的思路.

生:(1) 根据分式分母次数低于分子次数(或分母次数高于分子次数)特点,通过换元去简化分式,使用图像法和不等式法加以解决.

(2) 把有理分式函数值域转化为关于元 x 的二次方程有解的讨论.

通过以上学生解题方法的自我探究,获得 3 种解法如下.

解法 1　本题一般首先想到的是换元法:令 $t = x - 6$,得到外函数 $y(t) = \dfrac{(t+6)^2 + 4(t+6) + 3}{t} = t + \dfrac{63}{t} + 16$.

然后由图像法得到:$y \in (-\infty, 16 - 6\sqrt{7}] \cup [16 + 6\sqrt{7}, +\infty)$.此种解法是最常规的,绝大部分同学都可以参与进来.

解法 2　在解法 1 的基础上,还可以使用不等式来解决:
$$y(t) = \dfrac{(t+6)^2 + 4(t+6) + 3}{t} = t + \dfrac{63}{t} + 16.$$

由 $\left| t + \dfrac{63}{t} \right| = |t| + \dfrac{63}{|t|} \geqslant 2\sqrt{|t| \cdot \dfrac{63}{|t|}} = 6\sqrt{7}$,

得到 $t + \dfrac{63}{t} \leqslant -6\sqrt{7}$ 或 $t + \dfrac{63}{t} \geqslant 6\sqrt{7}$,从而有 $y \in (-\infty, 16 - 6\sqrt{7}] \cup [16 + 6\sqrt{7}, +\infty)$.

此种解法中等水平以上的同学比较容易想到,故此种方法的讨论中等水平及以上的同学可以参与进来.但绝对值的处理往往只能考虑到大于零的部分,解决这个问题,我们可以通过设计下列过程加以解决.

师：以上解法使用了怎样的理论依据？

生：若 $a, b \in \mathbf{R}$，则 $|a+b| \leqslant |a|+|b|$.

师：很好！那么什么时候可以取等号呢？

生：$ab \geqslant 0$

师：为什么？

生：因为 $|a+b|=|a|+|b| \Leftrightarrow (|a+b|)^2 = (|a|+|b|)^2 \Leftrightarrow |ab| = ab \Leftrightarrow ab \geqslant 0$，而 $t \cdot \dfrac{63}{t} > 0$，故等号可以取到.

师：很好.

解法 3 本题学生可能使用 Δ 法：$x^2 + (4-y)x + 6y + 3 = 0$，得到 $\Delta \geqslant 0$，从而有 $\Delta = (4-y)^2 - 4(6y+3) \geqslant 0$，得到 $y^2 - 32y + 4 \geqslant 0$，解得 $y \in (\infty, 16 - 6\sqrt{7}] \cup [16 + 6\sqrt{7}, +\infty)$. 此种方法一般学生可能不易想到，通过此种方法的讨论，使得学有余力的同学得到一定的发展，特别是此种方法的解法依据一般学生是不清楚的，要解决这个问题，我们可以通过设计下列过程加以解决.

师：以上解法使用了怎样的理论依据？

生：根据函数的定义，任何函数的定义域都是非空的，因此关于 x 的一元二次方程 $x^2 + (4-y)x + 6y + 3 = 0$ 始终有解，由 $\Delta \geqslant 0$ 就可以得到解.

本题还可以通过修改定义域，得到以下问题：

① 函数 $f(x) = \dfrac{x^2 + 4x + 3}{x - 6}$，$x \in (6, +\infty)$ 的值域为_____；

② 函数 $f(x) = \dfrac{x^2 + 4x + 3}{x - 6}$，$x \in (-\infty, -2)$ 的值域为_____；

③ 函数 $f(x) = \dfrac{x^2 + 4x + 3}{x - 6}$，$x \in (-\infty, -4) \cup [1, 5]$ 的值域为_____，等.

同时，还可以讨论诸如不等式法和 Δ 法是否可以使用等问题. 通过一题多变的这些问题引导学生的发散思维，培养学生的探索能力.

要鼓励学生以积极的态度主动参与到解决课堂中每一道例题的过程中去. 凡是学生能够完成的例题尽量让学生自主完成，多给学生展示的机会. 这样做可以让学生体会探索与思考的乐趣，以期达到主动建构知识网络、体会基本数学方法的由来、感悟数学思想的目的，同时为师生交流和课堂的及时评价提供了很好的机会.

5.1.3 以学生为主体的解题方法的自我总结

通过以学生为主体的解题思路的自我探究过程，学生已获得一定的解题经验. 复习课是要通过特殊问题的解决，使学生自主提炼一类问题的解决方法，从而达到"解一题通一类题"

的效果.通过像例题1这一类典型问题的解决,提炼出这一类求函数值域的解法,同时为方法的适应性提供了很好的研究载体.因为解决问题的方法的理论依据不一样,因而各种方法区别较大.而这些方法到底区别在哪里,只有通过以学生为主体的解题方法的自我总结,学生才知道有些方法的局限性(如 Δ 法的局限性等),才能灵活而准确地解决相关问题.只有通过自我总结才能加深对方法的理解,从而使这些方法真正成为学生自己的方法.

由于复习课的设置是在学生学完某一个单元或全部内容后进行的,相比平时的某一个知识点的教学来说,学生的知识面更广、方法更加丰富,因而学生可以建立知识之间更广泛的联系.通过以学生为主体的解题思路的自我探究,将平时在每一个知识点的解题教学中习得的方法建立新的联系,使得方法结网,促进新的原理发现,获得解决后续问题的认知策略.

例题 2 已知定义在 R 上的奇函数 $f(x)$ 满足:$f(x+2)=-f(x)$,且当 $0 \leqslant x \leqslant 1$ 时 $f(x)=\log_2(x+a)$.若对于任意 $x \in [0,1]$,都有 $f\left(-x^2+tx+\dfrac{1}{2}\right) \geqslant 1-\log_2 3$,求实数 t 的取值范围.

解 第一步,由 $f(0)=0$,求得 $a=1$;第二步,求 $x \in [-1,0]$ 时的解析式:$f(x)=-\log_2(1-x)$;第三步,根据对称性和周期性等画出函数图像;第四步,由方程得到函数 $y=f(x)$ 与函数 $y=1-\log_2 3$ 的 $x \in [-1,3]$ 两个交点的横坐标 $-\dfrac{1}{2}$,$\dfrac{5}{2}$;第五步,由二次函数 $N(x)=-x^2+tx+\dfrac{1}{2}$ 在 $x \in [0,1]$ 的值域必为 $[a,b]$ ($a<b$) 形式和 $N(0)=\dfrac{1}{2}$ 等价得到:$-\dfrac{1}{2} \leqslant -x^2+tx+\dfrac{1}{2} \leqslant \dfrac{5}{2}$ 恒成立;第六步,通过分离参数得到:$t \in [0,3]$.在解决这个问题中,就涉及多种方法的综合,只有在对每种方法理解的基础上,同时建立了方法之间的联系之后,才能使得方法顺利结网,才能得到关键的第五步方法的正确选择,获得解题策略,才能顺利完整、准确地解决这一问题.

5.1.4 以学生为主体的数学思想方法的体验

数学思想包括了:函数与方程的思想、数形结合的思想、分类与讨论的思想和转化与化归的思想等.数学方法包括:图像法、代入法、数学归纳法、配方法、待定系数法和放缩法等.高中数学教学中处处都渗透着数学思想方法,数学思想方法以独特的方式融合在数学知识体系中,因此这些思想与方法的内化是要在知识的建构和问题的解决过程中不断体验和感悟逐渐建立和总结出来的.

例题 3 已知函数 $f(x)=4-\dfrac{1}{x}$,若存在区间 $[a,b] \subseteq \left(\dfrac{1}{3},+\infty\right)$,使得 $\{y \mid y=f(x), x \in [a,b]\}=[ma,mb]$,则实数 m 的取值范围是_____.

师：请同学们谈谈求变量范围的思路.

生：①通过解含变量的不等式得到；②通过求函数的值域得到；③通过构造常值函数，利用数形结合的方法得到等. 这些方法的解题过程的演绎，往往可以借助等价转化法进行推理.

通过以上学生解题方法的自我探究并实施解题的过程，学生可尝试方法的应用、体验方法的应用过程.

解 本题通过函数的图像知：函数 $f(x)$ 在 $\left(\dfrac{1}{3},+\infty\right)$ 上是单调递增的，而 $[a,b] \subseteq \left(\dfrac{1}{3},+\infty\right)$，故 $f(x)$ 在 $[a,b]$ 上是单调递增的. 由 $f(x) \in [f(a),f(b)] = [ma,mb]$，从而使问题等价转化为关于 x 的方程：$4-\dfrac{1}{x}=mx$，它有两个不相等的大于 $\dfrac{1}{3}$ 的根. 令 $t=\dfrac{1}{x}$，从而问题进一步转化为常值函数：$y(t)=m$ 与函数 $s(t)=-t^2+4t$，$t\in(0,3)$，它有两个不同交点的问题，于是得到：$m \in (3,4)$.

本问题中蕴含了数形结合和等价转化的数学思想以及换元法和图像法等数学方法. 只要我们像这样在一个一个的教学过程中坚持"以学生为主体的数学思想方法的体验"的做法，并通过不断总结提炼，长此以往学生就会领悟数学思想方法，提高对数学思想方法的认识，实现自我跨越，感悟数学思想方法的真谛.

5.2 复习课 过程性教学课例剖析

5.2.1 课例1 等比数列(高三复习课)

【教材内容分析】 本节是上教版高二数学第一学期(试用本)第七章第三节(7.3)"等比数列". 根据教学实际情况，将"等比数列"复习安排为 2 个课时，这是第一课时. 本节课的主题为："梳理等比数列的知识点，自主构建知识网络. 经历等比数列的概念性质、公式形成过程的回顾，体会与等比数列有关的数列问题的解决方法". 等比数列是数列章节的核心内容，数列又是高中数学的核心内容，是高等数学的基础.

【学生学习情况分析】 在本节课之前，学生已经比较完整地学习了数列章节，复习了等差数列，因此学生积累了一定的研究数列的经验，学生可以通过类比研究等差数列的方法进行学习. 由于本部分与函数等内容的联系较强，加之本部分内容抽象、逻辑性强、运算烦琐，因此对学生来说是学习的一个难点.

【教学目标】

(1) 梳理等比数列的知识点,自主构建知识网络.

(2) 掌握等比数列的概念、通项公式与前 n 项和的公式.

(3) 体验用类比的思想方法研究相关问题的过程.

【教学重点】 等比数列的概念、通项公式与前 n 项和的公式.

【教学难点】 灵活使用等比数列的概念、通项公式与前 n 项和的公式解决相关问题.

【教学过程】

1. 知识网络的自我构建

【设计说明】 作为高三的复习课,学生的知识网络构建和知识梳理要采取自主的方式来完成. 这样的安排基于两方面的考虑:一方面,相关内容学生已经学习过,教师再来梳理往往就将复习课变为新课的再现,结果是教师滔滔不绝、口干舌燥,学生昏昏欲睡、索然无味;另一方面,只有通过学生自主梳理和建构知识网络,才能达到理顺和扩张自己的知识结构的目标 (图 5-4). 为了解和提高建构与梳理的效果,作为课的开始,留一点时间给学生进行交流,教师进行评价是非常必要的.

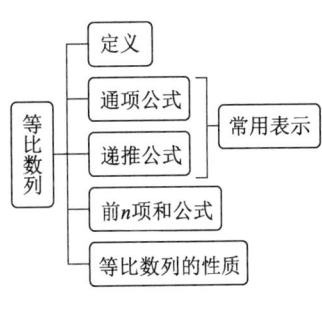

图 5-4

2. 课前准备

请同学们完成下列各题.

(1) 已知数列 $\{a_n\}$ 的通项公式为 $a_n = 3^{2n-1}$,如果 $b_n = a_{n+1} - 2a_n$,$c_n = a_{n+1} \cdot a_n$,问数列 $\{b_n\}$,$\{c_n\}$ 是否能构成等比数列?如果是等比数列,请求出其前 n 项和. (课本练习改编)

(2) 我们知道满足条件:若对任意 $n \in \mathbf{N}^*$,有 $\dfrac{a_{n+1}}{a_n} = q$ ($q \neq 0$,q 为常数),确定的数列 $\{a_n\}$ 是等比数列. 请想一想还有哪些类似的条件可以确定数列 $\{a_n\}$ 为等比数列?请说明理由.

(3) 我们知道:有通项公式的数列,其通项公式可以表示为:$a_n = f(n)$,$n \in D$,$D \subseteq \mathbf{N}^*$,也就是说数列也是函数. 那么对于首项为 a_1、公比为 q 的数列满足怎样的条件才能是单调递增数列?

【设计说明】 以上 3 个问题是上节课结束之后布置的 3 个涵盖等比数列的定义、性质、前 n 项和等的基本问题. 问题基本都来源于课本,第(1)题就是根据课本练习改编而成的;第(2)、第(3)两题是根据等比数列的概念设计的,是必须要开动脑筋思考的问题. 通过以上问题的自主解决,使学生主动回归课本,查阅笔记和资料,同时也为提高学生对知识点的梳理和知识网络的构建提供推动力.

3. 课堂交流

交流第(1)题.

(1) 已知数列 $\{a_n\}$ 的通项公式为 $a_n = 3^{2n-1}$,如果 $b_n = a_{n+1} - 2a_n$,$c_n = a_{n+1} \cdot a_n$,问数

列 $\{b_n\}$，$\{c_n\}$ 是否能构成等比数列？如果是等比数列，请求出其前 n 项和.（通过交流，挑选答案不同的同学的解题过程，通过希沃进行交流）

生：$b_n = a_{n+1} - 2a_n = 3^{2(n+1)-1} - 2 \cdot 3^{2n-1} = 7 \cdot 3^{2n-1}$，$\dfrac{b_{n+1}}{b_n} = \dfrac{7 \cdot 3^{2(n+1)-1}}{7 \cdot 3^{2n-1}} = 3^2 = 9 \neq 0$，故数列 $\{b_n\}$ 是以 21 为首项，9 为公比的等比数列. 其前 n 项和为：$S_n = \dfrac{21 \cdot (1 - 9^n)}{1 - 9} = \dfrac{21}{8}(9^n - 1)$. $c_n = a_{n+1} \cdot a_n = 3^{2(n+1)-1} \cdot 3^{2n-1} = 3^{4n}$，$\dfrac{c_{n+1}}{c_n} = \dfrac{3^{4(n+1)}}{3^{4n}} = 3^4 = 81 \neq 0$，故数列 $\{c_n\}$ 是以 81 为首项，81 为公比的等比数列. 其前 n 项和为：$S_n = \dfrac{81 \cdot (1 - 81^n)}{1 - 81} = \dfrac{81}{80}(81^n - 1)$.

在拍照展示时，基础较差的同学就出现了将数列 $\{b_n\}$ 是以 7 为首项、3 为公比的错误，以上是另一名中等同学的解题过程.

【设计说明】 要针对基础较差同学出现的问题及时进行纠正. 在展示环节，要选择一名基础差的同学和一名中等的同学完成的过程进行展示，目的是落实"教学必须要面向全体，要让每一个学生都能得到发展"的教学要求，同时通过交流，达到互相激励，共同进步的作用.

师：类比本题你能得到怎样的结论？（学生回答踊跃）

生：若 $\{a_n\}$ 为等比数列，$b_n = a_{n+1} + a_n$，则 $\{b_n\}$ 为等比数列.

接着就有学生回答不同意以上回答.

生：必须加上 $b_n \neq 0$ 的条件，这样才能满足等比数列的定义.

师：很好！条件还能简洁点吗？

生：可以，因为 $b_n = a_{n+1} + a_n = a_n(q + 1)$，故条件可以等价变为：$q \neq -1$.

师：还有不同的结论吗？

生：若 $\{a_n\}$ 为等比数列，则 $\{pb_n\}(p \neq 0)$，$\{a_n^2\}$，$\left\{\dfrac{1}{a_n}\right\}$ 均为等比数列.

【设计说明】 以上结论在复习时往往是教师直接给出或由学生不假思索地回答出，这两种方式都没有经过大脑思考，这样的复习印象不深，效果较差. 通过上述过程，学生动脑、集体合作解决，当然效果更好.

交流第(2)题.

(2) 我们知道满足条件：若对任意 $n \in \mathbf{N}^*$，有 $\dfrac{a_{n+1}}{a_n} = q$（$q \neq 0$，q 为常数），确定的数列 $\{a_n\}$ 是等比数列，请想一想还有哪些类似的条件可以确定数列 $\{a_n\}$ 为等比数列？请说明理由.

师：谁想回答这个问题？（话音刚落，学生踊跃举手）

生 1: $a_n = cq^n$ (c, q 均不为零),理由: $\dfrac{a_{n+1}}{a_n} = q$. 由等比数列定义推得.

生 2: $a_{n+1}^2 = a_n a_{n+2}$, ($a_n \neq 0, n \in \mathbf{N}^*$),理由: $\dfrac{a_{n+2}}{a_{n+1}} = \dfrac{a_{n+1}}{a_n}$. 将 $n = 1, 2, 3, 4, \cdots$ 代入得到: $\dfrac{a_2}{a_1} = \dfrac{a_3}{a_2} = \dfrac{a_4}{a_3} = \cdots = \dfrac{a_{n-1}}{a_{n-2}} = \dfrac{a_n}{a_{n-1}}$,由等比数列定义推得.

生 3: $S_n = a(q^n - 1)$, $q \neq 0, q \neq 1, a \neq 0$,理由: $a_1 = S_1 = a(q-1) \neq 0$. 当 $n \geqslant 2$ 时, $a_n = S_n - S_{n-1} = a(q-1)q^{n-1}$, $\dfrac{a_2}{a_1} = q$, $n \geqslant 2$ 时, $\dfrac{a_n}{a_{n-1}} = q$,由等比数列定义推得.

【设计说明】 设计本题的目的是通过学生自主解题的过程,加深对等比数列概念的理解,同时经历定义法的解题过程,提高数学推理需注意逻辑起点的意识.

交流第三题.

(3) 我们知道:有通项公式的数列,其通项公式可以表示为: $a_n = f(n), n \in D, D \subseteq \mathbf{N}^*$,也就是说数列也是函数.那么对于首项为 a_1,公比为 q 的数列满足怎样的条件才能是单调增数列?

学生 1: $a_1 > 0, q > 1$,理由:列出数列 $\{a_n\}$: $a_1, a_1 q, a_1 q^2, a_1 q^3, a_1 q^4, \cdots$ 一项比一项大,故 $\{a_n\}$ 是增数列.

师: 请大家看看有问题吗?

生 2: 条件是对的,但证明不够严谨.应该使用定义法: $a_{n+1} - a_n = a_1 q^n - a_1 q^{n-1} = a_1(q-1)q^{n-1} > 0$,故 $\{a_n\}$ 是增数列.

师: 很好! 能得到更一般的条件吗?

(学生感到比较困难,由师生共同完成以下过程)要使得数列 $\{a_n\}$ 单调递增,只要 $a_1(q-1)q^{n-1} > 0$ 恒成立, q 不能小于零,否则数列 $\{a_n\}$ 为摆数列,故 $q > 0$,条件变为 $a_1(q-1) > 0$ 即可,故条件应该为: $\begin{cases} a_1 > 0 \\ q > 1 \end{cases}$ 或者 $\begin{cases} a_1 < 0 \\ 0 < q < 1 \end{cases}$.

【设计说明】 列举不能算证明,证明要使用定义,要使学生明白这个道理.以上过程尽量让学生完成,不能完成的部分可以通过师生双边活动的方式完成.设计以上环节,目的是促成学生自主评价,因为通过这样的形式可以促成学生进行深度学习.

3. 解题方法自主应用

例 1 已知等比数列 $\{a_n\}$ 的前 n 项和为 S_n,其中 $S_2 = 7, S_6 = 91$,求 S_4.

小组代表 1:

(基本量法)记数列 $\{a_n\}$ 的公比为 q. 当 $q = 1$ 时, $\{a_n\}$ 为常数列,由条件得到 $\begin{cases} 2a_1 = 7 \\ 6a_1 = 91 \end{cases}$,矛盾.

当 $q \neq 1$ 时,由条件得到 $\begin{cases} \dfrac{a_1(1-q^2)}{1-q} = 7 \\ \dfrac{a_1(1-q^6)}{1-q} = 91 \end{cases}$,消元得到:$7q^4 + 7q^2 - 84 = 0$,解之得:$q^2 = 3$ 或者 $q^2 = -4$(舍去),故 $\dfrac{a_1}{1-q} = -\dfrac{7}{2}$,$S_4 = \dfrac{a_1}{1-q}[1-(q^2)^2] = -\dfrac{7}{2}(1-9) = 28$.

小组代表2:

(性质解法)记数列 $\{a_n\}$ 的公比为 q,$S_2 = 7 \neq 0$,$\dfrac{S_4 - S_2}{S_2} = \dfrac{a_3 + a_4}{a_1 + a_2} = q^2$,$\dfrac{S_6 - S_4}{S_4 - S_2} = \dfrac{a_5 + a_6}{a_3 + a_4} = q^2$. 故有:$\dfrac{S_4 - S_2}{S_2} = \dfrac{S_6 - S_4}{S_4 - S_2}$,于是有:$\dfrac{S_4 - 7}{7} = \dfrac{91 - S_4}{S_4 - 7}$,得到 $S_4^2 - 7S_4 - 588 = 0$,$S_4 = 28$ 或者 -21.

师: 两人的答案不一样,显然小组代表2答案是错误的,那么多出的答案,使用什么理由将其舍去呢?

生: 因为 $\dfrac{S_6 - S_4}{S_4 - S_2} = q^2$,若 $S_4 < 0$,则 $\dfrac{S_6 - S_4}{S_4 - S_2} < 0$,与 $q^2 > 0$ 矛盾,故 $S_4 > 0$,因此 $S_4 = 28$.

【**设计说明**】 本问题是由一道常见的选择题改编而成,其选项的设置里不含负值,原题实际上大大地降低了思维含量,学生一般都采纳第二种解法一解了之. 像第二种解法中的"因为 $\dfrac{S_6 - S_4}{S_4 - S_2} = q^2$,若 $S_4 < 0$,则 $\dfrac{S_6 - S_4}{S_4 - S_2} < 0$,与 $q^2 > 0$ 矛盾"的分析就看不到了. 将此题变为解答题就可以引起学生的多方向的思考,有同学从基本量法进行思考,从而将此题的功用大大提高.

例2 已知数列 $\{a_n\}$ 中,$a_1 = 1$,前 n 项和为 S_n,对任意的自然数 $n \geq 2$,a_n 是 $3S_n - 4$ 与 $2 - \dfrac{3}{2}S_{n-1}$ 的等差中项.

(1) 求数列 $\{a_n\}$ 的通项公式;

(2) 求数列 $\{a_n\}$ 的前 n 项和 S_n.

小组代表1:

(1) 由条件知:$2a_n = (3S_n - 4) + \left(2 - \dfrac{3}{2}S_{n-1}\right)$,整理得:$2a_n = 3S_n - \dfrac{3}{2}S_{n-1} - 2$……(1),得到 $2a_{n+1} = 3S_{n+1} - \dfrac{3}{2}S_n - 2$……(2);(1),(2) 两式相减得到:$2a_{n+1} - 2a_n = 3a_{n+1} - \dfrac{3}{2}a_n$,得到 $a_{n+1} = -\dfrac{1}{2}a_n$,得到:数列 $\{a_n\}$ 成等比数列. 故 $a_n = \left(-\dfrac{1}{2}\right)^{n-1}$.

(2) 由题(1)得到:$n \geqslant 2$ 时,$S_n = \dfrac{1 \times \left[1 - \left(-\dfrac{1}{2}\right)^n\right]}{1 - \left(-\dfrac{1}{2}\right)} = \dfrac{2}{3} \times \left[1 - \left(-\dfrac{1}{2}\right)^n\right]$.

小组代表 2:

(1) 由条件知:$2a_n = (3S_n - 4) + \left(2 - \dfrac{3}{2}S_{n-1}\right)$,$n \geqslant 2$,整理得:

$2a_n = 3S_n - \dfrac{3}{2}S_{n-1} - 2$ ……①,得到 $2a_{n+1} = 3S_{n+1} - \dfrac{3}{2}S_n - 2$ ……②. 式①、式②两式相减得到:$2a_{n+1} - 2a_n = 3a_{n+1} - \dfrac{3}{2}a_n$,得到 $a_{n+1} = -\dfrac{1}{2}a_n$,$n \geqslant 2$,由式①得到:

$2a_2 = 3S_2 - \dfrac{3}{2}S_1 - 2$,即 $2a_2 = 3(a_1 + a_2) - \dfrac{3}{2}a_1 - 2$,得到:$a_2 = \dfrac{1}{2}$. 数列 $\{a_n\}$ 从第二项起成等比数列,故 $a_n = \begin{cases} 1, & n = 1 \\ \dfrac{1}{2} \cdot \left(-\dfrac{1}{2}\right)^{n-2}, & n \geqslant 2 \end{cases}$.

(2) 由题(1)得到:$n \geqslant 2$ 时,$S_n = a_1 + \dfrac{a_2(1 - q^{n-1})}{1 - q} = \dfrac{4}{3} - \dfrac{1}{3} \cdot \left(-\dfrac{1}{2}\right)^{n-1}$,当 $n = 1$ 时也满足此式,故 $S_n = \dfrac{4}{3} - \dfrac{1}{3} \cdot \left(-\dfrac{1}{2}\right)^{n-1}$ $(n \in \mathbf{N}^*)$.

师:两组答案不一样,谁对?为什么?

生:后面的对,前面的答案是错的. 因为 $2a_n = 3S_n - \dfrac{3}{2}S_{n-1} - 2$ 中的 $n \geqslant 2$,赋值得到 $2a_{n+1} = 3S_{n+1} - \dfrac{3}{2}S_n - 2$ 中的 $n \geqslant 1$,两式相减的 n 的范围应为两个范围的交集,即 $n \geqslant 2$.

【设计说明】 函数的和函数、差函数的定义域是两个函数的定义域的交集,数列也是函数,也存在这样的问题. 由于在数列的学习中,学生对数列的函数性质往往不够重视,如果本例题选择由老师讲解,学生缺少思辨过程,势必造成今后解题的过程中出现类似错误,故此处选择学生探讨交流可以收到更好的效果.

例 3 数列 $\{b_n\}$ 满足 $b_2 = 4$,$b_1 + 2b_2 + 3b_3 + \cdots + nb_n = (2n - 2)b_n + 2$,$(n \in \mathbf{N}^*)$.
(1) 求数列 $\{b_n\}$ 的通项公式;
(2) 令 $c_n = \dfrac{n}{b_n}$,$n \in \mathbf{N}^*$,证明:$c_1 + c_2 + c_3 + \cdots + c_n < 2$.

小组代表 1:

(1) 由 $b_1 + 2b_2 + 3b_3 + \cdots + nb_n = (2n - 2)b_n + 2$ 得 $b_1 + 2b_2 + 3b_3 + \cdots + (n-1)b_{n-1} = (2n - 4)b_{n-1} + 2$,两式相减得:$(2n - 4)b_{n-1} = (n - 2)b_n$($n \geqslant 2$),故 $\dfrac{b_n}{b_{n-1}} = 2$ ($n \geqslant 3$). 由

题意得：$b_1 + 2b_2 = 2b_2 + 2$，即 $b_1 = 2$，即数列 $\{b_n\}$ 是等比数列. 于是 $b_n = 2^n$.

（2）由题（1）得到 $c_n = \dfrac{n}{b_n} = \dfrac{n}{2^n}$，记 $T_n = c_1 + c_2 + c_3 + \cdots + c_n = \dfrac{1}{2^1} + \dfrac{2}{2^2} + \dfrac{3}{2^3} + \cdots + \dfrac{n}{2^n}$，$2T_n = 1 + \dfrac{2}{2^1} + \dfrac{3}{2^2} + \cdots + \dfrac{n-1}{2^{n-2}} + \dfrac{n}{2^{n-1}}$，两式相减得：$T_n = 1 + \dfrac{1}{2^1} + \dfrac{1}{2^2} + \cdots + \dfrac{1}{2^{n-1}} - \dfrac{n}{2^n}$，$T_n = 2 - \dfrac{n+2}{2^n}$，$T_n - 2 = -\dfrac{n+2}{2^n} < 0$，故 $c_1 + c_2 + c_3 + \cdots + c_n < 2$.

小组代表 2：

（1）在 $b_1 + 2b_2 + 3b_3 + \cdots + nb_n = (2n-2)b_n + 2$，$(n \in \mathbf{N}^*)$ 中分别令 $n = 2, 3, 4, 5$ 得到 $b_1 = 2, b_3 = 8, b_4 = 16, b_5 = 32$，猜想：$b_n = 2^n$，然后使用数学归纳法证明猜想.

（2）同前面小组解法.

师： 很好！后面一组同学想到数学归纳法，很不错.

【设计说明】 本题第（1）小题是想巩固一下例 2 所涉及的作差法. 第（2）小题巩固等比数列的前 n 项和渗透了错位相减法，让学生完成，针对学生呈现的结果进行评价.

4. 小结与布置作业

师： 本节课我们学习了些什么？

生： 交流梳理等比数列的知识点；交流了等比数列的概念、通项公式与前 n 项和公式相关问题的解决过程，体验了类比的思想方法.

【课例点评】

复习课在高中阶段是数学教学的重要课堂教学类型，其教学实施具有十分明显的特点. 本案例课是等比数列复习，通过知识网络的学生自主构建，回顾梳理已经学习过的定义、通项公式、递推公式、性质及求和公式等内容.

课例设计在教学过程中，通过学生自我构建知识体系，打通数列内部定义、递推、性质和数学归纳法等不同模块的联系.

通过练习和例题的选取，从课本习题的简单改编到等比数列的性质，有层次地推进实现学生对解题思路的自我探究，以期来消除不同程度的学生对双基掌握的差异.

高中数学复习课教学，在不同阶段实施，围绕培育学生的核心素养，需要探索以学生为本的复习流程. 复习课在内容梳理、题目选取和打通联系等方面有着自身的特点.

这节等比数列复习课没有复述学习过的内容，而是通过教师的设计，让学生立足于复习等比数列的基本学习要素，引导学生通过自我构建知识体系、自我探究解题思路、自我总结解题方法，自然地引发学生积极交流与思考，体验数学思想方法，实现创造性地解决问题.

5.2.2 课例 2　排列组合

【教材内容分析】 本节课是上教版高三数学（试用本）第九章第一节（9.1）"排列组合与

二项式定理". 根据教学实际情况, 将"排列组合与二项式定理"安排成 4 个课时, 这是第一课时. 本节课的主题为: "梳理两个原理、排列组合的知识点, 自主构建知识网络."排列组合这一部分包含排列组合的概念、公式和原理, 和排列组合的方法. 这些知识与方法是一个有机的整体, 学生要达到熟练解决排列组合问题的程度, 必须对这个整体全面而深入地把握. 通过学习, 进一步经历乘法原理、加法原理的使用过程, 充分体会分步和分类讨论的思想方法. 排列组合是概率论和二项式定理等章节的基础, 因此落实好本部分的复习, 为后面相关内容的复习打下坚实的基础.

【学生学习情况分析】 在本节课之前, 学生已经比较完整地学习了两个原理、排列组合的概念, 能够解决简单的排列组合问题. 在新课学习时, 由于种种原因, 对这一部分的学习不够深入, 加上在中学与排列组合有联系的章节不多, 因此学生对它的印象自然不深, 加之本部分内容也较抽象, 逻辑性强, 因此对学生来说是学习的一个难点.

【教学目标】

1. 梳理两个原理、排列组合的知识点, 自主构建知识网络.
2. 掌握乘法原理、加法原理, 体会分步和分类讨论的思想方法.
3. 掌握排列、组合的概念, 会解决简单情境下的排列组合问题.

【教学重点】 乘法原理、加法原理、排列组合的定义.

【教学难点】 运用乘法原理的分步顺序的确定; 运用加法原理的分类标准的确定, 并达到不重复也不遗漏的要求.

【教学过程】

1. 知识网络的自我构建

【设计说明】 排列组合的理论是建立在乘法原理和加法原理的基础之上, 排列、组合的公式由来以及后面的排列组合的方法形成都包含这两个原理(图 5-5), 通过以上知识网络的自我构建, 让学生建立排列组合知识的整体性认识, 为下面问题的解决做好知识上的准备, 并提高复习的效率.

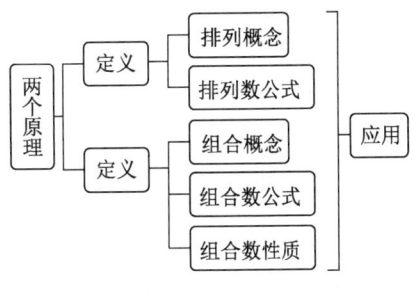

图 5-5

2. 课前准备

请同学们完成下列各题.

(1) 50 件产品中有 4 件次品, 从中任意抽出 5 件, 其中至少有 3 件次品的抽法有 _____ 种.

(2) 有甲、乙、丙 3 项任务, 甲需要 2 人承担, 乙、丙各需要 1 人承担, 从 10 人中选派 4 人承担这三项任务, 不同的选法有 _____ 种.

(3) 4 个不同的小球放入编号为 1、2、3、4 的 4 个盒子中, 则恰有 1 个空盒的放法有 _____ 种.

【设计说明】 以上 3 个问题是上节课结束之后布置的三个基本但学生经常出错的问题,通过以上问题的自主解决,使学生主动回归课本,查阅笔记和资料,同时也为提高学生对知识点梳理的效果和为知识网络的构建提供动力,为提高学生参与本节课学习的必要性认识做铺垫.

3. 课堂交流

交流第(1)题.

(1) 50 件产品中有 4 件次品,从中任意抽出 5 件,其中至少有 3 件次品的抽法有 _____ 种.

(教师通过交流结果数字,挑选答案不同的同学解题过程,通过希沃进行交流)

生 1:根据两个原理和组合的定义得到:$(C_4^3+C_{46}^4)(C_4^4+C_{46}^1)=48\,833$ 种.

生 2:分为二类:第一类,先取 3 件次品,再取 2 件正品,其抽法有分两步,根据乘法原理有 $C_4^3 C_{46}^2$ 种;第二类,有 4 件次品的抽法,同理有 $C_4^4 C_{46}^1$ 种.最后由加法原理,不同的抽法共有 $C_4^3 + C_4^4 C_{46}^1 = 4\,186$ 种.

师:答案肯定唯一,他们谁对?还是都不对?请大家讨论.

学生 3:生 1 错,生 2 对.生 1 错的原因是分类与分步概念不清,即加法原理与乘法原理混淆所致.

交流第(2)题.

(2) 有甲、乙、丙 3 项任务,甲需要 2 人承担,乙、丙各需要 1 人承担,从 10 人中选派 4 人承担这 3 项任务,不同的选法有( )种.

A. 1 260　　　　B. 2 025　　　　C. 2 520　　　　D. 5 040

(教师通过交流,挑选答案不同且有错误的同学解题过程,通过希沃进行交流)

生 1:分三步完成.首先从 10 人中选出 4 人,有 C_{10}^4 种方法;再从这 4 人中选出 2 人承担任务甲,有 P_4^2 种方法;剩下的 2 人去承担任务乙、丙,有 P_2^2 种方法.由乘法原理,不同的选法共有 $C_{10}^4 P_4^2 P_2^2 = 5\,040$ 种,选 D.

生 2:分三步完成,不同的选法共有 $C_{10}^4 C_4^2 C_2^2 = 1\,260$ 种,选 A.

师:他们谁对?还是都不对?请大家讨论.

生 3:都不对.生 1 的做法中,"排列"、"组合"概念混淆不清.承担任务甲的 2 人与顺序无关,此处应是组合问题,即 P_4^2 应为 C_4^2.生 2 的做法中,剩下的 2 人去承担任务乙、丙,这与顺序有关,此处应是排列问题,即 C_2^2 应为 P_2^2.正确解法应该为:$C_{10}^4 C_4^2 P_2^2 = 2\,520$.

师:很好!还有不同的解法吗?(有多名同学举手)

生 4:先从 10 中选出 2 人承担任务甲;再从余下 8 人中选出 1 人承担任务乙;最后从剩下的人中选出一人去承担任务丙,由乘法原理,不同的选法有 $C_{10}^2 C_8^1 C_7^1 = 2\,520$ 种.

生 5:从 10 人中选出 2 人承担任务甲;再从余下 8 人中选出 2 人承担任务乙、丙,由乘法原理,不同的选法有 $C_{10}^2 P_8^2 = 2\,520$,选 C.

交流第(3)题.

(3) 4个不同的小球放入编号为1,2,3,4的4个盒子中,则恰有一个空盒的放法有_____种.

(教师通过交流,挑选答案不同且有错误的同学解题过程,通过希沃进行交流)

生1:从4只盒子中取出3个,有C_4^3种方法;从4个球中取出3个球放入取出的3只盒子内,有P_4^3种方法;再将余下的球放入3个有球的盒子中的1个内,有C_3^1种放法,所以共有$C_4^3 P_4^3 C_3^1 = 288$种放法.

生2:分三步完成.首先取出3个盒子,有C_4^3种方法;再把球分为三组,有$C_4^2 C_2^2$种方法;最后把三组球排列后放入盒子,有P_3^3种放法.由乘法原理,共有$C_4^3 C_4^2 C_2^2 P_3^3 = 288$种放法.

师:他们谁对?还是都不对?请大家讨论.

生3:都不对.从4个盒子中取出3个,有C_4^3种放法;从4个球中取出3个放入取出的3个盒子内,有P_4^3种放法;再将余下的球放入3个有球的盒子中的1个内,有C_3^1种放法;这时势必造成有2个球的盒内的2个球存在一前一后,而这2个球的摆放是没有次序的.故必须把这2个球的次序拿掉,所以正确的解法为:$\frac{C_4^3 P_4^3 C_3^1}{2} = 144$.

师:很好!还有不同的解法吗?(有多名同学举手)

生4:从4个球中取出2个作为一组,与另2个球一起放入4个盒子中的3个内,有$C_4^2 P_4^3 = 144$种放法.

生5:将4个球分别放入4个盒子后,取出其中的2盒并为1盒(自然出现1空盒),有$P_4^4 C_4^2 = 144$种放法.

【**设计说明**】 通过这一环节,学生将自己的解法带入课堂,同时也带入了部分同学存在的典型错误;通过交流辨析,弄清了各自的问题所在,使得对两个原理混淆,排列、组合概念混淆,重复计数出增解等3种典型的错误进行了明确的辨析,同学们跃跃欲试,为接下来的问题解决营造了很好的气氛.

4. 解题方法自主应用

例1 A、B、C、D、E五人站成一排,如果B必须站在A的右边(A、B可以不相邻),那么不同的站法有(_____)种.

A. 24　　　　B. 60　　　　C. 90　　　　D. 120

(四人一组讨论)

小组代表1:(分类讨论法)按B的位置分为四类:B排第二、三、四、五位时的排法数分别是P_3^3、$P_2^1 P_3^3$、$P_3^1 P_3^3$、P_4^4,所以共有$P_3^3 + P_2^1 P_3^3 + P_3^1 P_3^3 + P_4^4 = 60$种排法,选B.

小组代表2:利用对称关系(注意到A在B左边与A在B右边的排列情形是对称相同的),有$\frac{P_5^5}{2} = 60$,选B.

小组代表3:(特元优待法)第一步,从五个位置取两个首先排AB有C_5^2种方法;第二步,排余下的人有 P_3^3,由乘法原理共有:$C_5^2 P_3^3 = 60$ 种不同的占法,选 B.

对三种解法没有异议.由于有了课前梳理和建构以及问题的讨论,学生思考问题和回答问题的积极性高涨,小组代表积极举手发言,达到了良好的课堂效果.

例 2 有 5 名同学站成一排拍毕业纪念照,其中甲不能和乙站在一起,并且乙、丙两名同学要站在一起,则不同的站法种数有_____(用数字作答).

小组代表 1:(排除法)第一步,不考虑甲乙是否站在一起,捆绑乙丙有 P_2^2 种方法;第二步,排其余的人,共有 P_4^4 种方法,得到 $P_2^2 P_4^4$ 种排法;再考虑"甲乙丙"和"丙乙甲"各有 P_3^3 种;故共有 $P_2^2 P_4^4 - P_3^3 - P_3^3 = 36$ 种排法.

在该小组发言后,又有小组提出了插入和捆绑法.

小组代表 2:(插入法和捆绑法)第一步,捆绑乙丙有 P_2^2 种方法;第二步,将捆绑的乙丙与丁戊排列共有 P_3^3 种方法,得到(乙丙)和(丙乙)两种类型;每种类型都有 3 种排法,故共有 $P_2^2 P_3^3 \times 3 = 36$ 种排法.

小组代表 3:(插入法和捆绑法)第一步,捆绑乙丙有 P_2^2 种方法;第二步,将捆绑的乙丙与丁戊排列共有 P_3^3 种方法,得到(乙丙)和(丙乙)两种类型;每种类型都有 4 种排法,故共有 $P_2^2 P_3^3 \times 4 = 48$ 种排法.

生:前两个小组正确,后一个小组错误.(错因是这种方法有导致甲乙相邻的情况的出现)

例 3 5 个大学生分配到 3 个不同的村庄当村官,每个村庄至少有 1 名大学生,其中甲村庄恰有 1 名大学生的分法种数为_____.

小组代表 1:(至多至少和分组问题)甲村庄恰有 1 名大学生,有 5 种分法;另外 4 名大学生分为两组有 $C_4^2 C_2^2 + C_4^1 C_3^3$ 种分法;再将两组分到乙丙 2 个村有 P_2^2 种分法,由乘法原理共有:$P_5^1 (C_4^2 C_2^2 + C_4^1 C_3^3) P_2^2 = 100$ 种方法.

小组代表 2:甲村庄恰有 1 名大学生,有 5 种分法;另外 4 名大学生分为 2 组有 $\dfrac{C_4^2 C_2^2}{P_2^2} + C_4^1 C_3^3$ 种分法;再将 2 组分到乙丙 2 个村有 P_2^2 种分法,由乘法原理共有:$P_5^1 \left(\dfrac{C_4^2 C_2^2}{P_2^2} + C_4^1 C_3^3 \right) P_2^2 = 70$ 种分法.

生:后一小组正确,前一小组错误(错因是 $C_4^2 C_2^2$ 的分组中有序)

例 4 同时满足条件 $A \cup B \cup C = \{1, 2, 3, 4, 5\}$,$A \cap B = \{1, 3\}$,求满足条件的三元有序集合组 (A, B, C) 的个数.

起初有小组尝试使用列举法,后因情况太多无法向下进行,只好作罢.在这样的情况下,教师进行了集合表示方法的韦恩图法的提醒.

生:如图 5-6 所示,3 个集合 A、B、C 最多可以构成 7 个独立的区域,元素 1,3 有区域 2 与区域 4 两个选择.同

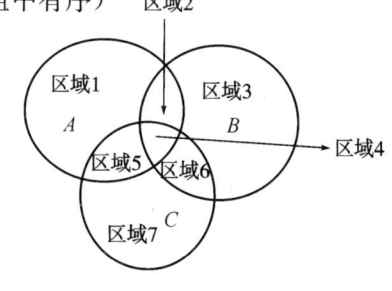

图 5-6

样的,元素 2,4,5 可以在区域 1、区域 3、区域 5、区域 6 和区域 7 的 5 个中选.根据乘法原理得:$N=2(排1)\times 2(排3)\times 5^3(排2,4,5)=500$.

【设计说明】 本题若仅仅从集合的运算的角度考虑,是很难解决的,若借助韦恩图(图 5-6)就能方便地解决问题.引进本题的目的,是想引导学生体会图形在解题中的作用,感受等价转化的数学思想方法.

5. 小结与布置作业

师: 本节课我们学习了些什么?

生: 梳理了 2 个原理、排列组合的知识点和建立了排列组合的知识网络;使用乘法原理、加法原理解决了一些排列组合问题;使用了分类讨论法、排除法、相邻问题捆绑法、不相邻问题插入法等典型方法;涉及分堆问题、至多至少等典型问题;体会了分步和分类讨论、数形结合等数学思想方法的应用.

【课例点评】 本节课采取了以下教学流程:第一步,学生课前梳理知识点、画知识网络图、完成课前准备练习;第二步,课堂展示课前知识结构图;第三步,课堂交流课前练习;第四步,解题方法自主应用;第五步,方法的自主总结.排列组合应用题是一个人人都能上手,但考虑不周很容易出错的一个内容.帮助学生分析、判断解题中出现错误的原因,是这一部分教学的一个重要任务.传统的做法是学生出错,老师分析讲解,而这种做法往往收效甚微,原因是学生对判断错误的过程缺乏主动的理解,导致印象不深所致.排列组合的解决视角不同、方法不同,但往往殊途同归.本节课的解题部分,设计了许多交流环节,目的是让学生通过学习,促进交流,集思广益,促进思维的进级和对排列组合方法的全面理解.本节课是按照"复习课过程性教学"原则进行设计和实施的,通过实施达到了课前设置的教学目标.以上设计是笔者多届高三复习的设计中的一种,这种设计对于基础较好、学习积极性较好的班级效果很好.

5.2.3 课例 3 平面向量背景下的数形结合

【教材内容分析】 本节是上教版高二数学第一学期(试用本)第八章"平面向量的坐标表示".根据我校的教学进度安排和笔者所教班级的实际情况,将"平面向量的坐标表示"的复习安排成 2 个课时,这是第一课时.本节课的主题为:"梳理平面向量的知识点,自主构建知识网络,经历平面向量坐标表示的使用过程,体会数形结合的思想方法.解决平面向量背景下的数形结合问题."平面向量是后面学习解析几何的基础,也是大学数学空间解析几何的基础,学习平面向量对提高数形结合与逻辑推理能力都大有裨益.

【学生学习情况分析】 在本节课之前,学生已经比较完整地学习了平面向量的坐标表示、解析几何,已经系统地复习了函数与解斜三角形等相关知识点,学生能够解决简单的平面向量问题.由于在新课时与函数、解析几何、解三角形等联系不够,因此学生对它的研究自然不深,加之本部分内容的联系广泛,因此对学生来说是一个学习的难点.

【教学目标】

（1）梳理平面向量的知识点，自主构建知识网络．

（2）掌握向量模、两个向量的夹角、向量数量积概念．

（3）掌握向量的坐标表示和讨论两个向量平行或者垂直的条件．

（4）会解决简单的模、位置关系、夹角等判断与计算问题．

【教学重点】 平面向量背景下的数形结合．

【教学难点】 平面向量背景下的数形结合．

【教学过程】

1．知识网络的自我构建

如图 5-7 所示．

对数量积的坐标理解：

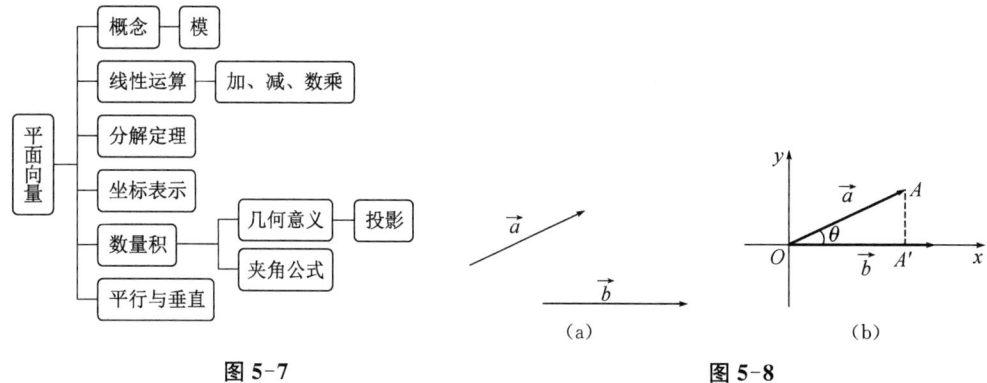

图 5-7　　　　　　　　　　　　图 5-8

如图 5-8 所示，$\vec{a}\cdot\vec{b}=\overrightarrow{OA}\cdot\vec{b}=|\overrightarrow{OA}|\cdot|\vec{b}|\cos\theta=|\vec{b}|\cdot x_{A'}=|\vec{b}|\cdot x_A$．

【设计说明】 本章的主题就是"平面向量的坐标表示"．平面向量的数量积实际就包含了坐标表示 $\vec{a}\cdot\vec{b}=\overrightarrow{OA}\cdot\vec{b}=|\overrightarrow{OA}|\cdot|\vec{b}|\cos\theta=|\vec{b}|\cdot x_{A'}=|\vec{b}|\cdot x_A$，尽管这个公式课本上没有，但也是呼之欲出的结论，因而是一个"最近发展点"．新课标指出"学校要根据自身情况，推动国家课程的全面落实，建设有特色的校本课程，适应学生的发展需求，促进学生全面发展"．教材是有弹性的，教师要根据教材与学生实际进行挖掘和整理．

2．课前准备

请同学们完成下列各题．

（1）已知点 P 是半径为 1 的圆外一点，过点 P 作圆的两条切线得到切点为 A、B 两点，求 $\overrightarrow{PA}\cdot\overrightarrow{PB}$ 的最小值．

（2）已知非零平面向量 $\vec{a}$，$\vec{b}$ 不共线，且满足 $\vec{a}\cdot\vec{b}=\vec{a}^2=4$，记 $\vec{c}=\dfrac{3}{4}\vec{a}+\dfrac{1}{4}\vec{b}$，求当 $\vec{b}$，$\vec{c}$ 的夹角 θ 取得最大值时，$|\vec{a}-\vec{b}|$ 的值．

【设计说明】 以上两题都是平面向量背景，借助于数形转化后，使用不等式、函数、解三角形等方法解决问题，其内涵十分丰富．

3. 课堂交流

交流第(1)题.

(1) 已知点 P 是半径为 1 的圆外一点,过点 P 作圆的两条切线得到切点为 A、B 两点,求 $\overrightarrow{PA} \cdot \overrightarrow{PB}$ 的最小值.

生 1: 如图 5-9 所示,设 $|\overrightarrow{PO}| = x$, $\angle APO = \theta$, $\sin\theta = \dfrac{1}{x}$,

有 $\overrightarrow{PA} \cdot \overrightarrow{PB} = (\sqrt{x^2-1})^2 \cos 2\theta$, $\cos 2\theta = 1 - \dfrac{2}{x^2}$ $(x > 1)$, $\overrightarrow{PA} \cdot \overrightarrow{PB} = x^2 + \dfrac{2}{x^2} - 3$

$\geqslant 2\sqrt{2} - 3$,

当且仅当 $x^2 = \dfrac{2}{x^2}$,即 $x = \sqrt[4]{2} > 1$ 时等号成立,故当 $x = \sqrt[4]{2}$ 时,$\overrightarrow{PA} \cdot \overrightarrow{PB}$ 的最小值为 $2\sqrt{2} - 3$.

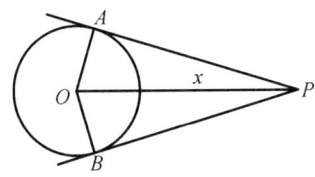

图 5-9

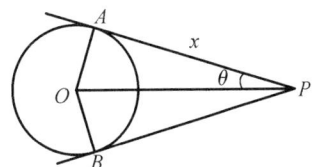

图 5-10

生 2: 如图 5-10 所示,设 $|\overrightarrow{PA}| = |\overrightarrow{PB}| = x$,设 $\angle APO = \theta$, $\cos\theta = \dfrac{x}{\sqrt{1+x^2}}$, $\cos 2\theta = \dfrac{x^2-1}{1+x^2}$,有 $\overrightarrow{PA} \cdot \overrightarrow{PB} = x^2 \cos 2\theta = x^2 \cdot \dfrac{x^2-1}{1+x^2}$,令 $1+x^2 = t$,则 $\overrightarrow{PA} \cdot \overrightarrow{PB} = t + \dfrac{2}{t} - 3$

$\geqslant 2\sqrt{2} - 3$,当且仅当 $t = \dfrac{2}{t}$,即 $t = \sqrt{2}$ 时等号成立,故当 $x = \sqrt{\sqrt{2}-1}$ 时,$\overrightarrow{PA} \cdot \overrightarrow{PB}$ 的最小值为 $2\sqrt{2} - 3$.

生 3: 建立直角坐标系如图 5-11 所示,设 $\angle AOP = \theta$,

则 $A(\cos\theta, \sin\theta)$,故 $B(\cos\theta, -\sin\theta)$, $P\left(\dfrac{1}{\cos\theta}, 0\right)$,

$\overrightarrow{PA} = \left(\cos\theta - \dfrac{1}{\cos\theta}, \sin\theta\right)$,

$\overrightarrow{PB} = \left(\cos\theta - \dfrac{1}{\cos\theta}, -\sin\theta\right)$,

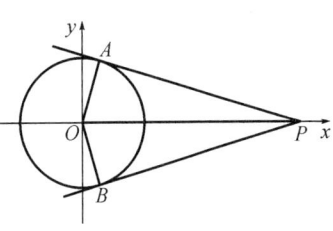

图 5-11

$\overrightarrow{PA} \cdot \overrightarrow{PB} = \left(\cos\theta - \dfrac{1}{\cos\theta}\right)^2 - \sin^2\theta = 2\cos^2\theta + \dfrac{1}{\cos^2\theta}$

$-3 \geqslant 2\sqrt{2} - 3$,当且仅当

$2\cos^2\theta = \dfrac{1}{\cos^2\theta}$ 等号成立,故当 $\cos\theta = \sqrt[4]{\dfrac{1}{2}}$ 时,即 $\theta = \arccos\left(\sqrt[4]{\dfrac{1}{2}}\right)$ 时,$\overrightarrow{PA} \cdot \overrightarrow{PB}$ 的最小值为 $2\sqrt{2}-3$.

生 4: 如图 5-12 所示,设 $\angle AOP = \theta$,$OP = x$,
$$\overrightarrow{PA} \cdot \overrightarrow{PB} = (\overrightarrow{PO} + \overrightarrow{OA}) \cdot (\overrightarrow{PO} + \overrightarrow{OB})$$
$$= \overrightarrow{PO}^2 + \overrightarrow{PO} \cdot \overrightarrow{OB} + \overrightarrow{PO} \cdot \overrightarrow{OA} + \overrightarrow{OA} \cdot \overrightarrow{OB}$$
$$= x^2 - 2x\cos\theta + \cos 2\theta = x^2 - 2x \cdot \dfrac{1}{x} + 2 \cdot \left(\dfrac{1}{x}\right)^2 - 1.$$

有 $\overrightarrow{PA} \cdot \overrightarrow{PB} = x^2 + \dfrac{2}{x^2} - 3 \geqslant 2\sqrt{2} - 3$,当且仅当 $x^2 = \dfrac{2}{x^2}$,即 $x = \sqrt[4]{2} > 1$,等号成立,故当 $x = \sqrt[4]{2}$ 时,$\overrightarrow{PA} \cdot \overrightarrow{PB}$ 的最小值为 $2\sqrt{2} - 3$.

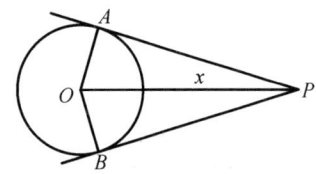
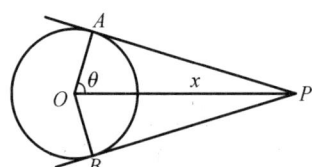

图 5-12   图 5-13

生 5: 如图 5-13 所示,设 $\angle AOP = \theta$,$OP = x$,有
$$\overrightarrow{PA} \cdot \overrightarrow{PB} = (\overrightarrow{PO} + \overrightarrow{OA}) \cdot (\overrightarrow{PO} + \overrightarrow{OB})$$
$$= \overrightarrow{PO}^2 + \overrightarrow{PO} \cdot \overrightarrow{OB} + \overrightarrow{PO} \cdot \overrightarrow{OA} + \overrightarrow{OA} \cdot \overrightarrow{OB}$$
$$= x^2 - 2x\cos\theta + \cos 2\theta = \left(\dfrac{1}{\cos\theta}\right)^2 - 2 + 2\cos^2\theta - 1,$$

有 $\overrightarrow{PA} \cdot \overrightarrow{PB} = 2\cos^2\theta + \dfrac{1}{\cos^2\theta} - 3 \geqslant 2\sqrt{2} - 3$,当且仅当 $2\cos^2\theta = \dfrac{1}{\cos^2\theta}$ 时,故当 $\cos\theta = \sqrt[4]{\dfrac{1}{2}}$,即 $\theta = \arccos\left(\sqrt[4]{\dfrac{1}{2}}\right)$ 时,$\overrightarrow{PA} \cdot \overrightarrow{PB}$ 的最小值为 $2\sqrt{2} - 3$.

【设计说明】 本题的交流期待学生借助图形,使用不同的变量建立函数关系,使用耐克函数、三角函数等方法解决问题;通过此题联系函数与不等式相关章节,培养学生联系的、全面的观点.

交流第(2)题.

(2) 已知非零平面向量 $\vec{a}$,$\vec{b}$ 不共线,且满足 $\vec{a} \cdot \vec{b} = \vec{a}^2 = 4$,记 $\vec{c} = \dfrac{3}{4}\vec{a} + \dfrac{1}{4}\vec{b}$,求当 $\vec{b}$,$\vec{c}$ 的夹角 θ 取得最大值时,$|\vec{a} - \vec{b}|$ 的值.

生 1: $\cos\theta = \dfrac{\vec{b} \cdot \vec{c}}{|\vec{b}| \cdot |\vec{c}|} = \dfrac{\vec{b} \cdot \left(\dfrac{3}{4}\vec{a} + \dfrac{1}{4}\vec{b}\right)}{|\vec{b}| \cdot \left|\dfrac{3}{4}\vec{a} + \dfrac{1}{4}\vec{b}\right|} = \dfrac{\dfrac{3}{4} \cdot 4 + \dfrac{1}{4}|\vec{b}|^2}{\dfrac{1}{4}|\vec{b}|\sqrt{9\vec{a}^2 + 6\vec{a} \cdot \vec{b} + \vec{b}^2}}$

$$= \frac{12+|\vec{b}|^2}{|\vec{b}|\sqrt{60+|\vec{b}|^2}}$$

令 $12+|\vec{b}|^2=t$，$\cos\theta = \dfrac{t}{\sqrt{t^2+36t-576}} = \dfrac{1}{\sqrt{-576\left(\dfrac{1}{t}-\dfrac{1}{32}\right)^2+\dfrac{25}{16}}}$，

故当 $t=32$，$|\vec{b}|^2+12=32$，$|\vec{b}|=2\sqrt{5}$ 时，$\theta_{\max}=\arccos\dfrac{4}{5}$，有 $|\vec{a}-\vec{b}|=\sqrt{\vec{a}^2-2\vec{a}\cdot\vec{b}+\vec{b}^2}=\sqrt{4-2\cdot 4+20}=4$.

生 2：根据题意，将 $\vec{a}$ 放在 x 轴上建立直角坐标系，如图 5-14 所示：可设 $\vec{b}=(2,b)$，由 $\vec{c}=\dfrac{3}{4}\vec{a}+\dfrac{1}{4}\vec{b}$ 得 $\vec{c}=\dfrac{3}{4}\vec{a}+\dfrac{1}{4}\vec{b}=\left(2,\dfrac{b}{4}\right)$，

$$\tan\angle BOC = \tan(\angle BOA-\angle COA) = \frac{\dfrac{b}{2}-\dfrac{b}{8}}{1+\dfrac{b}{2}\cdot\dfrac{b}{8}} = \frac{3}{\dfrac{8}{b}+\dfrac{b}{2}}$$

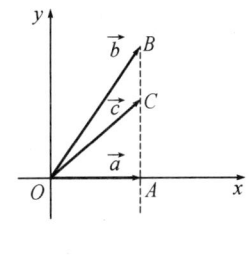

图 5-14

$\leqslant \dfrac{3}{4}$，故 $\angle BOC_{\max}=\arctan\left(\dfrac{3}{4}\right)$，

当且仅当 $\dfrac{8}{b}=\dfrac{b}{2}$，即 $b=4$ 时等号成立，故 $\vec{b}=(2,4)$，$|\vec{b}|=2\sqrt{5}$，有 $|\vec{a}-\vec{b}|=\sqrt{4-2\cdot 4+20}=4$.

【设计说明】 本题的第一种方法，直面问题建立反三角函数关系，过程比较麻烦，解决问题需要多次转化，考验学生的转化和运算推理能力；第二种方法比较简单，这种简约来源于对条件蕴含的几何直观的觉察. 通过第二种方法的交流，使学生体会深挖隐含条件的方法.

4. 解题方法自主应用

例 1 已知平面向量 $\vec{a},\vec{b}$ 满足 $|\vec{a}|=1$，$|2\vec{a}+\vec{b}|+|\vec{b}|=4$，求 $|\vec{a}+\vec{b}|$ 的取值范围.

生 1：如图 5-15 所示，由 $|2\vec{a}+\vec{b}|+|\vec{b}|=4$ 联想到椭圆的定义，于是构造两个定点 F_1，F_2，使得 $\overrightarrow{F_1F_2}=2\vec{a}$，将 $\vec{b}$ 的起点移动到点 F_2，记 $\vec{b}$ 的终点为 P，$|2\vec{a}+\vec{b}|=|PF_1|$，$|\vec{b}|=|PF_2|$，$|\overrightarrow{PF_1}|+|\overrightarrow{PF_2}|=4$，故 P 点的轨迹是以 F_1，F_2 为焦点的椭圆；以 F_1，F_2 为 x 轴建立直角系如图 5-16 所示，可求出椭圆的方程为：

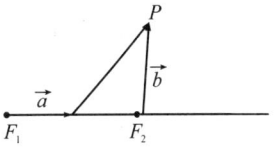

图 5-15

$\dfrac{x^2}{4}+\dfrac{y^2}{3}=1$，$|\vec{a}+\vec{b}|=|\overrightarrow{OP}|\in[b_{椭圆},a_{椭圆}]=[\sqrt{3},2]$.

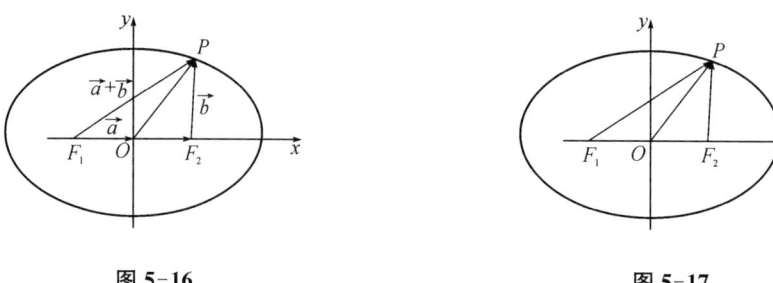

图 5-16　　　　　　　　　　　图 5-17

生 2：令 $\vec{a}+\vec{b}=\vec{t}$ 由 $|\vec{t}+\vec{a}|+|\vec{t}-\vec{a}|=4$，令 $\vec{a}=(\cos\theta,\sin\theta)$，$\vec{t}=(x,y)$ 得到：联想到椭圆的定义，于是构造两个定点 $F_1(\cos\theta,\sin\theta)$，$F_2(-\cos\theta,-\sin\theta)$，$|\overrightarrow{PF_1}|+|\overrightarrow{PF_2}|=4$，故 $P(x,y)$ 的轨迹是以 F_1,F_2 为焦点的椭圆（图5-17）；取 $\theta=0$，以 $F_1(-1,0)$，$F_2(1,0)$ 可求出椭圆的方程为：$\dfrac{x^2}{4}+\dfrac{y^2}{3}=1$，$|\vec{a}+\vec{b}|=|\overrightarrow{OP}|\in[b_{椭圆},a_{椭圆}]=[\sqrt{3},2]$.

【设计说明】　对数学问题的联想往往源于对数学概念的回忆，并由这种回忆产生思路．向量的模对应距离，距离和联系着椭圆定义，因而转化到椭圆知识点，借助于椭圆知识点里的方法解决问题，这种类比联想是数学思维的重要方法．

例 2　在 $\triangle ABC$ 中，$\overrightarrow{BC}\cdot\overrightarrow{CA}=\overrightarrow{CA}\cdot\overrightarrow{AB}$，$|\overrightarrow{BA}+\overrightarrow{BC}|=2$，且 $\dfrac{\pi}{3}\leqslant B\leqslant\dfrac{2\pi}{3}$，求 $\overrightarrow{BA}\cdot\overrightarrow{BC}$ 的取值范围．

生 1：如图 5-19 所示，$\overrightarrow{CA}\cdot(\overrightarrow{BA}+\overrightarrow{BC})=0$，记 $\overrightarrow{BA}+\overrightarrow{BC}=\overrightarrow{BD}$，由平行四边形法则知：四边形 $ABCD$ 为菱形，设菱形边长为 x，由 $|\overrightarrow{BA}+\overrightarrow{BC}|=2$ 两边平方得到：$2x^2+2\overrightarrow{BA}\cdot\overrightarrow{BC}=4$，记 $T=\overrightarrow{BA}\cdot\overrightarrow{BC}$，$T=2-x^2$. 在 $\triangle BCD$ 中，由余弦定理得到 $\cos(\pi-B)=\dfrac{x^2+x^2-2^2}{2x^2}$，化简得 $\cos B=\dfrac{2-x^2}{x^2}$，$\cos B\in\left[-\dfrac{1}{2},\dfrac{1}{2}\right]$，$x\in\left[\dfrac{2\sqrt{3}}{3},2\right]$，故得到 $T=\overrightarrow{BA}\cdot\overrightarrow{BC}\in\left[-2,\dfrac{2}{3}\right]$.

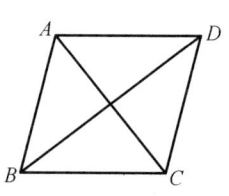

图 5-18

生 2：如图 5-19 所示，$\overrightarrow{CA}\cdot(\overrightarrow{BA}+\overrightarrow{BC})=0$，记 $\overrightarrow{BA}+\overrightarrow{BC}=\overrightarrow{BD}$，由平行四边形法则知：四边形 $ABCD$ 为菱形．设 $\angle ABC=\theta$，在 $\triangle BOC$ 中，$BC=\dfrac{BO}{\cos\dfrac{\theta}{2}}=\dfrac{1}{\cos\dfrac{\theta}{2}}$，$T=\overrightarrow{BA}\cdot\overrightarrow{BC}$，得到

$T=\overrightarrow{BA}\cdot\overrightarrow{BC}=\dfrac{1}{\cos\dfrac{\theta}{2}}\cdot\dfrac{1}{\cos\dfrac{\theta}{2}}\cdot\cos\theta=\dfrac{2\cos\theta}{1+\cos\theta}$，$\cos\theta\in$

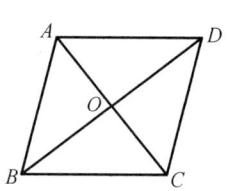

图 5-19

$\left[-\dfrac{1}{2}, \dfrac{1}{2}\right]$,令 $\cos\theta = t$,得到 $T = \dfrac{2t}{1+t} = 2 - \dfrac{2}{1+t}$,$t \in \left[-\dfrac{1}{2}, \dfrac{1}{2}\right]$,此函数图像如图 5-20 所示,此函数为单调递增函数,故得到 $T = \overrightarrow{BA} \cdot \overrightarrow{BC} \in \left[-2, \dfrac{2}{3}\right]$.

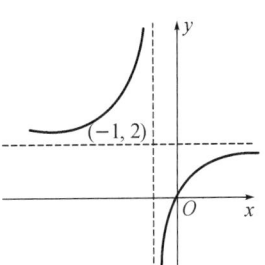

图 5-20

【设计说明】 解法一使用余弦定理直接建立边角关系,并建立二次函数,解法二建立三角函数想法都十分自然;涉及换元法等方法,为加深对函数最值方法的理解与应用提供了很好的载体.

例 3 (2017 年上海市春考试题)如图 5-21 所示,正八边形 $A_1A_2A_3A_4A_5A_6A_7A_8$ 的边长为 2,若 P 为该正八边形边上的动点,则 $\overrightarrow{A_1A_3} \cdot \overrightarrow{A_1P}$ 的取值范围为(　　)

A. $[0, 8+6\sqrt{2}]$ 　　　　　　B. $[-2\sqrt{2}, 8+6\sqrt{2}]$

C. $[-8-6\sqrt{2}, 2\sqrt{2}]$ 　　　　D. $[-8-6\sqrt{2}, 8+6\sqrt{2}]$

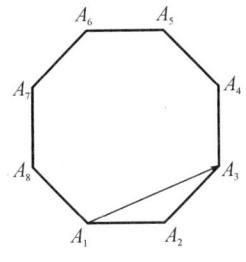

图 5-21

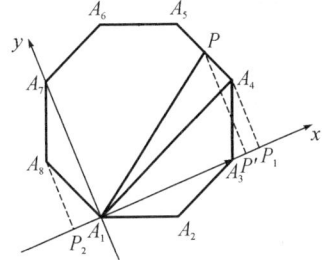

图 5-22

生 1：以 A_1 为原点建立直角坐标系,如图 5-22 所示,正八边形的内角为 $\dfrac{(8-2) \times 180°}{8} = 135°$,记 $\overrightarrow{A_1A_3} \cdot \overrightarrow{A_1P} = T$. 由余弦定理得：$|\overrightarrow{A_1A_3}| = \sqrt{4+4-2 \times 4\cos 135°} = \sqrt{8+4\sqrt{2}}$,记 P 在 x 轴上的射影为 P',故 $T = \overrightarrow{A_1A_3} \cdot \overrightarrow{A_1P} = |\overrightarrow{A_1A_3}| \cdot x_{P'} = \sqrt{8+4\sqrt{2}}\, x_{P'}$.

由图 5-22 可知：$T_{\max} = \sqrt{8+4\sqrt{2}}\, x_{P_1}$,

$\angle A_1A_3A_2 = 22.5°$,$\angle A_4A_3A_1 = 112.5°$,$\angle A_4A_3P_1 = 67.5°$,

$x_{P_1} = |A_1A_3| + |A_3P_1| = \sqrt{8+4\sqrt{2}} + 2\cos 67.5° = \sqrt{8+4\sqrt{2}} + \sqrt{2-\sqrt{2}}$,故 $T_{\max} = 8+6\sqrt{2}$.

$T_{\min} = \sqrt{8+4\sqrt{2}}\, x_{P_2}$,$x_{P_2} = -2\cos 67.5° = -\sqrt{2-\sqrt{2}}$,故 $T_{\min} = -2\sqrt{2}$,$T \in [-2\sqrt{2}, 8+6\sqrt{2}]$.

生 2：以 A_1 为原点作数轴 x,如图 5-23 所示,

正八边形的内角为 $\dfrac{(8-2) \cdot 180°}{8} = 135°$,记 $\overrightarrow{A_1A_3} \cdot \overrightarrow{A_1P} = T$. 由余弦定理得：

$|\overrightarrow{A_1A_3}| = \sqrt{4+4-2\times 4\cos 135°} = \sqrt{8+4\sqrt{2}}$,

记 P 在 x 轴上的射影为 P',故

$T = \overrightarrow{A_1A_3} \cdot \overrightarrow{A_1P} = |\overrightarrow{A_1A_3}| \cdot x_{P'} = \sqrt{8+4\sqrt{2}} x_{P'}$. 由图 5-23 可知:$T_{\min} = \sqrt{8+4\sqrt{2}} x_{P_2}$,

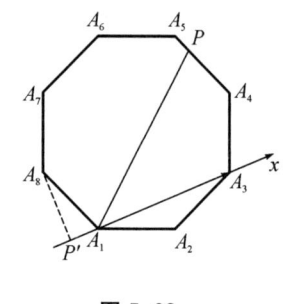

图 5-23

$\angle A_3A_1A_2 = 22.5°$,$\angle A_8A_1A_3 = 112.5°$,$\angle A_8A_1P' = 67.5°$,

$x_{P'} = -2\cos 67.5° = -\sqrt{2-\sqrt{2}}$,

故 $T_{\min} = -2\sqrt{2}$,故选择 B.

【设计说明】 初高中数学是整个数学知识体系的两个板块,它们之间相互联系,这里涉及正 n 边形内角和公式就是一个典型的例证;同时,这里为平面向量的数量积在数轴和直角坐标系两个体系中的公式 $\vec{a}\cdot\vec{b} = \overrightarrow{OA}\cdot\vec{b} = |\overrightarrow{OA}|\cdot|\vec{b}|\cos\theta = |\vec{b}|\cdot x_A$ 提供了很好的应用载体.

5. 小结与布置作业

师:本节课我们学习了些什么?

生:梳理平面向量的知识点,自主构建知识网络;经历平面向量的坐标表示的使用过程,体会数形结合的思想方法.

【课例点评】 本节课是以平面向量为载体,通过数形结合的转化联系到函数、不等式、三角函数、解三角形及解析几何等知识点,这样的设计具有很好的联系功能,同时升华对平面向量的理解,长此以往能够达到融会贯通、知识结网的目的.本节课是按照"复习课过程性教学"的方式和原则进行设计和实施的.以上设计是笔者多届高三复习课设计中的一种,这种设计对于基础较好、学习积极性较好的班级实施的效果很好.

5.2.4 课例 4 直线与二次曲线的位置关系

【教材内容分析】 本节是上教版高三数学总复习"直线与二次曲线位置关系"内容.根据教学进度安排,将"直线与二次曲线位置关系"复习安排成 4 个课时,这是第四课时.本节课的主题为:"能灵活处理直线与二次曲线位置关系,重点体会其中的数学运算过程中所蕴含的数学思想方法".直线与二次曲线位置关系是解析几何的重点,也是大学数学空间解析几何的基础.直线与二次曲线位置关系是培养数形结合、逻辑推理能力、数学运算能力的一个很好的载体.

【学生学习情况分析】 在本节课之前,学生已经比较完整地学习了直线、圆、椭圆、双曲线和抛物线,并复习了这些内容,学生已能够解决简单的直线与二次曲线位置关系问题.由于在新课和前面的复习中,都是在直线与椭圆等小范围中进行研究,因而学生对直线与二次曲线位置关系的总体范围把握尚且不够,因此学生对它的研究自然不深.加之本部分内容的

数据处理要求高、计算量大,因此对学生来说是一个学习的难点.

【教学目标】

(1) 会运用数形结合的方法研究直线与二次曲线位置关系.

(2) 掌握二次曲线的弦长、弦的中点等问题的计算与证明方法.

(3) 体验直线与二次曲线位置关系中数据处理方法与过程.

【教学重点】 直线与二次曲线位置关系.

【教学难点】 二次曲线的弦长、弦的中点等问题的计算与证明过程中数据的处理.

1. 课前准备

请同学们完成下列各题.

(1) 如图 5-24 所示,已知双曲线 $\dfrac{x^2}{a^2}-\dfrac{y^2}{b^2}=1\,(a>0,b>0)$ 的左、右焦点分别为 F_1,F_2,过 F_1 作圆 $x^2+y^2=a^2$ 的切线,交双曲线右支于点 M,若 $\angle F_1MF_2=45°$,求双曲线的渐近线方程.

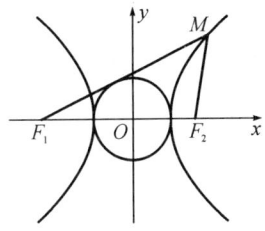

图 5-24

(2) (2018 年上海市春考试题)已知抛物线 $y^2=4x$,F 为其焦点,P 为抛物线准线上的一点,Q 为线段 PF 与抛物线的交点,定义: $d(P)=\dfrac{|PF|}{|FQ|}$,

(a) 证明存在常数 a,使得 $2d(P)=|PF|+a$;

(b) P_1,P_2,P_3 为抛物线准线上的三点,且 $|P_1P_2|=|P_2P_3|$,判断 $d(P_1)+d(P_3)$ 与 $2d(P_2)$ 大小关系.

(3) (2017 年上海市高考试题 20 题第 3 小题)在平面直角坐标系 xOy 中,已知椭圆 Γ: $\dfrac{x^2}{4}+y^2=1$,A 为 Γ 的上顶点,P 为 Γ 上异于上、下顶点的动点,M 为 x 正半轴上的动点.若 $|MA|=|MP|$,直线 AQ 与 Γ 交于另一点 C,且 $\overrightarrow{AQ}=2\overrightarrow{AC}$,$\overrightarrow{PQ}=4\overrightarrow{PM}$,求直线 AQ 的方程.

【设计说明】 第一题涉及圆与双曲线,第二题涉及抛物线,第三题涉及椭圆,因此覆盖 4 种二次曲线.3 道题的解法涉及二次曲线的定义、解三角形、解方程等知识点,涉及的计算问题十分典型.

2. 课堂交流

交流第(1)题.

(1) 如图 5-25 所示,已知双曲线 $\dfrac{x^2}{a^2}-\dfrac{y^2}{b^2}=1\,(a>0,b>0)$ 的左、右焦点分别为 F_1,F_2,过 F_1 作圆 $x^2+y^2=a^2$ 的切线,交双曲线右支于点 M,若 $\angle F_1MF_2=45°$,求双曲线的渐近线方程.

生 1:如图 5-26 所示,记 $|MF_1|=r_1$,$|MF_2|=r_2$,

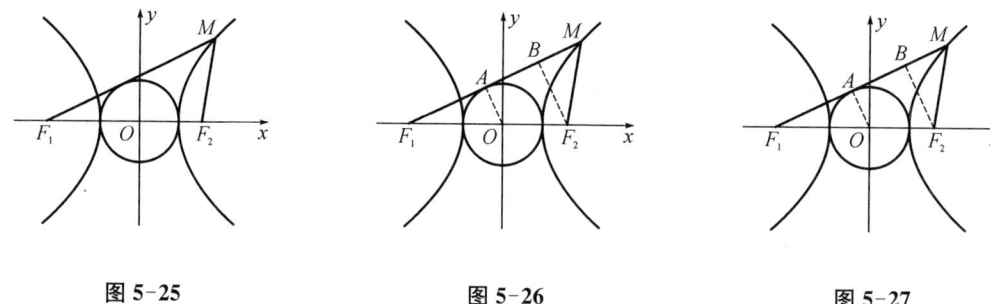

图 5-25　　　　　　　　图 5-26　　　　　　　　图 5-27

记切点为 A,过 F_2 作 F_1M 垂线 F_2B,交 F_1M 于 B 点,Rt$\triangle F_1AO$ 与 Rt$\triangle F_1BF_2$ 相似,O 为 F_1F_2 中点,故 $BF_2 = 2a$;$S_{\triangle F_1MF_2} = \dfrac{1}{2}r_1(2a)$ 且 $S_{\triangle F_1MF_2} = \dfrac{1}{2}r_1r_2\sin 45°$,故 $r_2 = 2\sqrt{2}a$,由双曲线定义得 $r_1 - r_2 = 2a$,有:$r_1 = 2(\sqrt{2}+1)a$,在 $\triangle F_1MF_2$ 中由余弦定理得 $r_1^2 - 2r_1r_2\cos 45° + r_2^2 = 4c^2 = 4(a^2 + b^2)$.综上得到:$2a^2 = b^2$,即 $\dfrac{b}{a} = \sqrt{2}$,故双曲线的渐近线方程为:$y = \pm\sqrt{2}x$.

生 2: 如图 5-27 所示,记 $|MF_1| = r_1$,$|MF_2| = r_2$,记切点为 A,过 F_2 作 F_1M 垂线 F_2B,交 F_1M 于 B 点,Rt$\triangle F_1AO$ 与 Rt$\triangle F_1BF_2$ 相似,O 为 F_1F_2 中点,故 $BF_2 = 2a$;在等腰 Rt$\triangle F_2BM$ 中,$r_2 = 2\sqrt{2}a$,在 Rt$\triangle F_1AO$ 中,$OA = a$,$OF_1 = c$,有 $F_1A = b$,$F_1B = 2b$,故 $r_1 = 2b + |BM| = 2b + 2a$,由双曲线定义得 $r_1 - r_2 = 2a$,有:$(2a + 2b) - 2\sqrt{2}a = 2a$,即 $\dfrac{b}{a} = \sqrt{2}$,故双曲线的渐近线方程为:$y = \pm\sqrt{2}x$.

【设计说明】 本题的解法本质是根据双曲线的定义、识图后的解三角形利用勾股定理及三角形相似等等量关系,列 $|MF_1|$、$|MF_2|$ 与 a,b,c 的方程;因在列方程的过程中,列方程的途径较多,因此本题能很好地让学生体会方程的思想方法.

交流第(2)题.

(2) (2018 年上海市春考试题)已知抛物线 $y^2 = 4x$,F 为其焦点,P 为抛物线准线上的一点,Q 为线段 PF 与抛物线的交点,定义:$d(P) = \dfrac{|PF|}{|FQ|}$,

(a) 证明存在常数 a,使得 $2d(P) = |PF| + a$;

(b) P_1,P_2,P_3 为抛物线准线上的三点,且 $|P_1P_2| = |P_2P_3|$,判断 $d(P_1) + d(P_3)$ 与 $2d(P_2)$ 大小关系.

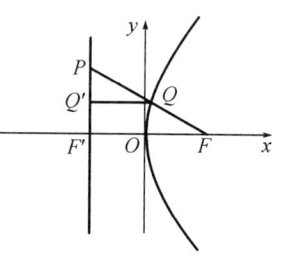

图 5-28

生 1: 如图 5-28 所示,(a) 当 $P(-1, 0)$ 时,可得 $|PF| = 2$,$|FQ| = 1$,$d(P) = 2$,故 $a = 2d(P) - |PF| = 2$.

当 P 不过 $(-1, 0)$ 时,设直线 PF:$x = my + 1$ $(m \neq 0)$

由 $\begin{cases} x=-1 \\ x=my+1 \end{cases}$ 得到: $y_P = -\dfrac{2}{m}$, $\begin{cases} y^2=4x \\ x=my+1 \end{cases}$,

有 $y^2-4my-4=0$, 得到 $y_Q = \dfrac{4m\pm\sqrt{(4m)^2+16}}{2} = 2m\pm 2\sqrt{m^2+1}$, $d(P) =$

$\dfrac{|PF|}{|FQ|} = \dfrac{y_P}{y_Q}$, 因图形关于 x 轴对称,可考虑直线 PF 在 x 轴下方的情况,即令 $m>0$,

$|PF| = \sqrt{2^2+\left(-\dfrac{2}{m}\right)^2} = \dfrac{2\sqrt{1+m^2}}{m}$, 故 $a = 2d(P) - |PF| = 2\dfrac{y_P}{y_Q} - |PF| =$

$2\dfrac{-2}{m(2m-2\sqrt{m^2+1})} - \dfrac{2\sqrt{1+m^2}}{m} = 2$. 综上,存在常数 $a=2$ 使等式成立.

(b) 在图 5-28 中,过 Q 作准线垂线得垂足 Q',根据抛物线定义知: $|QQ'|=|QF|$,
Rt△PQQ' 和 Rt△PFF' 相似,故有 $d(P) = \dfrac{|PF|}{|QF|} = \dfrac{|PQ|+|QF|}{|QF|} = 1+\dfrac{|PQ|}{|QQ'|} =$

$1+\dfrac{|PF|}{|FF'|} = 1+\dfrac{\sqrt{4+y_P^2}}{2}$.

设 $P_1(-1,y_1)$, $P_2(-1,y_2)$, $P_3(-1,y_3)$, $d(P_1) = 1+\dfrac{\sqrt{4+y_1^2}}{2}$,

$d(P_2) = 1+\dfrac{\sqrt{4+y_2^2}}{2}$, $d(P_3) = 1+\dfrac{\sqrt{4+y_3^2}}{2}$, 由 $|P_1P_2|=|P_2P_3|$ 得到 $2y_2 = y_1+y_3$, 于是

$$d(P_1)+d(P_3)-2d(P_2) = \dfrac{\sqrt{y_1^2+4}}{2} + \dfrac{\sqrt{y_3^2+4}}{2} - 2\cdot\dfrac{\sqrt{\left(\dfrac{y_1+y_3}{2}\right)^2+4}}{2}$$

$$= \dfrac{\sqrt{y_1^2+4}}{2} + \dfrac{\sqrt{y_3^2+4}}{2} - \sqrt{\left(\dfrac{y_1+y_3}{2}\right)^2+4}$$

$$= \dfrac{\sqrt{y_1^2+4}+\sqrt{y_3^2+4}-\sqrt{(y_1+y_3)^2+16}}{2},$$

因为 $(\sqrt{y_1^2+4}+\sqrt{y_3^2+4})^2 - [(y_1+y_3)^2+16] = 2\sqrt{y_1^2+4}\sqrt{y_3^2+4} - 2y_1y_3 - 8$,

又因为 $(y_1^2+4)(y_3^2+4)-(y_1y_3+4)^2 = 4(y_1^2+y_3^2)-8y_1y_3 > 0$, 所以 $d(P_1)+d(P_3) > 2d(P_2)$.

生 2: 如图 5-29 所示,(a) 当 P 过 $F'(-1,0)$ 时,可得 $|PF|=2$, $|PQ|=1$, $d(P)=2$, 故 $a=2d(P)-|PF|=2$.

当 P 不过 $F'(-1,0)$ 时,过 Q 作准线垂线得垂足 Q',设

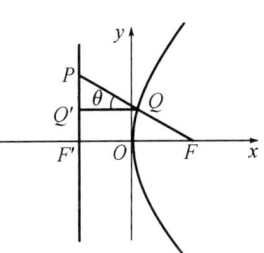

图 5-29

$\angle PQQ' = \theta$,则 $\angle PFF' = \theta$,在 Rt$\triangle PQQ'$ 和 Rt$\triangle PFF'$ 中 $a = 2d(P) - |PF| = 2\dfrac{|PF|}{|FQ|}$

$- |PF| = 2\dfrac{|PQ|+|FQ|}{|FQ|} - |PF| = 2 + 2\dfrac{|PQ|}{|FQ|} - |PF|$,由抛物线的定义知 $|FQ| =$

$|QQ'|$,$\dfrac{|PQ|}{|QQ'|} = \dfrac{1}{\cos\theta}$,$|PF| = \dfrac{2}{\cos\theta}$,于是有 $a = 2 + \dfrac{|PQ|}{|FQ|} - |PF| = 2 + 2\cdot$

$\dfrac{1}{\cos\theta} - \dfrac{2}{\cos\theta} = 2$. 综上,存在常数 $a = 2$ 使等式成立.

(b) 如图 5-30 所示,设 $P_1(-1, t_1)$,$P_2(-1, t_2)$,$P_3(-1, t_3)$,

设 $\angle P_1Q_1Q_1' = \theta$,$|FQ_1| = |Q_1Q_1'|$,$\dfrac{|P_1Q_1|}{|Q_1Q_1'|} = \dfrac{1}{\cos\theta}$,

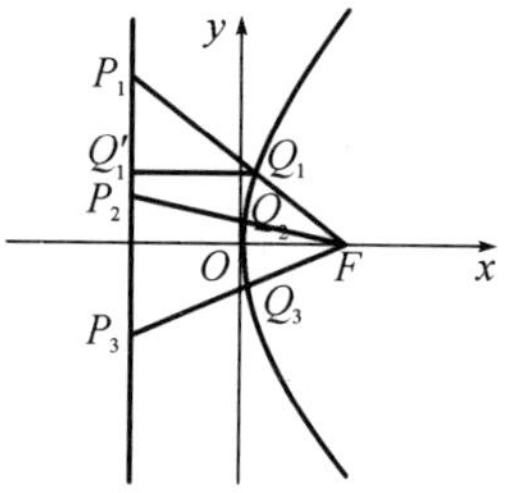

$d(P_1) = \dfrac{|P_1F|}{|FQ_1|} = \dfrac{|P_1Q_1| + |FQ_1|}{|FQ_1|} = 1 + \dfrac{|P_1Q_1|}{|FQ_1|} = 1$

$+ \dfrac{1}{\cos\theta}$,$\cos\theta_1 = \dfrac{2}{|P_1F|} = \dfrac{2}{\sqrt{t_1^2+4}}$,于是得到 $d(P_1) = 1 +$

图 5-30

$\dfrac{\sqrt{t_1^2+4}}{2}$,同理 $d(P_2) = 1 + \dfrac{\sqrt{t_2^2+4}}{2}$,$d(P_3) = 1 + \dfrac{\sqrt{t_3^2+4}}{2}$.

由 $|P_1P_2| = |P_2P_3|$ 得到 $2t_2 = t_1 + t_3$,于是有:

$$d(P_1) + d(P_3) - 2d(P_2) = \dfrac{\sqrt{t_1^2+4}}{2} \cdot \dfrac{\sqrt{t_3^2+4}}{2} - 2 \cdot \dfrac{\sqrt{\left(\dfrac{t_1+t_3}{2}\right)^2 + 4}}{2}$$

$$= \dfrac{\sqrt{t_1^2+4}}{2} \cdot \dfrac{t_3^2+4}{2} - \sqrt{\left(\dfrac{t_1+t_3}{2}\right)^2 + 4} = \dfrac{\sqrt{t_1^2+4} + \sqrt{t_3^2+4} - \sqrt{(t_1+t_3)^2 + 16}}{2},$$

因为 $\left[\dfrac{\sqrt{t_1^2+4} + \sqrt{t_3^2+4}}{2}\right]^2 - \left[\left(\dfrac{t_1+t_3}{2}\right)^2 + 4\right] = \dfrac{\sqrt{t_1^2+4}\sqrt{t_3^2+4} - t_1t_3 - 4}{2}$,又因为

$(\sqrt{t_1^2+4}\sqrt{t_3^2+4})^2 - (t_1t_2+4)^2 = 4(t_1^2+t_3^2-2t_1t_3) = 4(t_1-t_3)^2 > 0$. 所以 $d(P_1) + d(P_3) > 2d(P_2)$.

【设计说明】 本题涉及抛物线的定义、直线与抛物线的位置关系以及比较法. 处理 $d(P) = \dfrac{|PF|}{|FQ|}$ 可以有相似三角形的比例关系和解三角形两种处理方法,两种方法都需要有很好的直观想象,通过对图形进行深入的分析才可以得到准确的解答. 两种方法都可以解决上述问题,但第二种方法显得比较简洁.

交流第(3)题.

(3)(2017 年上海市高考试题第 20 题第 3 小题)在平面直角坐标系 xOy 中,已知椭圆 $\Gamma: \dfrac{x^2}{4} + y^2 = 1$,$A$ 为 Γ 的上顶点,P 为 Γ 上异于上、下顶点的动点,M 为 x 正半轴上的动

点. 若 $|MA|=|MP|$, 直线 AQ 与 Γ 交于另一点 C, 且 $\overrightarrow{AQ}=2\overrightarrow{AC}$, $\overrightarrow{PQ}=4\overrightarrow{PM}$, 求直线 AQ 的方程.

生 1: 如图 5-31 所示, 设 $AQ: y=kx+1$ $(k>0)$ 与椭圆方程联立得: $(1+4k^2)x^2+8kx=0 \Rightarrow x_c=\dfrac{-8k}{1+4k^2} \Rightarrow y_c=kx_c+1=\dfrac{-8k^2}{1+4k^2}+1=\dfrac{1-4k^2}{1+4k^2}$, $\overrightarrow{AQ}=-2\overrightarrow{QC}$,

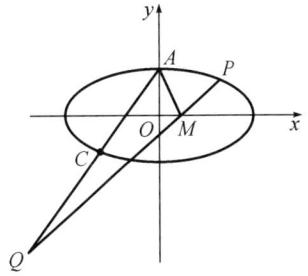

图 5-31

$$x_Q = \dfrac{0+(-2)\cdot\dfrac{-8k}{1+4k^2}}{1+(-2)} = \dfrac{-16k}{1+4k^2}, \quad y_Q = \dfrac{1+(-2)\cdot\dfrac{1-4k^2}{1+4k^2}}{1+(-2)} = \dfrac{1-12k^2}{1+4k^2};$$

设 $M(t,0)$ $(t>0)$, $\overrightarrow{PQ}=4\overrightarrow{PM} \Rightarrow x_P=\dfrac{\dfrac{-16k}{1+4p^2}-4t}{1-4}=\dfrac{16k}{(1+4k^2)\cdot 3}+\dfrac{4}{3}t$, $y_P=\dfrac{-(1-12k^2)}{3(1+4k^2)}$, $|AM|^2=|PM|^2 \Rightarrow t^2+1=(x_P-t)^2+y_P^2$, $y_P^2=1-\dfrac{x_P^2}{4} \Rightarrow t=\dfrac{3}{8}x_P \Rightarrow x_P=\dfrac{16k}{3(1+4k^2)}+\dfrac{4}{3}\cdot\dfrac{3}{8}x_P \Rightarrow \begin{cases} x_p=\dfrac{32k}{3(1+4k^2)} \\ y_p=\dfrac{1-12k^2}{3(1+4k^2)} \end{cases}$, 又 $x_p^2+4y_p^2=4 \Rightarrow 32k^2+4(1-12k^2)^2=4\times 9\times(1+4k^2) \Rightarrow k^2=\dfrac{1}{20} \Rightarrow k=\dfrac{\sqrt{5}}{10}$, 故直线 $AQ: y=\dfrac{\sqrt{5}}{10}x+1$.

生 2: 如图 5-32 所示, 设 $P(x_0, y_0)$, 则 AP 中点 $N\left(\dfrac{x_0}{2}, \dfrac{y_0+1}{2}\right)$, 设 AP 的中垂线与 x 轴的交点 $M(m,0)$, $\overrightarrow{AP}=(x_0, y_0-1)$, $\overrightarrow{MN}=\left(\dfrac{x_0}{2}-m, \dfrac{y_0+1}{2}\right)$,

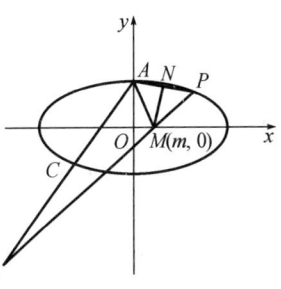

图 5-32

由 $\overrightarrow{AP}\cdot\overrightarrow{MN}=0$ 得到 $x_0\left(\dfrac{x_0}{2}-m\right)+(y_0-1)\dfrac{y_0+1}{2}=0$,

化简得到: $mx_0=\dfrac{x_0^2}{2}+\dfrac{y_0^2-1}{2}$, 又因为 $y_0^2=1-\dfrac{x_0^2}{4}$, 得到 $M\left(\dfrac{3}{8}x_0, 0\right)$; 由 $\overrightarrow{PQ}=4\overrightarrow{PM}$ 得到 $(x_Q-x_0, y_Q-y_0)=4\left(-\dfrac{5}{8}x_0, -y_0\right)$, 于是 $Q\left(-\dfrac{3}{2}x_0, -3y_0\right)$. 又因为 $\overrightarrow{AQ}=2\overrightarrow{AC}$ 得到 $\left(-\dfrac{3}{2}x_0, -3y_0-1\right)=2(x_C, y_C-1)$, 于是

$C\left(-\dfrac{3}{4}x_0, \dfrac{1-3y_0}{2}\right)$. 由 P、C 在椭圆上,将它们的坐标代入椭圆方程得到

$\begin{cases} x_0^2+4y_0^2=4 \\ \left(-\dfrac{3}{4}x_0\right)^2+4\left(\dfrac{1-3y_0}{2}\right)^2=4 \end{cases}$,解之得 $\begin{cases} x_0=\dfrac{8\sqrt{5}}{9} \\ y_0=-\dfrac{1}{9} \end{cases}$,故 $Q\left(-\dfrac{4}{3}\sqrt{5}, \dfrac{1}{3}\right)$,故直线 AQ:

$y=\dfrac{\sqrt{5}}{10}x+1$.

【设计说明】 解法一使用的是通过设直线 AQ:$y=kx+1$ $(k>0)$,然后通过联立直线与椭圆方程得一元二次方程,使用韦达定理和向量关系得到 k 的方程的思路展开;解法二是通过设 $P(x_0, y_0)$,由向量关系,列 x_0,y_0 的方程,由 P、C 在椭圆上得到:

$$\begin{cases} x_0^2+4y_0^2=4 \\ \left(-\dfrac{3}{4}x_0\right)^2+4\left(\dfrac{1-3y_0}{2}\right)^2=4 \end{cases},$$

解得 $\begin{cases} x_0=\dfrac{8\sqrt{5}}{9} \\ y_0=-\dfrac{1}{9} \end{cases}$,通过 $\overrightarrow{PQ}=4\overrightarrow{PM}$ 得到 $Q\left(-\dfrac{3}{2}x_0, -3y_0\right)$,得到 $Q\left(-\dfrac{4}{3}\sqrt{5}, \dfrac{1}{3}\right)$,

从而解决问题的思路展开.尽管两种解法都使用了方程的思想,但思考的路径却不同,体现了解题思维的灵活性和思考问题不同切入方式的殊途同归,两种解法的交流更加坚定了学生的解题自信:那就是只要有想法就要坚定往下走.

3. 小结与布置作业

师:本节课我们学习了些什么?

生:通过 3 个问题的解决与交流,经历了直线与二次曲线的计算、证明与数学运算方法和过程,体验了运用数形结合的方法研究二次曲线的弦长、弦的中点等问题的方法.

【课例点评】 本节课的目标有两个:一是达到能根据题意灵活确定解题路径,二是在解题方法确定后怎样进行数学运算.一直以来,为了追求教学的容量,在课堂上经常牺牲计算中数据和式子的运算,为了容量对于运算往往是一带而过,因此学生平时对运算的研究较少,两方面的因素叠加,造成学生在自己解题时经常因算不下去产生"梗阻"而半途而废,十分可惜.这种情况必须得到扭转,为扭转这种情况我们必须做到以下两点:①在教学过程中重视解析几何运算方法的研究与总结;②必须给足够的时间让学生自主思考与运算.基于这种想法,本节课在课前布置 3 道具有典型特征的直线与二次曲线位置关系的问题给学生思考研究,然后采取思考交流的方式进行讨论、评讲,充分发挥学生的主体地位和教师的主导作用.

通过讨论研究、评讲,总结得到优化解析几何运算的几个重要的方法:①回归二次曲线的定义法.我们知道,二次曲线是具有特殊几何性质的曲线,而这些性质基本都是在定义的基础上引申得到的,因此在解题中回归定义往往可以优化运算,达到化繁为简的目标.例如例1通过双曲线的定义,例2通过抛物线的定义,就达到了很好的效果.②平面几何的知识.平面几何也是研究平面上点、直线、圆等几何元素关系的学科,因此在解析几何的运算中通过"平面几何"的穿针引线,往往也可以优化运算过程.例2通过相似三角形和解三角形使问题思路明朗、更加简洁就是很好的例证.③数形结合.在几何中,位置关系和数量关系往往都蕴含在图形中,因此借助于图形往往能优化运算,3个问题的解决过程都充分体现了这种方法的使用.④方程意识.3个问题中,我们通过参数的巧妙引入,通过方程组的建立,很好地解决了问题.本节课充分体现了"复习课过程性教学"的教学要求,并取得良好的教学效果.

第6章 拓展课、研究课过程性教学探析

6.1 全程关注 开创拓展型课程、研究型课程过程性教学

上海二期课改方案提出,高中课程由基础型课程、拓展型课程和研究型课程三类构成,并各有不同的实施形态. ①数学拓展型课程:以基础型课程为基础,以进一步从纵向拓展学生在基础型课程中习得的知识深度和横向建立知识之间的深度融合为目标,达到开阔学生的知识视野,发展学生不同特殊能力为目的的一类课程,是一种体现不同基础要求、具有一定开放性的课程. 数学拓展型课程主要由基础型课程延伸的学科课程内容和满足学生个性发展需要的其他学习活动组成,是学生自主选择修习的课程,是为研究型课程的学习积累更广泛的知识与能力、经验与方法的课程. 从其能力标准要求来看,拓展课居于基础课程和研究课程之间,起承上启下的作用. ②数学研究型课程:指学生从身边、学习过程和社会生活中提出问题,在教师的指导下,学生通过收集材料,建立数学模型,然后通过研究并解决实际问题的一类课程. 研究型课程的实施方法是:学生运用研究性学习方式,发现和提出问题、探究和解决问题. 其目标是:培养学生自主与创新精神、研究与实践能力、合作与发展意识. 数学研究型课程是全体学生限定选择修习的课程的一部分. 数学研究型课程其内容可以从学生兴趣与生活经验出发,也可以从数学学科出发进行选题与研究.

通过拓展型、研究型课程的"过程性教学"的有效实施,可以使得基础型课程中习得的知识得到纵向和横向的双向发展,起到对基础型课程的教与学两方面增益促效的作用,同时达到改变学习方式,培养学生创新精神和实践能力的目的.

6.1.1 数学拓展型课程、研究型课程过程性教学的原则

在高中数学拓展型课程、研究型课程的教学中落实"数学拓展型课程、研究型课程的过程性教学"原则,就是在《普通高中数学课程标准》的指导下,提倡自主性学习. 数学自主性学习就是学生将被动的机械性的学习过程转换为积极主动的学习过程. 学习的主体对于为什么学习、如何学习、学习什么都有自觉的意识,学生还可以根据学习的目标任务和教师的指导要求,结合自身学习能力积极主动地提高努力程度和调整学习策略,从而完成拓展课和研

究课的学习任务.在高中数学拓展型课程、研究型课程的教学中落实"数学拓展型课程、研究型课程的过程性教学"原则,就是要以知识的发生、发展和认知形成的内在联系为线索,让学生充分经历其中的思维过程,使学生能够积极主动地参与发现和探索的过程中来.

1. 问题的设计与课题的选择要基于学生的实际

数学拓展型课程的内容取向应基于教材而高于教材,基于学生而发展学生.例如,在学习了圆锥曲线之后,学生对源于课本的圆锥曲线的概念普遍十分好奇,产生好奇的原因是,高中教材对为什么把二次曲线叫做圆锥曲线而没有进行证明,因此这一问题基于教材但高于教材,同时对这一问题的解决毋庸置疑能够达到发展学生思考的目的.其次,数学拓展型课程内容的选择应考虑教材和学生实际.再如上面提到的圆锥曲线名称的由来问题,就符合学生的实际,因为解决这一问题只要具备解析几何和立体几何的知识就够了.但诸如椭球等几何体的切面等问题,尽管与中学数学相关但在中学较难解决,选择这样的问题进行拓展就不太适宜.因此,数学拓展型课程内容的设计要充分关注学生认知的局限性和片面性,要根据不同学段、不同年级学生的认知特点进行选择.

研究型课程在起始阶段要为学生铺垫一定的研究与探索的基础;其课题选择在开始阶段最好能与基础型课程的内容,特别是拓展型课程的内容有着较为紧密的相关性,在此基础上再扩展到社会和生活中的广泛内容.因此,研究型课程实施中需注意渐进性.只有当学生有了初步研究或探究问题的能力和相对宽广的背景知识之后,研究或探究的效果才能令人满意.否则,研究型课程的学习过程很难使全体学生达到研究或探究的真正目的,容易造成流于形式、课题研究无果的结果.

2. 动态把握过程纵横双向发展

数学拓展型课程、研究型课程的实施要动态把握过程,应根据具体的内容要求与学生特点及时调整内容与过程.具体来说,首先在数学拓展型课程的实施过程中,教师要通过教学过程不断了解学生的所思所想,及时发现根植于学生之中的问题,找到拓展问题的生长点与知识的纵横联系,确立拓展内容;其次在拓展问题过程中,要进一步强化学生学习的主体性,留给学生充分的思考与讨论时间,促成学生更多的思考、更多的发现,力促学生的思维进级.在数学研究型课程的实施过程中,要及时了解学生课题研究的进展情况,对于研究过程中遇到的问题进行及时协调,促进学生的自主与创新精神的培养、研究与实践能力的提高、合作与发展意识的养成.

在数学拓展型课程、研究型课程的实施过程中,要重视激发和引导学生数学思维过程的纵向深化与横向发展,重视学生知识关联能力及创新能力的培养与发展.

3. 创新评价方式,发挥正向激励作用

数学拓展型课程、研究型课程的实施要丰富评价方式,应重视评价的正向激励作用,充分关注学生的学习和成长过程.通过学生自评、互评等形式,学生逐步养成自我评估、反思和约束的习惯,还可以创新评价方式,邀请校外专家、社会人士、家长以及相关专业机构等参与评价.通过以上形式,使得学生在数学拓展型课程、研究型课程的学习中的表现得到客观公正的评价,学生学习的积极性得到充分的调动,从而发挥评价正向激励的作用.

4. 落实《普通高中数学课程标准》,关注核心素养的养成

高中数学拓展型课程、研究型课程的实施要落实《普通高中数学课程标准》,应注意挖掘数学拓展型课程、研究型课程所蕴含的课程标准内容,根据学生的认知特点和实际生活经验,采用学生乐于接受的方式.通过教学的实施,按照《普通高中数学课程标准》要求,引导学生积极参与教学过程,同时通过优化教学过程和教学内容等方式,提高教学效益,循序渐进地促进学生数学6大核心素养的养成.

6.1.2 数学拓展型课程过程性教学的4个过程

1. 创设情境,提出问题

要创设问题情境,引发学生的认知冲突,促使学生积极搜索旧有的认知结构,为认知结构的转换奠定基础.例如,在由递推公式求通项公式的学习中学生解决了:(2007年全国Ⅰ理科第22题第(1)小题)已知数列$\{a_n\}$中$a_1=2$,$a_{n+1}=(\sqrt{2}-1)(a_n+2)$,$n=1,2,3,\cdots$求数列$\{a_n\}$的通项公式.即学习了由数列的一阶递推求通项公式后,我们可以提出:(2008年广东高考理科21题第(2)小题)设α、β是方程$x^2-px+q=0$的两个实根,数列$\{x_n\}$满足$x_1=p$,$x_2=p^2-q$,$x_{n+1}=px_{n-1}-qx_{n-2}$,$(n=3,4,\cdots)$,求数列$\{x_n\}$的通项公式.在这里,数列中原来$a_{n+1}$与$a_n$两项关系扩展到三项$a_{n+1}$,$a_n$,$a_{n-1}$关系,关系量的变化将产生怎样的递推结果呢,能求其通项公式吗,引发了学生解决问题的新冲动,从而诱发学生产生思维向纵深发展的心向.

2. 解题方法的探索过程

如何解决这些问题?学生在目标明确的情况下,对要解决的问题进行理解,体验信息收集、处理、利用的过程.在解决课前提出的问题时,当要解决的问题与学生的现有能力差距不远的情况下,可以直入主题;在问题较为抽象且问题比较复杂的情况下,可以从稍微简单一点的问题入手,让学生容易探究.例如,在特征根法求二阶递推数列的通项公式中可以引入这样一个相对简单的问题:已知数列$\{a_n\}$满足:$a_1=2$,$a_2=5$,$a_{n+2}=3a_{n+1}-2a_n$,$n\in\mathbf{N}^*$求数列$\{a_n\}$的通项公式.学生在一阶数列通项公式构造法的启发下得到$a_{n+2}-a_{n+1}=2(a_{n+1}-a_n)$,从而构造出:$\{a_{n+1}-a_n\}$是以3为首项、公比为2的等比数列.反思过程,构造中要满足的条件是:新数列的关系式中,等式左右两边的a_{n+1}系数之和应该等于原关系式a_{n+1}前系数.同样,等式右边括号前系数与括号内a_n系数积也应该等于原关系式a_n的系数.由此也使系数比较复杂的递推求解找到了构造方法.

3. 总结探索成果和问题的解决过程

从实践到认识,又从认识到实践,由特殊到一般,再由一般到特殊,人类认识总是这样循环往复、不断深化,这就是人类认识的秩序和过程. 通过解题的探索过程,学生对二阶线性递推数列求通项公式的认识得到了提高,进而在教师引导下,可以总结数列$\{a_n\}$满足:给定a_1,a_2的值,且$a_{n+2}=pa_{n+1}+qa_n(n\in \mathbf{N}^*,p,q\neq 0)$的特征根法,设$a_{n+2}-x_1a_{n+1}=x_2(a_{n+1}-x_1a_n)$,得:$a_{n+2}=(x_1+x_2)a_{n+1}-x_1x_2a_n$. 对比二式,故:$\begin{cases}x_1+x_2=p\\x_1\cdot x_2=-q\end{cases}$. 由韦达定理知:$x_1$,$x_2$为方程$x^2=px+q$的两个根的一般解法. 在学生经历了上述的特殊到一般的认识过程后,再引导学生解决开始提出的问题,自然水到渠成.

4. 触类旁通,拓展问题的过程

同化性迁移是指不改变原有的认知结构,直接将原有的认知经验应用到本质特征相同的一类事物中去,以揭示新事物的意义与作用或将新事物纳入原有的经验结构中去. 在同化性迁移过程中,原有认知结构不发生实质性的改变,只是得到某种充实,也就是触类旁通、拓展问题. 如,原有认知结构中的概念"花",由玫瑰、月季、梅花等概念组成,当前要学习牡丹,把它纳入"花"的原有结构中,既扩充了花的概念,又获得了牡丹这一新概念的意义. 学习数学的过程也是一个不断学习新知、拓展对同类问题的解决的过程,是一个不断进行同化迁移的过程. 这也是实施数学拓展型课程过程性教学的必然要求. 例如,在学生解决了二次线性递推数列的通项公式的求法后,学生提出,递推公式为$a_{n+1}=\dfrac{pa_n+q}{ra_n+h}$的数列通项公式的求法问题. 如"已知数列$\{a_n\}$满足:$a_1=2$,$a_n=\dfrac{a_{n-1}+2}{2a_{n-1}+1}(n\geqslant 2)$,求数列$\{a_n\}$的通项公式"等问题. 通过问题的横向联系,从而引出下一个问题,引发对"不动点法"的研究,促进方法的横向联系,促进思维的纵向拓展.

6.1.3 数学研究型课程过程性教学的4个过程

数学研究型课程目标是:通过数学建模活动的形式对现实问题进行数学抽象,用数学语言表达问题,用数学的方法解决问题,提高学生应用数学知识解决实际问题的能力. 数学研究型课程主要包括了4个环节:选题、开题、解题、结题.

1. 选题

收集师生两方面提供的课题,后经过备课组进行可行性的讨论之后,确定备选课题,然后提供给学生进行自主选题.

2. 开题

开题报告包含课题的目的、文献综述、解决问题的思路、研究计划和研究结果的预期等. 具体可细化为:研究的具体任务、小组成员分工、调查研究的内容、方法和实践过程4个部分.

3. 解题

包括描述问题、用数学语言表达问题、建立数学模型、求解数学模型、得到结论及反思完善等过程.

(1) 通过观察和讨论,找到问题的症结所在,并清晰而明确地陈述问题.

(2) 针对问题提出假设.

(3) 围绕以下几个问题来制订研究计划:"本课题的问题是什么?""你对这个问题已经了解多少?""为了解决这个问题你还需要了解什么?""为了得到你所需要的信息,你将要做什么?"

(4) 按计划采取行动,通过查阅文献资料、通过适当的途径获取解决问题所需要的资料信息和实物信息.

(5) 对搜集到的资料信息进行组织和加工处理,对假设进行检验,得出结论.

4. 结题

撰写研究报告,教师组织学生开展结题答辩与评价. 对于研究报告的评价可以组织学生自评和互评,还可以邀请校外专家、家长以及相关专业机构等参与评价.

6.1.4 拓展型课程的选材途径

1. 开发使用过的优秀试题,寻找隐含的思维过程

使用过的试题,特别是选择题和填空题,往往使用排除法等特殊的方法,因此解题过程不够缜密,其中还隐含了不少被忽略的、值得深思的思维过程. 实际上这些被忽略的问题包含了许多亟待开发、值得进一步回味的地方,因此可以作为拓展型课程的一个不错的选材.

例1 2016年静安区高三数学模拟考试有这样一道题:曲线 C 为到两定点 $M(-2,0)$, $N(2,0)$ 的距离乘积为常数 16 的动点 P 的轨迹. 以下结论正确的个数为(   )

(1) 曲线 C 一定经过原点;

(2) 曲线 C 关于 x 轴对称,但不关于 y 轴对称;

(3) $\triangle MPN$ 的面积不大于 8;

(4) 曲线 C 在一个面积为 60 的矩形范围内.

(A) 0;　　　　(B) 1;　　　　(C) 2;　　　　(D) 3.

解题分析:设 $P(x,y)$,由 $|PM|\cdot|PN|=16$,列式得: $\sqrt{(x+2)^2+y^2}\cdot\sqrt{(x-2)^2+y^2}=16$. 不难得到曲线 C 既关于 x 轴对称又关于 y 轴以及原点对称. 其方程可以化为: $y^2=4\sqrt{16+x^2}-x^2-4$. 通过对称性与计算器的描点作图可知,曲线 C 的图形形状近似于椭圆: $\dfrac{x^2}{20}+\dfrac{y^2}{12}=1$,同时稍稍比椭圆向外凸起一点. 因此前三个问题不难解决. 第四个问题由 $S_{\min}=4ab=4\sqrt{5}\cdot 4\sqrt{3}$,约等于 61.96,故(4)不正确. 于是答案选 B.

这样解答,似乎没有问题,但不少学生对(4)的解答有很大疑问:为什么椭圆 $\dfrac{x^2}{a^2}+\dfrac{y^2}{b^2}=1$ $(a>b>0)$ 的外切矩形面积的最小值为 $4ab$? 椭圆: $\dfrac{x^2}{a^2}+\dfrac{y^2}{b^2}=1$ $(a>b>0)$ 的外切矩形面积的最大值为多少呢?

这两个问题从学生自身提出的问题出发,寻找隐去的思维过程,这就成为很好的研究素材,值得一番思考. 因此在拓展课上可以引导学生做如下思考:

如图 6-1 所示,设 $l_1: y=mx+t$,椭圆: $\dfrac{x^2}{a^2}+\dfrac{y^2}{b^2}=1$ $(a>b>0)$,将它们联立可得关于 x 的方程: $(a^2m^2+b^2)x^2+2a^2mtx+a^2(t^2-b^2)=0$,由于 l_1 与椭圆相切,故 $\Delta=0 \Rightarrow t^2=a^2m^2+b^2$.

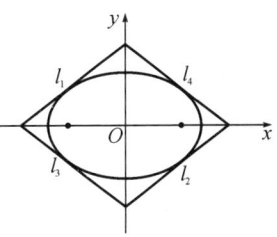

图 6-1

$$t=\pm\sqrt{a^2m^2+b^2} \Rightarrow l_1: y=mx+\sqrt{a^2m^2+b^2}$$

$l_2: y=mx-\sqrt{a^2m^2+b^2}$. l_1 与 l_2 的距离为: $d_1=\dfrac{2\sqrt{a^2m^2+b^2}}{\sqrt{m^2+1}}$.

$l_3,l_4: y=-\dfrac{1}{m}x\pm\sqrt{a^2\left(-\dfrac{1}{m}\right)^2+b^2}$, l_3 与 l_4 的距离为:

$$d_2=\dfrac{2\sqrt{a^2\cdot\dfrac{1}{m^2}+b^2}}{\sqrt{\left(-\dfrac{1}{m}\right)^2+1}}=\dfrac{2\sqrt{a^2+b^2m^2}}{\sqrt{m^2+1}}.$$

$\Rightarrow d_1d_2=\dfrac{4\sqrt{a^2m^2+b^2}\cdot\sqrt{a^2+m^2b^2}}{m^2+1} \Rightarrow S=\dfrac{4}{m^2+1}\cdot\sqrt{am^2+b^2}\cdot\sqrt{a^2+b^2m^2}$

$\dfrac{1}{2}[(a^2m^2+b^2)+(a^2+b^2m^2)] \geqslant \sqrt{(a^2m^2+b^2)(a^2+b^2m^2)}=\dfrac{S(m^2+1)}{4}$

故 $\dfrac{1}{2}(m^2+1)(a^2+b^2) \geqslant \dfrac{S(m^2+1)}{4} \Rightarrow S \leqslant 2(a^2+b^2)$,当且仅当 $a^2m^2+b^2=b^2m^2+a^2$,即 $(a^2-b)m^2=a^2-b^2$, $m=\pm 1$ 时等号成立. 设 $\vec{d_1}=(am,b), \vec{d_2}=(bm,a)$,

由 $|\vec{d_1}\cdot\vec{d_2}|=|\vec{d_1}|\cdot|\vec{d_2}|\cdot\cos\theta \leqslant |\vec{d_1}||\vec{d_2}|$,得 $\sqrt{(a^2m^2+b^2)(a^2+b^2m^2)} \geqslant abm^2+ab$,当且仅当 $am\cdot a=b\cdot bm$,即 $a=b$ 时等号成立,这是不可能的. 而矩形一边的斜率不存在时,如图 6-2,椭圆外切矩形面积为: $(2a)\cdot(2b)=4ab \Rightarrow \dfrac{(m^2+1)}{4}S \geqslant (m^2+1)ab \Rightarrow S \geqslant 4ab$,故 $S \in [4ab, 2(a^2+b^2)] \Rightarrow S \in [4\times 2\sqrt{5}\times 2\sqrt{3}, 2(20+12)]=[61.96, 64]$.

盖椭圆尚需 $S \in [61.96, 64]$，那么盖更大的 $y^2 = 4\sqrt{16+x^2} - x^2 - 4$，则需要的矩形不能比前面盖椭圆的矩形面积来得小. 通过以上分析，不难看出，本题作为选择题实际上隐含了：①为了提高解题的直观性和推理的严密性，建立方程，通过方程研究曲线的思维过程；②为了求椭圆外切矩形面积的最大值，通过引入直线斜率和基本不等式，利用解析法求变量最大值的思维过程；③为了求椭圆外切矩形面积的最小值，引入向量，使用构造法解题的思维过程；④为了求椭圆外切矩形面积的最小值，寻找解题工具，向量数量积或柯西不等式，求椭圆外切矩形面积最小值的思维过程.

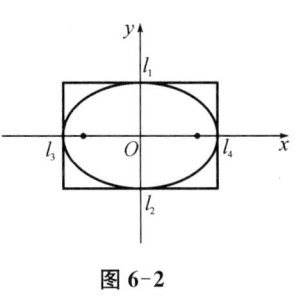

图 6-2

类似问题在二次曲线中还有很多有待开发且符合学生实际和认知水平的好题，将这些题目所隐含的思维过程挖掘出来，进行纵横双向拓展，可以成为拓展型课程的良好素材，能起到促成学生的思维双向发展的效果.

2. 开发章节之间的联系，理清数学内部知识体系

上教版高二数学第一学期教材 8.3 节学习了平面向量的分解定理：如果 $\vec{e}_1, \vec{e}_2$ 是平面内两个不平行的向量，那么对于平面内的任意向量 $\vec{a}$，有且只有一对实数 $\lambda、\mu$ 使 $\vec{a} = \lambda \vec{e}_1 + \mu \vec{e}_2$. 教材中使用向量的方法给予了证明. 在学习完二阶行列式后，再次回顾平面向量的分解定理，引导学生把行列式与向量产生联系，感受代数与几何的巧妙结合，体验数学的奇妙.

例2 记 $\vec{e}_1 = (a_1, b_1), \vec{e}_2 = (a_2, b_2), \vec{a} = (c_1, c_2)$，代入 $\vec{a} = \lambda \vec{e}_1 + \mu \vec{e}_2$ 中，我们可以得到关于 λ, μ 的线性方程组：$\begin{cases} a_1\lambda + a_2\mu = c_1 \\ b_1\lambda + b_2\mu = c_2 \end{cases}$. 由于 $\vec{e}_1, \vec{e}_2$ 是平面内两个不平行的向量，故它们均不为零向量，且 $a_1b_2 - a_2b_1 = \begin{vmatrix} a_1 & a_2 \\ b_1 & b_2 \end{vmatrix} \neq 0$，故方程组：$\begin{cases} a_1\lambda + a_2\mu = c_1 \\ b_1\lambda + b_2\mu = c_2 \end{cases}$ 有唯一一组解：

$$\begin{cases} \lambda = \dfrac{\begin{vmatrix} c_1 & a_2 \\ c_2 & b_2 \end{vmatrix}}{\begin{vmatrix} a_1 & a_2 \\ b_1 & b_2 \end{vmatrix}} \\ \mu = \dfrac{\begin{vmatrix} a_1 & c_1 \\ b_1 & c_2 \end{vmatrix}}{\begin{vmatrix} a_1 & a_2 \\ b_1 & b_2 \end{vmatrix}} \end{cases}$$，从而定理得证.

例3 引导学生把任意角三角比、复数、数学归纳法联系在一起，探索建立复数的三角式的概念与运算法等知识体系. 解决证明：$[r(\cos\theta + i\sin\theta)]^n = r^n(\cos n\theta + i\sin n\theta), (n \in \mathbf{N})$ 等三角式问题.

类似还有复数与三角联系，向量、行列式与直线联系等，教师在教学中可以根据学习需求进行适度梳理章节之间的联系,让学生在理清数学知识体系的同时,体验数学知识体系的微妙所在.

3. 开发解题方法的引申与拓展

著名数学家、数学教育家 G. 波利亚指出:"掌握数学就意味着善于解题."可见解题教学在教学中有着举足轻重的地位. 教育部颁布的《普通高中课程标准》在课程目标中提出:"通过高中数学课程的学习,学生能获得进一步学习以及未来发展所必需的数学基础知识、基本技能、基本思想、基本活动经验(简称'四基');提高从数学角度发现和提出问题的能力、分析和解决问题的能力(简称'四能)". 由于解题的每一步都离不开数学基础知识与技能,因此解题是对原有知识与技能的应用以及进一步的理解,并通过问题的解决获得基本活动经验. 通过解题教学还可以使学生发展和提高推理能力、化归能力、分析和解决问题的能力等,同时通过对问题的思考,达到提出问题、提高数学思维能力的目的. 因此开发解题方法的引申和拓展,对促进学生数学核心素养的连续性发展,提升思维的品质具有十分重要的作用. 如,前面提到的二阶线性递推数列的通项公式的求法,实际上就是对构造法求数列通项公式方法的引申与拓展. 通过对来自师生两方面问题的思考就能够找到方法的引申与拓展的切入点,就能够使学生在基础课型中习得的方法得到引申与拓展.

4. 开发教材内容的延伸,寻找知识的来龙去脉

众所周知,数学的学习往往是以问题来驱动的,因此在教学过程中,师生都会提出各种各样的问题. 高中数学绝大部分章节往往是大学数学的一个基础部分,例如,高中的复数部分是大学复变函数论的基础等. 因此,学生提出的有些问题,目前可能不能解决,但有些问题往往在中学基础上只要稍加联系,还是可以解决的. 例如,在任意角三角比、向量知识的基础上引入复数的三角式定义,从而就能解决坐标轴旋转问题. 再如,为什么二次曲线又叫圆锥曲线?圆柱被不垂直于轴的平面所截的截线图形为什么是椭圆或是椭圆的一部分?圆锥被不同的平面所截得的截线图形为什么分别是圆、椭圆、双曲线和抛物线?能证明吗?这些问题课本上并没有给出证明,教师可以引导学生用空间解析几何的方法去研究. 因此,这样的问题可以作为拓展型课程的一个不错的选材. 又如,从大学课程与基础课程的关系去延伸,用三维几何空间中几何体的剖切去审视二维空间中几何量的表现形式,认识知识体系的发展,从数学建模中开发数学问题的研究.

在拓展的过程中,同样只有让学生弄清问题的来龙去脉,才能使学生真正地掌握这些知识.

6.1.5 研究型课程的选题途径

研究型课程课题的主要来源为:一是课本提供的研究性课题,如声音的传播、测量建筑物的高度、制作弯管等. 二是生产、生活实际中的研究性课题,如分期付款相关问题、刹车距离问题等;三是在学习过程中发现的问题,如二次曲线的焦点的由来探源、多面体的截面相关问题等.研究性课题的选题可以由教师给定,也可以由学生与教师协商进行确定.

基础型课程、拓展型课程与研究型课程这 3 类课程,构成了促使高中生全面发展、不断提升的课程学习体系.基础型课程的学习为后 2 类课程的实施奠定了基础,拓展型课程与研究型课程的学习又为学生进一步打开数学视野和提高学习能力提供了可能.为此,让我们全面关注各类课程的学习要点,把素质教育落实在各类课程的过程性学习中.

6.2 拓展研究课过程性课例探析

6.2.1 课例 1 圆锥曲线名称的由来探源(拓展课)

【教材内容分析】 椭圆、双曲线、抛物线为什么被称为圆锥曲线?上教版高二第二学期数学课本以章节小结的形式提及,但没有阐述具体理由,这为我们提供了一个很好的进行探究性学习的留白.而解决这个问题要涉及解析几何和立体几何的知识,因而对这一问题的探究过程,对培养数学直观想象、逻辑推理、数学建模等数学核心素养十分有益.对数学有浓厚兴趣和较好基础的学生来讲,它也是进行拓展课学习的好途径.新课标要求教师应该关注学生的数学经验,借助现代教育技术创造良好的教学环境,让学生自主动手操作和实验,促进数学交流能力的发展.本节课借助画图软件,采取了师生、生生交流等形式体验探究性学习数学的方法,促进学生主动探索和建构,很好地契合了新课标的理念,同时与拓展性课程的横纵双向拓展的理念完全契合.

【学生学习情况分析】 本节课是在完成立体几何与解析几何教学后进行的一节课.立体几何和解析几何是高中数学的两个重要组成部分,是培养学生空间想象能力和用代数方法解决几何问题的最重要的两个载体.在中学将这两个内容联系在一起的机会并不多,而探索圆锥曲线定义的由来正好为这样的联系提供了载体.本节课为选择数学拓展课的班级单独设计,是在学生积累了一定的研究平面和空间图形的基本方法的基础上进行的,因此通过教师的启发引导,学生能够自主探索,完成本节课的学习.

【教学目标】

(1) 进一步加深对圆锥曲线的定义和球的概念的理解.

(2) 类比点、直线与圆的位置关系,建构点、直线、平面与球位置关系的概念,尝试进行探究性学习.

(3) 感受空间想象和解析推理的过程.

【教学重点】 探索圆锥曲线的定义由来.

【教学难点】 空间基本元素相互位置关系的判定.

【教学过程】
1. **课前准备**(请同学们完成下列问题)

问题 1 直线 a 与球 O 相切、平面 α 与球 O 相切是怎样定义的?

问题 2 过圆外一点可以作圆的两条切线,那么过球外的一点可以作球的多少条切线?

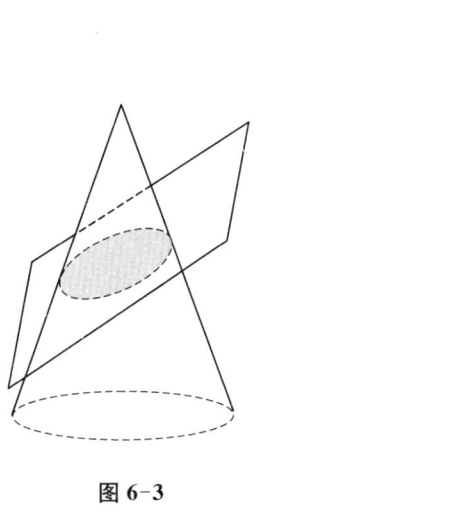

图 6-3　　　　　　　　　　图 6-4

问题 3 如图 6-3 所示,作平面来截圆锥,截得的截面轮廓线是什么形状?

问题 4 如图 6-4 所示,有两个半径值确定的不同的球放入同一个确定的圆锥中,使得圆锥与球严丝合缝,同时用一个平面去截圆锥,使得平面与上下两个球分别切于 F_1、F_2 两点,求证:平面截圆锥所得到的截面边缘曲线 C 是以 F_1、F_2 为焦点的椭圆.

问题 5 如图 6-5 所示,有两个半径值确定的不同的球放入对顶两个确定的圆锥中,使得圆锥与球严丝合缝,同时用一个平面去截圆锥使得平面与上下两个球分别切于 F_1、F_2 两点,求证:平面截圆锥所得到的轮廓线 C 是以 F_1、F_2 为焦点的双曲线.

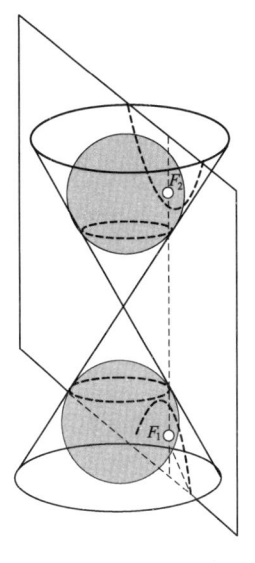
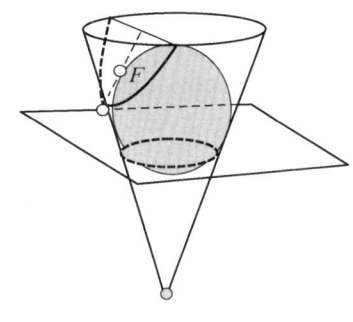

图 6-5　　　　　　　　　　图 6-6

问题6 如图6-6所示,有一个确定的球放入一个确定的圆锥中,使得圆锥与球严丝合缝,同时用一个平行于母线的平面 α 去截圆锥且与球切于 F 点,求证:平面截圆锥所得到的截面边缘曲线 C 是以 F 为焦点的抛物线.

【设计说明】 对于圆锥曲线的由来的证明是使用球来进行辅助的,即"辅助球"的发现是一个难点.课前可以通过布置学生去查阅相关的资料,然后通过师生交流,整理得到.在本问题中作图也是一个难点,这一问题也可以通过学生探究、讨论和师生交流来完成.由于有以上一系列的准备工作要做,因此在这一节课前最好要安排一节准备课,解决查资料后的交流和作图问题.

2. 课堂交流

师:问题1.直线 a 与球 O 相切、平面 α 与球 O 相切是怎样定义的?

生:直线 a 与球 O 相切:若直线 a 与球 O 只有一个交点(记为 P),则称直线 a 与球 O 相切,称交点 P 为直线 a 与球 O 相切的切点,直线 a 称为球 O 的切线.

平面 α 与球 O 相切:若平面 α 与球 O 只有一个交点(记为 P),则称平面 α 与球 O 相切,称交点 P 为平面 α 与球 O 相切的切点,平面 α 称为球 O 的切面(图6-7).

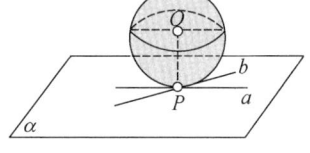

图6-7

师:过圆上一点只能作一条圆的切线,那么过球上的一点可以作球的多少条切线?

生:无数条.

师:为什么?

生:由定义与图6-7可知,过球 O 的切点 P 可以作无数个球的大圆,过 P 可以作每一个大圆的切线,这些切线均和半径 OP 垂直.因切线均和球的半径 OP 垂直,所以这些切线均在同一个平面内(图6-8).

师:问题2.过圆外一点可以作圆的两条切线,那么过球外的一点可以作球的多少条切线?

生:无数条.

师:为什么?

生:如图6-8所示,我们将一个球放入一个圆锥中并使得它们严丝合缝,圆锥的每一条母线与球只有一个交点,故圆锥的每条母线与球都相切;又因圆锥的母线有无数条,故过球外一点可以作球的无数条切线.

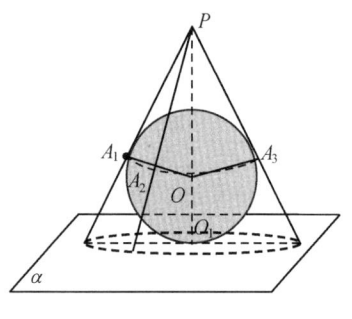

图6-8

师:那么这些切线段的关系怎样?为什么?

生:相等.见图6-8,由球与圆锥的定义知,$Rt\triangle OA_1P$ 与 $Rt\triangle OA_3P$ 全等,故两条切线段 $PA_1 = PA_3$.

【设计说明】 对于直线与球、平面与球的位置关系,尽管在高中学生没有学习过,但它们处于学生的"最近发展区",因为以上两个概念其实就是直线与圆的位置关系的后位概念,因而稍加启发,就可以得到.

师:问题 3. 如图 6-9 所示,作平面来截圆锥,截得的截面轮廓线是什么形状?

生: 椭圆.

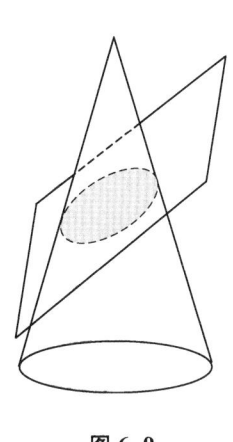

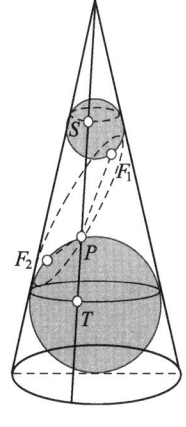

图 6-9　　　　　图 6-10

师:问题 4. 如图 6-10 所示,有两个半径值确定的不同的球放入同一个确定的圆锥中,使得圆锥与球严丝合缝,同时用一个平面去截圆锥使得平面与上下两个球分别切于 F_1、F_2 两点,求证:平面截圆锥所得到的截面边缘曲线 C 是以 F_1、F_2 为焦点的椭圆.

生: 在图 6-10 中,取圆锥的任意一条母线,记它与上下两个球的切点分别为 S、T 两点,S、T 两点分别在上下两个球的两个小圆上,记这条母线与截面边缘曲线 C 交于 P 点. 根据球的切线性质得到:$PF_1 = PS$,$PF_2 = PT$,故有:$PF_1 + PF_2 = PS + PT = ST$. 由于两个球与圆锥都是确定的,故 ST 是个定值,由椭圆的定义知:截面边缘曲线 C 是椭圆.

【设计说明】 本题解决问题的主要依据是:在圆锥和两个与圆锥严丝合缝的球确定的条件下,两个球的外公切线段的长度是一个定值.

师:问题 5. 如图 6-11 所示,有两个半径值确定的不同的球放入对顶的两个确定的圆锥中,使得圆锥与球严丝合缝,同时用一个平面去截圆锥,使得平面与上下两个球分别切于 F_1、F_2 两点,求证:平面截圆锥所得到的截面边缘曲线 C 是以 F_1、F_2 为焦点的双曲线.

生: 在图 6-11 中,取圆锥的任意一条母线,记它与上下两个球的切点分别为 S、T 两点,S、T 两点分别在上下两个球的两个小圆上,S、T 与曲线 C 的下半部分交于 P 点. 根据球的切线性质得到:$PF_2 = PT$,$PF_1 = PS$,故有:$PF_2 - PF_1 = PT - PS = ST$. 由于两个球与圆锥都是确定的,故 ST 作为对顶的两个圆锥的母线,

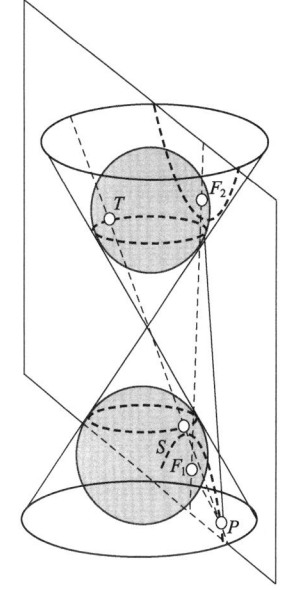

图 6-11

它的长度是个定值,由双曲线的定义知:截面边缘曲线 C 是双曲线.

【设计说明】 问题 4 可以作为例题,采取师生、生生共同探究加以完成. 问题 5 因有问题 4 的铺垫,可作为课堂练习,由学生独立完成.

师:问题 6. 如图 6-12 所示,有一个确定的球放入一个确定的圆锥中,使得圆锥与球严丝合缝,同时用一个平行于母线 MN 的平面 α 去截圆锥且与球切于 F 点,求证:平面截圆锥所得到的截面边缘曲线 C 是以 F 为焦点的抛物线.

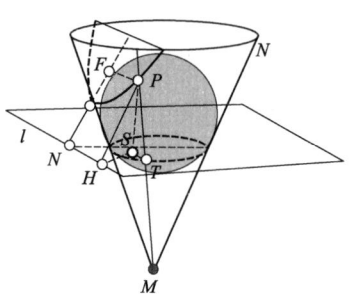

图 6-12

生: 在图 6-12 中,取圆锥的任意一条母线,记它与边缘曲线交于 P 点,与球切于 T 点,由题意知 T 点在球与圆锥相交所得的小圆上,过 P 点作球的小圆所在平面的垂线,得到垂足 S 点;记 α 与小圆所在平面的交线为 l,过 F 作 l 的垂线得到垂足为 N 点;过 P 作 l 的垂线得到垂足为 H 点. 根据球的切线的性质得到:$PF=PT$,记圆锥母线与圆锥的轴所成的角为 θ,PH 平行于圆锥的母线 MN,则 $\angle PHS = \angle PTS = \dfrac{\pi}{2} - \theta$,故 $\mathrm{Rt}\triangle PHS$ 与 $\mathrm{Rt}\triangle PTS$ 全等,故 $PH = PT$,因而有 $PF = PH$. 由抛物线的定义知:截面边缘曲线 C 是以 NH 所在直线为准线、以 F 为焦点的抛物线.

【设计说明】（1）对于球的切线,本课例使用类比探索的方法,通过学生熟悉的平面内直线与圆的位置关系出发,引导学生进行类比迁移,从而建立起直线与球的位置关系的概念,为解答学生对圆锥曲线概念的由来的疑问搭建了一个很好的解决平台. 这样的设计极大地满足了学生去了解陌生世界的好奇心理,这样的设计激发了学生的学习兴趣,提高了学生主动探索、研究球的新知的积极性.

（2）苏联心理学家、教育家维果茨基提出了"最近发展区"理论,它是指儿童在没有他人帮助的情况下独自能达到的水平与在有帮助的情况下所能达到的水平这两者之间的差距. 也就是说,学生的发展水平分为现有的发展水平和即将达到的发展水平两种. "最近发展区"理论为高中数学课教学提供了科学的理论基础和实践指导,教师可以在"最近发展区"理论的指导下,根据学生现有的数学认知水平,站在"最近发展区"内设计教学活动,将学生的"潜在发展水平"转化为"现有发展水平",帮助学生实现从现有能力向潜在能力的跨越. 基于此,本课例模仿直线与圆的教材体系,设置了 6 个课前思考题给学生思考. 通过思考,学生发现了直线与球的位置关系和直线与圆的位置关系存在一定的相似性和可比性,学生利用原有的对圆的认知结构建立了对球的概念的初步认识,通过对课前 6 个问题的师生、生生交流活动的实施,进一步建立起了球的概念体系,引发了学生联系立体几何和解析几何的相关概念与基本方法迁移的思考,使问题得到了较好的解决.

（3）类比是数学发现与创新的重要手段. 类比就是大胆合理的推理,它是一种创新的手段. 因为有了球与圆的类比,学生跳出圆的框架,不受圆的束缚,根据圆所蕴含的思想方法和表现形式,大胆提出设想,找到了解决"圆锥曲线概念由来"的方法和途径.

【课堂小结】

师:本节课我们学习了哪些概念?解决了哪些问题?

生:我们学习了直线与球相切、平面与球相切的相关概念,回答了二次曲线为什么叫圆锥曲线的缘由.

师:在解决问题的过程中,我们体会到了哪些数学思想方法?

生:体会了类比的方法,数形结合、等价转化等数学思想方法.

【课后思考题】 用一个平面斜切一个圆柱,截面的边缘曲线是什么形状?你能证明吗?

【点评】 本节课的教学设计,围绕着"圆锥曲线名称的由来",即:"我们所学习的椭圆、双曲线、抛物线为什么叫圆锥曲线?它们与圆锥到底是什么关系?"进而展开教学,教学目标非常明确.为了实现这个目标,教师精心设计教学环节、实施有效教学.首先,教学设计体现了新课程理念,教学的第一个环节,通过设计问题,引导学生课前思考,实施"先行组织者"策略.而这些问题都是本节课内容的核心问题,学生经过思考,形成初步感知.在此基础上,开展课堂交流,交流的目的在于完善知识结构,澄清头脑中一些模糊的、错误的认识.在此过程中,学生的逻辑推理能力、逻辑思辨能力得到提高.教学的第二个环节"深入探究"阶段,引导学生用类比的方法研究平面与圆锥相交形成的截面曲线所具有的性质,通过直观猜测曲线的形状,再从理性的角度紧扣椭圆、双曲线、抛物线的定义验证相关曲线的类型,这一过程展示了数与形的完美结合,培养了学生的空间想象能力,对提高学生思维的严密性起到了一定的作用.

6.2.2 课例2 复数的三角式(拓展课)

【教材内容分析】 本内容是在完成复数章节学习后,为数学拓展班单独设计的一个教学内容,课时数为2课时.复数与三角、向量、解析几何等章节都存在广泛的联系,同时也是学生的一个"最近发展区".复数有代数式、三角式、指数式,复数的这些形式显示了复数的向量特性.在涉及到模、旋转、方向及角度时,使用复数,尤其是三角式来解决,可以使计算简便、思路清晰.有些方法是向量不可比拟的,因而显示出复数三角式其独特的优势.学会运用复数的三角式等复数的知识解决问题,可以达到加强章节联系、开阔思路的目的,满足学生的多层次需求.复数是《复变函数论》等高等数学的基础,随着相关学科的发展,复数在物理学等学科得到了广泛的应用,因此复数的拓展为学生的发展奠定了一定的基础.

【学生学习情况分析】 在学习这一部分内容之前,学生已经系统地学习了三角比、解析几何和复数的代数式加法、减法、乘法和除法等运算,是在积累一定的基础知识、基本技能、基本方法和基本活动经验的基础上进行的,因此通过教师的启发引导,学生能够完成这部分的学习.

【教学目标】
(1) 理解复数的三角式的概念,能熟练进行代数式与三角式的互化.
(2) 理解复数三角式的乘法、除法、乘方的运算法则.
(3) 经历复数的三角式解决有关问题的求解过程,感受类比、转化等数学思想方法.

【教学重点】 复数三角式的概念、复数三角式的乘法、除法、乘方的运算法则.

【教学难点】 复数三角式的乘法、除法的几何意义及其应用.

【教学过程】

1. 复习与提问

师: 任意角的三角比是怎样定义的?

生: 将角 θ 的顶点放在坐标原点,将角 θ 的始边放在 x 轴的正半轴上,在角 θ 的终边上任取一个异于原点的点 $P(x, y)$,记 $r = \sqrt{x^2 + y^2}$,则 $\sin\theta = \dfrac{y}{r}$,$\cos\theta = \dfrac{x}{r}$,$\tan\theta = \dfrac{y}{x}$.

【设计说明】 对三角比的定义进行复习是基于两点思考:一是三角比是高一第二学期学习的内容,学生可能有些遗忘,在此复习能起到温故知新的目的;二是为复数的三角式定义的引入提供一个方向上的引导和铺垫.

2. 概念的生成过程

师: 通过对复数的代数式及其运算的学习,我们知道:对于每一个确定复数 $z = a + bi$ $(a, b \in \mathbf{R})$ 在复平面上都对应一个确定的点 $P(a, b)$,把射线 OP 看成角 θ 的终边,记 $r = \sqrt{a^2 + b^2}$,则 a、b 与 r、θ 存在怎样的关系?

生: 由任意角的定义得:$\begin{cases} a = r\cos\theta \\ b = r\sin\theta \end{cases}$.

师: 由于对于确定的复数 $z = a + bi$ $(a, b \in \mathbf{R})$,a、b 是确定的,通过上述关系 r、θ 也是确定的,因此复数我们又可以怎样来表示?

生: $z = r(\cos\theta + i\sin\theta)$.

师: 很好,我们称 $r(\cos\theta + i\sin\theta)$ 为复数 z 的三角式,其中 θ 称为复数 z 的辐角,r 为复数 z 的模.因终边相同的角有无数个,为了方便研究,我们把在 $[0, 2\pi)$ 的复数的辐角称为复数 z 的辐角主值,记为 $\arg z$.

【设计说明】 以问题驱动的方式设计教学流程,促进学生知识体系朝着一定的方向进行建构.以问题驱动的方式进行教学设计时,应注意设问不宜过多,问题过多往往降低了问题的难度,削弱了学生思考的深度,要给学生足够的思考时间,这些都是在以问题驱动的方式设计教学流程中我们应该深入研究和加以注意的.

3. 概念的理解与运算法则的发现过程

师: 前面我们学习了复数的代数式的四则运算,那么已知 $z_1 = r_1(\cos\theta_1 + i\sin\theta_1)$ $(r_1 \geqslant 0)$,$z_2 = r_2(\cos\theta_2 + i\sin\theta_2)$ $(r_2 \geqslant 0)$,复数的三角式又是怎样进行乘法运算的呢?请同学

们试试?

生: $z_1 z_2 = r_1(\cos\theta_1 + i\sin\theta_1)r_2(\cos\theta_2 + i\sin\theta_2) = r_1 r_2[(\cos\theta_1\cos\theta_2 - \sin\theta_1\sin\theta_2) + i(\sin\theta_1\cos\theta_2 + \cos\theta_1\sin\theta_2)] = r_1 r_2[\cos(\theta_1+\theta_2) + i\sin(\theta_1+\theta_2)]$.

师: 非常好,这就是复数三角式的乘法运算法则. 通过以上的运算,同学们还发现了什么?

生: 两个复数乘积的模等于它们模的乘积.

师: 很好!那么已知 $z_1 = r_1(\cos\theta_1 + i\sin\theta_1)$ $(r_1 \geqslant 0)$, $z_2 = r_2(\cos\theta_2 + i\sin\theta_2)$ $(r_2 \geqslant 0)$ 复数的三角式又是怎样进行除法运算的呢?

生: $\dfrac{z_2}{z_1} = \dfrac{r_2(\cos\theta_2 + i\sin\theta_2)}{r_1(\cos\theta_1 + i\sin\theta_1)} = \dfrac{r_2}{r_1} \cdot \dfrac{(\cos\theta_2 + i\sin\theta_2)(\cos\theta_1 - i\sin\theta_1)}{(\cos\theta_1 + i\sin\theta_1)(\cos\theta_1 - i\sin\theta_1)} = \dfrac{r_2}{r_1}[\cos(\theta_2 - \theta_1) + i\sin(\theta_2 - \theta_1)]$,两个复数商的模等于它们模的商.

师: 很好!这就是复数三角式的除法法则,那么复数的乘方三角式又是怎样进行运算的呢?

生: 根据乘法法则与乘方的定义,对于复数 $z = r(\cos\theta + i\sin\theta)$ $(r \geqslant 0)$ 的乘方: $z^n = r^n[\cos(n\theta) + i\sin(n\theta)]$ $(n \in \mathbf{N}^*)$,且复数幂的模等于其模的幂.

师: 很好!这就是复数的乘方法则. 复数的乘方法则又叫棣美弗定理. 至此,我们也对前面的复数乘积、复数商、复数幂的模的结论给予了证明.

【设计说明】 教师的主导作用,就是体现在教师要引导学生正确地学习,教会学生合理的学习方法,注重学生能力的培养,对学生的全面发展进行规划和引导,就像一句谚语所说"授人以鱼,不如授人以渔",也就是这个道理. 对于教师来说,学生是受教育的客体;对于解决教学任务的一系列活动来说,学生又是学习的主体,是学习的主人. 学习是学生在教师的引导下解决教育教学任务,获得一定知识、能力的一系列认识活动. 学生是有主观能动性的,在教学活动中是积极的参与者,而不是一个被动地接受教师灌输知识的客体. 在具体教学中,需要转变传统的以教师为中心的教学方法,使教师由知识技能的传授者变为学生发展的促进者. 因此,在拓展课的教学中,我们同样要遵循数学教学的过程性原则. 在此时,学生对复数的代数式的运算和三角恒等式都有一定的积累,因而通过教师的引导,让学生自主探索是一个很好的设计安排.

4. 概念与运算法则的应用过程

例1 用复数的三角式运算法则计算: $\dfrac{(2+2i)^4}{(1-\sqrt{3}i)^5}$ 的值.

(由学生尝试完成)

解 $\dfrac{(2+2i)^4}{(1-\sqrt{3}i)^5} = \dfrac{(2+2i)^4}{-(-1+\sqrt{3}i)^5} = -\dfrac{\left[2\sqrt{2}\left(\cos\dfrac{\pi}{4} + i\sin\dfrac{\pi}{4}\right)\right]^4}{\left[2\left(\cos\dfrac{2\pi}{3} + i\sin\dfrac{2\pi}{3}\right)\right]^5}$

$$= -\frac{2^6}{2^5} \frac{(\cos \pi + i\sin \pi)}{\left(\cos \frac{10\pi}{3} + i\sin \frac{10\pi}{3}\right)}$$

$$= -2\left[\cos\left(-\frac{7\pi}{3}\right) + i\sin\left(-\frac{7\pi}{3}\right)\right] = -1 + \sqrt{3}i.$$

例 2 已知复数 z_1, z_2 满足: $|z_1| = 1$, $|z_2| = 1$, 且 $z_1 + z_2 = -\frac{7}{5} + \frac{1}{5}i$, 求 $z_1 z_2$ 的值. (由学生尝试完成)

解 设 $z_1 = \cos\theta_1 + i\sin\theta_1$, $z_2 = \cos\theta_2 + i\sin\theta_2$, 由条件 $z_1 + z_2 = -\frac{7}{5} + \frac{1}{5}i$ 得到:

$$\begin{cases} \cos\theta_1 + \cos\theta_2 = -\frac{7}{5} \\ \sin\theta_1 + \sin\theta_2 = \frac{1}{5} \end{cases}, \text{于是} \begin{cases} 2\cos\frac{\theta_1+\theta_2}{2}\cos\frac{\theta_1-\theta_2}{2} = -\frac{7}{5} \\ 2\sin\frac{\theta_1+\theta_2}{2}\cos\frac{\theta_1-\theta_2}{2} = \frac{1}{5} \end{cases}, \text{两式相除得:}$$

$$\tan\frac{\theta_1+\theta_2}{2} = -\frac{1}{7},$$

而 $z_1 z_2 = \cos(\theta_1 + \theta_2) + i\sin(\theta_1 + \theta_2) = \dfrac{1 - \tan^2\dfrac{\theta_1+\theta_2}{2}}{1 + \tan^2\dfrac{\theta_1+\theta_2}{2}} + i\dfrac{2\tan\dfrac{\theta_1+\theta_2}{2}}{1 + \tan^2\dfrac{\theta_1+\theta_2}{2}}$

$$= \frac{24}{25} - \frac{7}{25}i.$$

例 3 (清华大学 2006 年自主招生) 求最小正整数 n, 使得 $I = \left(\dfrac{1}{2} + \dfrac{1}{2\sqrt{3}}i\right)^n$ 为纯虚数, 并求出 I.

(由学生尝试完成)

解 $I = \left(\dfrac{1}{2} + \dfrac{1}{2\sqrt{3}}i\right)^n = \left[\dfrac{\sqrt{3}}{3}\left(\dfrac{\sqrt{3}}{2} + \dfrac{1}{2}i\right)\right]^n = \left(\dfrac{\sqrt{3}}{3}\right)^n \left(\cos\dfrac{\pi}{6} + i\sin\dfrac{\pi}{6}\right)^n$

$$= \left(\frac{\sqrt{3}}{3}\right)^n \left(\cos\frac{n\pi}{6} + i\sin\frac{n\pi}{6}\right),$$

由 $\cos\dfrac{n\pi}{6} = 0$ 得到: $\dfrac{n\pi}{6} = k\pi + \dfrac{\pi}{2}$, 于是有: $n = 6k + 3$, $k \in \mathbf{Z}$, 由于 n 为正整数, 故 $n_{\min} = 3$, $I = \dfrac{\sqrt{3}}{9}i$.

例 4 (1) 已知 $z_1 = 2\left(\cos\dfrac{\pi}{6} + i\sin\dfrac{\pi}{6}\right)$, $z_2 = 3\left(\cos\dfrac{2\pi}{3} + i\sin\dfrac{2\pi}{3}\right)$, 求 $z_1 z_2$ 的值,

并说明其几何意义.

(2) 证明：反比例函数 $y=\dfrac{1}{x}$ 的图像的形状是双曲线.

解 (1) (由学生尝试完成) $z_1 z_2 = 6\left(\cos\dfrac{5\pi}{6}+i\sin\dfrac{5\pi}{6}\right)=-3\sqrt{3}+3i$,

几何意义为：将复数 Z_2 对应的向量 $\overrightarrow{OZ_2}$ 按逆时针方向旋转 $\dfrac{\pi}{6}$，再将其模伸长到原来的 2 倍，所得到的向量对应的复数即为 $z_1 z_2$.

(2) (师生共同完成)

师：若反比例函数 $y=\dfrac{1}{x}$ 的图像是双曲线，那么同学们能猜想其实轴所在的直线方程是什么？渐近线方程是什么？

生：实轴所在的直线方程是 $y=x$，渐近线是 x 轴和 y 轴.

师：实轴的顶点坐标是什么？

生：$\begin{cases} y=x \\ y=\dfrac{1}{x}\end{cases}$，即 $(1,1)$，$(-1,-1)$.

师：旋转改变曲线的形状吗？

生：不会改变.

师：若我们将反比例函数 $y=\dfrac{1}{x}$ 的图像绕着原点顺时针方向旋转 $\dfrac{\pi}{4}$，同学们能猜想得到的曲线的方程吗？

生：$\dfrac{x^2}{2}-\dfrac{y^2}{2}=1$.

师：你能证明吗？

生：记反比例函数 $y=\dfrac{1}{x}$ 的图像相应的曲线为 C_1，顺时针方向旋转 $\dfrac{\pi}{4}$ 得到的曲线为 C，在曲线 C 上任取一点 $P(x,y)$，该点绕着原点逆时针方向旋转 $\dfrac{\pi}{4}$ 得到的点 $P_1(x_1,y_1)$（在曲线 C_1 上），则按照复数乘法的几何意义知：$x_1+y_1 i=(x+yi)\left(\cos\dfrac{\pi}{4}+i\sin\dfrac{\pi}{4}\right)$，得到 $\begin{cases} x_1=\dfrac{\sqrt{2}}{2}(x-y) \\ y_1=\dfrac{\sqrt{2}}{2}(x+y)\end{cases}$，又点 $P_1(x_1,y_1)$ 在曲线 C_1 上，故 $x_1 y_1=1$，所以有：$\dfrac{\sqrt{2}}{2}(x+y) \cdot \dfrac{\sqrt{2}}{2}(x-y)=1$，即曲线 C 的方程为：$\dfrac{x^2}{2}-\dfrac{y^2}{2}=1$，命题得证.

【课堂小结】

师：本节课我们学习了哪些概念？解决了哪些问题？

生：学习了复数的三角式，使用三角式进行复数的相关计算和证明了反比例函数 $y = \dfrac{1}{x}$ 的图像是双曲线等问题.

师：在解决问题的过程中，我们体会到了哪些数学思想方法？

生：体会了数形结合、等价转化等数学思想方法.

【课后思考题】

(1) 已知复数 z_1，z_2 满足：$|z_1| = 1$，$|z_2| = 1$，且 $z_1 + z_2 = \dfrac{1}{2} + \dfrac{\sqrt{3}}{2}i$，求 z_1，z_2 的值.

(2) 求最小正整数 n，使得 $I = \left[\dfrac{1}{2} + \dfrac{\sqrt{3}}{2}i\right]^n$ 为纯虚数，并求出 I.

(3) 证明：反比例函数 $y = -\dfrac{2}{x}$ 的图像的形状是双曲线.

【课例点评】 《普通高中数学课程标准》(2017 年版)明确提出了"发现问题的能力、提出问题的能力、分析问题的能力、解决问题的能力"的"四能"要求. 在拓展课的教学中实施"拓展课的过程性教学"就是落实上述要求的一个有力举措. 通过概念的生成过程、概念的理解与运算法则的发现过程、概念与运算法则的应用过程，学生通过自主探索，十分轻巧地证明了两个复数乘积的模等于它们模的乘积、两个复数商的模等于它们模的商，特别是"复数幂的模等于其模的幂"这个学生在前面没能解决的问题. 本设计通过复数的三角式概念的自然引入，复数乘法、乘方、除法法则的探索开展教学活动. 4 道例题涉及复数的乘法、乘方、除法三角式的运算，通过 4 道例题的解决，巩固和深化了学生对上述三种复数运算的理解. 通过采取生生、师生交流的方式及体会、总结、反思的过程，使学生体验了研究性学习数学的方法. 例 4 中关于反比例函数的图像形状是双曲线的结论，有些学生在初中就早有耳闻，至于为什么是双曲线，这是一直困扰着学生而一直没能解决的问题. 通过解决该问题，使学生对复数三角式的价值有了进一步的体会. 在教学中，这些体会的积累，无疑对培养学生对数学美好的情感、对提高学生学习的主动性和兴趣具有极大的推动作用. 通过层次清楚的教学结构，实施教学过程，达到了课前设置的教学目标.

6.2.3 课例 3 对加法原理和乘法原理的再探索(拓展课)

【教材内容分析】 本节课是在完成排列组合教学后，为数学拓展班单独设计的一节数学拓展课. 排列组合是现代数学概率论等高等数学的基础，排列组合问题高度抽象，因此是高中数学教学的一个难点内容. 由于在解题过程中涉及分类讨论、等价转化、数形结合等数学思想方法，因而是培养数学表达能力、数学建模能力、运算求解能力等数学核心能力的一个很好的内容.正因为排列组合的抽象性,这一部分被认为是高中数学中训练学生思维的好题材,对于数学有浓厚兴趣和较好基础的学生来讲,它也是进行拓展课教学的好内容之一.

【学生学习情况分析】 高三阶段是学生认知水平是一个比较成熟的时期,在这一时期,对于数学有浓厚兴趣和较好基础的学生来讲有相当的自主意识,有主动学好数学的愿望,是形成、完善知识体系、掌握分析问题的方法、形成良好思维习惯和达到思维进级的一个重要时期.本节课是在学生系统学习了加法原理、乘法原理和学习了排列、组合之后,学生基本掌握了利用两个原理、排列和组合解决问题的方法,是在积累一定的研究排列组合问题的基本方法的基础上进行的.因此,通过教师的启发引导,学生能够自主探索完成本节课的学习.

【教学目标】

(1)进一步理解加法原理和乘法原理的异同.

(2)会灵活运用两个原理和排列组合的方法解决较复杂的排列组合应用题.

(3)感受数学建模、数学表达、数学运算求解的方法.

【教学重点】 两个原理与排列组合的应用.

【教学难点】 两个原理与排列组合的区别和适切应用.

【教学过程】

1. 复习与提问

师:前面我们学习了两个原理,同学们对两个原理有何理解?

生:加法原理对应了对问题分类的方法,乘法原理对应了对问题分步思考的方法.

师:排列与组合有何区别?

生:排列有序,组合无序.排列涉及两个"动作":先取后排;而组合只涉及一个"动作":取,是只取不排的.

【设计说明】 通过对两个原理、排列与组合概念两组类似概念进行比较、辨析,加深对概念的理解,同时为下面的探索做好铺垫.

2. 解题方法的应用过程

例1 在抗击"新型冠状病毒感染性肺炎"这场没有硝烟的战斗中,广大医务工作者舍死忘生,用他们高超的医术和仁爱之心挽救了一个又一个生命,谱写了感天动地的壮丽诗篇.某日某医院有 10 名医务人员需要进入某间病房工作,进病房前他们穿戴了医用防护服,为了做到万无一失,进入病房前,需再次检查一遍防护服穿戴的规范性.问,若采取每两人结成一对互相检查对方的方式,有多少种不同的结对方法?

【读题过程】

师:请一同学读题.

生:读题.

师:本题是怎样的一个问题呢?

生：这是10名队员两两结对的组合问题.

【悟题过程】

师：同学们认为这一题将与哪些知识点发生联系呢？

生：可能与两个原理和组合知识点有联系.

【悟题过程】

师：请同学们试试看此题的解法（小组讨论）.

【交流与评讲过程】

师：请同学们讲出自己的解题过程.

生：思路一. 将10名队员排成一列，最左边的一名队员选一人配对检查有9种方法，剩下的8名队员最左边的一名队员选一人有7种方法，剩下的6名队员最左边的一名队员选一人有5种方法，剩下的4名队员最左边的一名队员选一人有3种方法，剩下的2名队员最左边的一名队员选一人有1种方法，由乘法原理知，共有：$9 \times 7 \times 5 \times 3 \times 1 = 945$种不同的结对方法.

思路二. 先从10名队员取出2人，有C_{10}^2种方法，再从剩下的8名队员取出2人，有C_8^2种方法，再从剩下的6名队员取出2人，有C_6^2种方法，再从剩下的4名队员取出2人，有C_4^2种方法；再将2名队员取出，有C_2^2种方法，由乘法原理知，共有：$C_{10}^2 \cdot C_8^2 \cdot C_6^2 \cdot C_4^2 \cdot C_2^2 = 113\ 400$种不同的结对方法.

师：这两种思路得到的答案不一样，并且相去甚远，那么到底谁对呢？

生：不好确定谁对.

师：要不我们来做一个实验，把队员数改为4人，使用上面两种方法和枚举法试试.

生：思路一. 将4名队员排成一列，最左边的一名队员选一人有3种方法，剩下的2位队员最左边的一名队员选一人有1种方法，由乘法原理知，共有：$3 \times 1 = 3$种不同的结对方法.

思路二. 先从4名队员中取出2人，有C_4^2种方法，再将2名队员取出，有C_2^2种方法，由乘法原理知，共有：$C_4^2 \cdot C_2^2 = 6$种不同的结对方法.

思路三. 将4名队员分别记为：A、B、C、D，使用枚举法得到：①$\{A, B\}$，$\{C, D\}$；②$\{A, C\}$，$\{B, D\}$；③$\{A, D\}$，$\{B, C\}$；共3种不同的结对方法.

师：思路三因数字较小，显然答案是对的，由此推理知，思路一答案是对的，思路二答案是错的. 那么思路二到底错出在哪里呢？

生：原题中，两个两个一组的组与组之间不能有序，在思路二中，我们将组序拿掉就可以了.

原题中：$\dfrac{C_{10}^2 C_8^2 C_6^2 C_4^2 C_2^2}{P_5^5} = 945$，而在队员为4位的方法二中：$\dfrac{C_4^2 C_2^2}{P_2^2} = 3$.

【提炼方法】

师：若有$2n$个元素，两两结对，则共有多少种方法？

生：$\dfrac{C_{2n}^2 \cdot C_{2n-2}^2 \cdot C_{2n-4}^2 \cdots C_2^2}{P_n^n} = (2n-1) \cdot (2n-3) \cdot (2n-5) \cdots 3 \cdot 1$ 种方法．

【设计说明】 本题使用了两种思路，思路一从乘法原理（即分步的角度）出发，很好地解决了这一问题．思路二也是从乘法原理出发，但没有将序拿掉，说明解题不够到位，致使结果错误．通过两种方法的讨论拓宽学生的解题思路，通过不同方法得到结果的比较分析，锻炼学生检验计算结果的能力，促进学生的批判性思维的形成和思维的进级．通过探索分析总结出：在检验计算结果的过程中，我们往往可以通过缩小数据使用枚举法作为检验解题结果是否准确的这一个重要的方法．

例 2 学校机器人小组进行了一次机器蛙的比赛，比赛场地如图 6-13 所示．已知 $ABCDEF$ 为一个正六边形的场地，有一个机器蛙开始时在顶点 A 处，它每次可以随意跳到正六边形场地相邻的两个顶点之一，若在 5 次之内能跳到顶点 D，则停止跳动；若在 5 次之内不能跳到顶点 D，则跳完 5 次也停止跳动．问这只机器蛙从开始到停止跳动，有多少种不同的跳法？

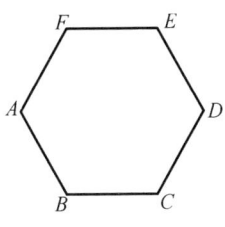

图 6-13

【读题过程】

师：请一名同学读题．

生：读题．

师：本题是怎样的一个问题呢？

生：这是机器蛙跳步排列问题．

【悟题过程】

师：同学们认为这一题将与哪些知识点发生联系呢？

生：可能与两个原理和排列知识点有联系．

【悟题过程】

师：请同学们试试看此题的解法（小组讨论）．

【交流与评讲过程】

师：请同学们讲出自己的解题过程．

生：思路．依题意将机器蛙的跳法分为两种情况：第一种情况为机器蛙跳三步到达 D 点，有两个路径：$A \to F \to E \to D$ 和 $A \to B \to C \to D$；第二种情况为机器蛙跳 5 步能到达 D 点或不能到达 D 点，故前 3 步只能跳到 B 或者 F 点，可以通过下列的试验得到．如，$A \to F \to A \to F \to E \to D$；$A \to F \to E \to F \to E \to D$；$A \to F \to A \to B \to C \to D$；$A \to F \to A \to F \to E \to F$ 等路径．而前三步的方法数可以使用枚举法得到：

$A \to F \to A \to F$；$A \to B \to A \to F$；$A \to F \to E \to F$；

$A \to B \to A \to B$；$A \to B \to C \to B$；$A \to F \to A \to B$，共有 6 种不同的跳法，后两步每步都有两种不同的跳法，故有 $2 \times 2 = 4$ 种不同的跳法．综上，由加法原理知，机器蛙总共有：$2 + 6 \times 4 = 26$ 种不同的跳法．

【提炼方法】

师：本问题我们是使用了什么方法来解决的?

生：使用了枚举法.

【设计说明】 本题在一开始往往是思路不够清晰的,本题通过枚举试探,最终找到了前三步的规律,从而将问题分解成考虑前三步和后两步两个步骤去完成的方法.像这样一开始找不到方法的排列组合问题,往往可以通过枚举法解决.但枚举法也有一个很容易导致错误的地方,那就是没有列举完的问题,产生这样问题的原因,就是分类不清导致的.

例3 已知集合 A,B,C（不必两两相异）满足 $A\cup B\cup C=\{1,2,3,4,\cdots,2020\}$,求满足以上条件的三元有序集合组 (A,B,C) 的个数.

【读题过程】

师：请一同学读题.

生：读题.

师：本题是怎样的一个问题呢?

生：这是2020个数字填入到三个集合,构成三元有序集合组的问题.

【悟题过程】

师：同学们认为这一题将与哪些知识点发生联系呢?

生：可能与两个原理有联系.

【悟题过程】

师：请同学们试试看此题的解法(小组讨论).

【交流与评讲过程】

师：请同学们讲出自己的解题过程.

生：思路一. 根据集合 A,B,C 的所有可能关系情况可以绘制出韦恩图(图6-14),集合 A,B,C 最多可以形成7个区域(图中所示的区域1到区域7).元素 $1,2,3,4,\cdots,2020$ 这2020个元素中每一个元素都有7种填法,故由乘法原理知,共有: $7^{2\,020}$ 种不同的填法,即三元有序集合组 (A,B,C) 共有: $7^{2\,020}$ 组.

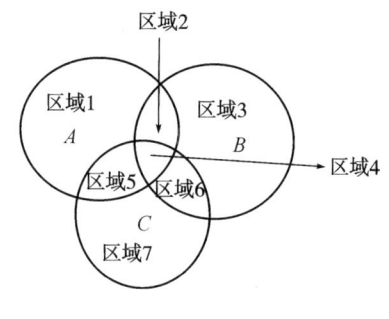

图6-14

思路二. 因为将元素 $1,2,3,4,\cdots,2020$ 这2020个元素分派到3个集合中,每一个元素都有3种派法,故由乘法原理知,共有: $3^{2\,020}$ 种不同的派法,即三元有序集合组 (A,B,C) 共有: $3^{2\,020}$ 组.

师：两种思路得到两个不同的结果,到底哪个结果正确呢?

生：对于任意一个元素来说,它要么属于集合 A,要么不属于集合 A;要么属于集合 B,要么不属于集合 B;要么属于集合 C,要么不属于集合 C,但它不能三个集合一个集合都不属于,或者说至少属于一个集合.因而,每个元素都有7种不同的填法,故思路一是正确的,思路二是错误的. 思路二错在,对于每一个元素来说,它还可以同时属于两个集合或者同时属于这三个集合.

【提炼方法】

师:已知集合 A,B,C(不必两两相异)满足 $A\cup B\cup C=\{1,2,3,4,\cdots,n\}$,请求出满足以上条件的三元有序集合组 (A,B,C) 的个数有几个?

生:共有 7^n 个.

【设计说明】 思路. 将集合 A,B,C 的所有可能情况绘制成韦恩图,集合 A,B,C 最多可以形成 7 个区域. 这种借助于图示法的方法非常好. 它实际上借助于图形将排列组合问题转化为"填写空图"的方法. 但我们不能狭隘地将这些图形看成简单的图形,必须赋予其鲜活的实际意义,这些要同学们去发现和创造,这一过程闪烁着无限的魅力,能带给我们创造灵感.

【课堂小结】

师:本节课我们通过问题的解决,你得到了哪些认识?

生:(1) 加法原理对应的解决问题的方式是分类,乘法原理对应的是分步.

(2) 在进行具体解决问题的过程中,我们要灵活使用两个原理. 在运用的过程中,要注意:使用加法原理时分类要讲究完整,使用乘法原理时分步要完全,每一步都要做完.

(3) 要赋予图形实际意义,注意使用数形结合的方法来解排列组合题.

(4) 要善于使用枚举法等方法对解题进行检验,灵活使用各种解题方法.

【课后思考题】

(1)【2016 年高考新课标 III 理】定义"规范 01 数列"$\{a_n\}$ 如下:$\{a_n\}$ 共有 $2m$ 项,其中 m 项为 0,m 项为 1,且对任意 $k\leqslant 2m$,$a_1,a_2,\cdots,a_k$ 中 0 的个数不少于 1 的个数. 若 $m=4$,则不同的"规范 01 数列"共有(　　)

A. 18 个　　　　B. 16 个　　　　C. 14 个　　　　D. 12 个

(2) 一只小蜜蜂位于数轴上的原点处,小蜜蜂具有每一次向左或向右飞行一个单位或者两个单位距离的能力,且每次飞行至少一个单位. 若小蜜蜂经过 5 次飞行后,停在位于数轴上实数 3 的点处,则小蜜蜂不同的飞行方式有多少种?(　　)

A. 5　　　　B. 25　　　　C. 55　　　　D. 75

(3) 若一个整数数列的首项和末项都是 1,且任意相邻两项之差的绝对值不大于 1,则我们称这个数列为"好数列",例如:1,2,2,3,4,3,2,1,1 是一个好数列,若一个好数列的各项之和是 2019,①问这样的数列至少有多少项?②求项数最少、且最大项唯一时这样的"好数列"的个数.

【课例点评】 例题 1 使用了两种思路,思路一是使用了乘法原理(即分步的角度);思路二也是从乘法原理出发,但没有将序拿掉,说明解题不够到位,致使结果错误. 通过课堂两种方法的讨论、交流,拓宽学生的解题思路;通过不同方法得到的结果的比较分析,锻炼学生检验计算结果的能力,促进了学生的批判性思维的形成和思维的进级. 通过探索、分析总结出:

在检验计算结果的过程中,可以通过缩小数据、使用枚举法作为检验解题结果是否准确这一个重要的方法.例题 2 通过枚举试探,最终找到了前三步的规律,从而将问题分解成考虑前三步和后两步两个步骤去完成的方法.例题 3 的思路是将集合 A, B, C 的所有可能关系情况绘制成韦恩图,集合 A, B, C 最多可以形成 7 个区域.但我们不能狭隘地将这些图形看成简单的图形,必须赋予其鲜活的实际意义,这些通过学生的探索、检验等过程才得以发现和创造.本课例通过丰富有趣的、典型的、层次清楚的三个案例开展的教学活动,达到了课前所设计的教学目标.

6.2.4 课例 4 弯管制作中的数学模型揭秘(研究课)

1. 数学研究性课题:"弯管制作中的数学模型揭秘"设计

1) 科目分类

数学学科类.

2) 课题名称

弯管制作中的数学模型揭秘.

3) 指导教师姓名

梅晓明、朱君妹.

4) 问题的由来

高一数学第二学期(试用本)第 96 页课题三"制作弯管":在制作锅炉、风道中,经常要用到各种弯管.在制作这些弯管时,首先要在铁皮上划出它们的展开图,然后才能加工.例如,图 6-15 是一个两节圆形管焊接而成的弯管,其中每一节都是斜截圆柱.如果把其中一个斜截圆柱的侧面沿着 AA_1 剪开并摊平,如图 6-16 所示,容易发现,要画出这个斜截圆柱侧面展开图的关键,在于怎样画出截口展开而成的一条曲线 A_1BCDA_1'.

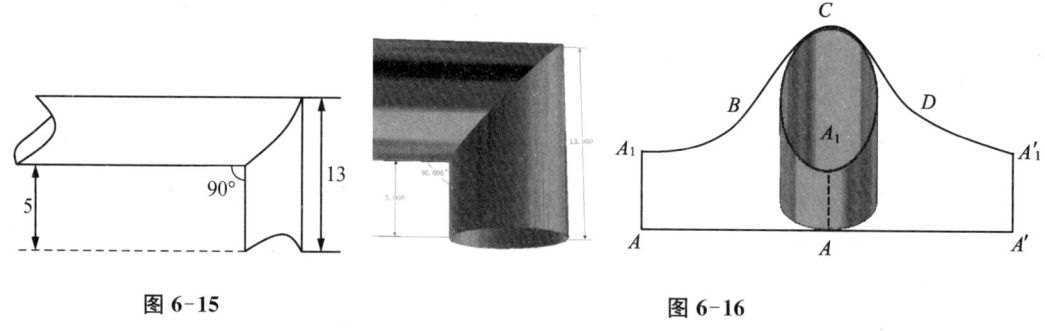

图 6-15   图 6-16

5) 课题目标(拟解决的问题)

(1) 猜想曲线 A_1BCDA_1' 是什么曲线,并根据图 6-15 中所给的条件(图中单位,cm)写出曲线 A_1BCDA_1' 的函数解析式,并说明理由.

(2) 根据曲线 A_1BCDA_1' 的函数解析式,利用硬纸板画出两个一样的斜截圆柱侧面的展开图,然后制作图形中的弯管.

(3) 加工这一图形弯管约需要多少面积的材料(先计算,再验证)?

(4) 图 6-16 中弯管的焊接截面曲线是什么形状?

(5) 自选材料制作一个与本课题相同形状的弯管(尺寸自选).

6) 课题研究的理论意义与实际意义

(1) 理论意义:弯管截口展开而成的一条曲线 A_1BCDA_1' 是正弦(或余弦)曲线,对于为什么是正弦(或余弦)曲线,是一个很好的数学问题;弯管的焊接截面轮廓线的形状是椭圆,对于为什么是椭圆,又是一个很好的数学问题.解决这两个问题,可以使三角函数和解析几何章节得到很好的衔接,为打通章节间的联系提供了很好的素材.

(2) 实际意义:在制作锅炉、风道、烟道的管道时,经常要用到各种各样的弯管.在制作这些弯管时,只有在铁皮上精确画出它们的展开图,才能节省材料、精确加工.因此,怎样精确画出它们的展开图成为制造弯管的一个设计关键.而劳技课为学生的动手又提供了必要的物质条件,因此课题的研究具有跨学科的教学意义.通过收集弯管的数据材料,对数据进行加工处理,得到设计成果,并通过劳技课完成弯管的制造.经历以上过程,学生围绕怎样制造弯管的研究主题,经历了收集、加工、处理和利用信息的研究性学习过程,收获了从设计到建成的成功喜悦,从而达到提高对知识价值的认识的目的.

7) 课题研究过程

(1) 通过观察和讨论,找到解决弯管设计问题的症结所在,并清晰而明确地陈述问题.

(2) 针对问题提出对弯管截口展开而成的一条曲线 A_1BCDA_1' 的形状假设.

(3) 围绕截口展开而成的一条曲线 A_1BCDA_1' 的形状假设的解决,制订一个初步的研究计划.学生可围绕以下几个问题来制订研究计划:"本课题的问题是什么?""你对这个问题已经了解了多少?""为了解决这个问题你还需要了解什么?""为了得到你所需要的信息,你将要做什么?"

(4) 按计划采取行动,通过查阅文献资料、劳技实验室搜集弯管实物获取解决问题所需要的资料信息和实物信息.

(5) 对搜集到的资料信息进行组织和加工处理,对弯管截口展开而成的一条曲线 A_1BCDA_1' 的形状假设进行检验,得出结论后,形成结题报告.

8) 本课题时间节点

(1) 2016 年 3 月 1 日至 4 月 3 日:寻找弯管模型、查阅弯管资料,提出研究构思.

(2) 2016 年 4 月 4 日至 4 月 18 日:根据猜想曲线 A_1BCDA_1' 的形状,并根据图 6-15 中所给的条件写出曲线 A_1BCDA_1' 的函数解析式,计算加工这一图形弯管约需要的材料面积.

(3) 2016 年 4 月 19 日至 5 月 18 日:网上收集资料,进图书馆查找相关书籍并整理,对猜想曲线 A_1BCDA' 是什么曲线与图 6-16 中弯管的焊接截面曲线是什么形状,从数学的角度给出证明并说明结论.

（4）2016年5月19日至6月17日：制造出弯管，完成研究报告的撰写与统稿.

9）报名条件

（1）高二年级学生.

（2）对本课题有兴趣，并有一定钻研精神的同学.

2. 数学研究性课题："弯管制作中的数学模型揭秘"发布

指导教师姓名：梅晓明、朱君妹（技术支持）

科目分类：数学学科类

1）问题的由来

高一数学第二学期（试用本）第96页课题三"制作弯管"：在制作锅炉、风道中，经常要用到各种弯管. 在制作这些弯管时，首先要在铁皮上画出它们的展开图，然后才能加工. 例如，图6-17是一个两节圆形管焊接而成的弯管，其中每一节都是斜截圆柱. 如果把其中一个斜截圆柱的侧面沿着 AA_1 剪开并摊平，如图6-18所示，容易发现，要画出这个斜截圆柱侧面展开图的关键，在于怎样画出截口展开而成的一条曲线 A_1BCDA_1'.

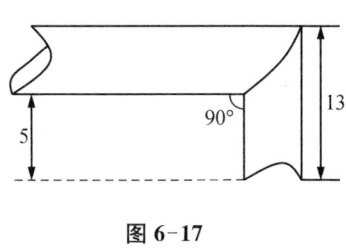

图 6-17

2）课题目标（解决的问题）

（1）猜想曲线 A_1BCDA_1' 是什么曲线，并根据图6-17中所给的条件（图中单位，cm）写出曲线 A_1BCDA_1' 的函数解析式，并说明理由.

（2）根据曲线 A_1BCDA_1' 的函数解析式，利用硬纸板画出两个一样的斜截圆柱侧面的展开图，然后制作图形中的弯管.

（3）加工这一图形弯管约需要多少面积的材料（先计算，再验证）？

（4）图6-18中弯管的焊接截面曲线是什么形状？

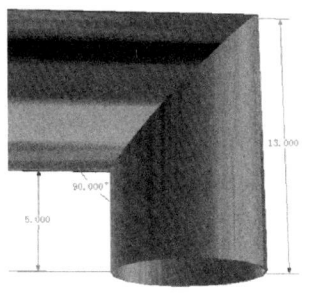 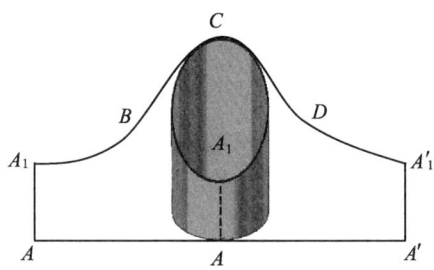

图 6-18

（5）自选材料制作一个与本课题相同形状的弯管（尺寸自选）.

3）课题研究过程

（1）通过观察和讨论，找到解决弯管设计问题的症结所在，并清晰而明确地陈述问题.

(2) 针对问题提出对弯管截口展开而成的一条曲线 A_1BCDA_1' 的形状假设.

(3) 围绕截口展开而成的一条曲线 A_1BCDA_1' 的形状假设的解决,制订一个初步的研究计划.学生可围绕以下几个问题来制订研究计划:"本课题的问题是什么?""你对这个问题已经了解了多少?""为了解决这个问题你还需要了解什么?""为了得到你所需要的信息,你将要做什么?"

(4) 按计划采取行动,通过查阅文献资料、劳技实验室搜集弯管实物获取解决问题所需要的资料信息和实物信息.

(5) 对搜集到的资料信息进行组织和加工处理,对弯管截口展开而成的一条曲线 A_1BCDA_1' 的形状假设进行检验,得出结论后,形成结题报告.

4) 时间节点

(1) 2016年3月1日至4月3日:寻找弯管模型、查阅弯管资料,提出研究构思.

(2) 2016年4月4日至4月18日:根据猜想曲线 A_1BCDA_1' 的形状,并根据图6-17中所给的条件写出曲线 A_1BCDA_1' 的函数解析式,计算加工这一图形弯管约需要的材料面积.

(3) 2016年4月19日至5月18日:网上收集资料,进图书馆查找相关书籍并整理,猜想曲线 A_1BCDA_1' 是什么曲线与图6-18中弯管的焊接截面曲线是什么形状,从数学的角度给出证明并说明结论.

(4) 2016年5月19日至6月17日:制造出弯管,完成研究报告的撰写与统稿.

5) 报名条件

(1) 高二年级学生

(2) 对本课题有兴趣,并有一定钻研精神的同学.

3. "弯管制作中的数学模型揭秘"开题报告

指导教师姓名:梅晓明、朱君妹(技术支持)

小组合作者姓名:田逸欣(组长)、李芝瑶、桑义莹

报告分类:数学学科类

1) 调查研究的目的

高一数学第二学期(试用本)第96页课题三:"制作弯管":在制作锅炉、风道中,经常要用到各种弯管.在制作这些弯管时,首先要在铁皮上画出它们的展开图,然后才能加工.例如图6-19是一个两节圆形管焊接而成的弯管,其中每一节都是斜截圆柱而成.如果把其中一个斜截圆柱的侧面沿着 AA_1 剪开并摊平,如图6-20所示,容易发现,要画出这个斜截圆柱侧面展开图的关键,在于怎样画出截口展开而成的一条曲线 A_1BCDA_1'.

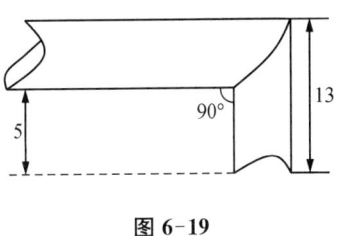

图6-19

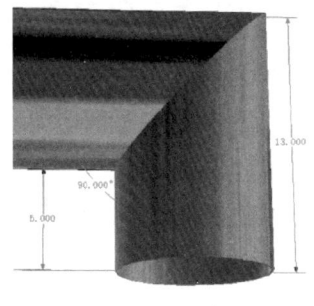 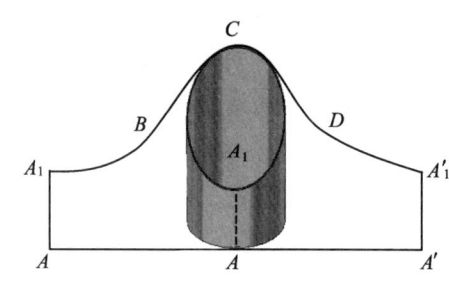

图 6-20

本课题的目的如下:

(1) 猜想曲线 A_1BCDA_1' 是什么曲线,并根据图 6-19 中所给的条件(图中单位,cm)写出曲线 A_1BCDA_1' 的函数解析式,并说明理由.

(2) 根据曲线 A_1BCDA_1' 的函数解析式,利用硬纸板画出两个一样的斜截圆柱侧面的展开图,然后制作图形中的弯管.

(3) 加工这一图形弯管约需要多少面积的材料(先计算,再验证)?

(4) 图 6-20 中弯管的焊接截面曲线是什么形状?

2) 该研究的具体任务与小组成员分工

见表 6-1.

表 6-1

田逸欣	拟定报告写作提纲;实施弯管实验并收集小组研究成果,制作弯管;撰写结题报告
李芝瑶	寻找弯管模型和材料;网上收集资料、进图书馆查找弯管的相关书籍并整理
桑义莹	材料的取舍、整合;全文统稿;开题报告的撰写

3) 调查研究的内容、方法和实践过程

(1) 通过观察和讨论,找到解决弯管设计问题的症结所在,并清晰而明确地陈述问题.

(2) 针对问题提出弯管截口展开而成的一条曲线 A_1BCDA_1' 的形状假设.

(3) 围绕截口展开而成的一条曲线 A_1BCDA_1' 的形状假设的解决,制订一个初步的研究计划.学生可围绕以下几个问题来制订研究计划:"本课题的问题是什么?""对这个问题已经了解了多少?""为了解决这个问题还需要了解什么?""为了得到所需要的信息,将要做什么?"

(4) 按计划采取行动,通过查阅文献资料,劳技实验室搜集弯管实物,获取解决问题所需要的资料信息和实物信息.

(5) 对搜集到的资料信息进行组织和加工处理,对弯管截口展开而成的一条曲线 A_1BCDA_1' 的形状假设进行检验,得出结论后,形成结题报告.

本报告的具体实践过程如下:

(1) 3月1日至4月3日:寻找弯管模型、查阅弯管资料,提出研究构思.

(2) 4月4日至4月18日:根据猜想曲线 A_1BCDA_1' 的形状,并根据图 6-19 中所给的条件写出曲线 A_1BCDA_1' 的函数解析式,计算加工这一图形弯管约需要的材料面积.

(3) 4月19日至5月18日:网上收集资料,进图书馆查找相关书籍并整理,猜想曲线 A_1BCDA_1' 是什么曲线,图 6-20 中的弯管焊接截面曲线是什么形状,从数学的角度给出证明并说明结论.

(4) 5月19日至6月17日:制造出弯管,完成研究报告的撰写与统稿.

4. 弯管制作中的数学模型揭秘结题报告

(高二(六)班 田逸欣、李芝瑶 高二(一)班 桑义莹)

1) 问题的由来

在制作锅炉、风道、烟道的管道中,经常要用到各种弯管.在制作这些弯管时,首先要在铁皮上划出它们的侧面展开图,然后才能加工.例如图 6-21(图中单位:cm)是一个两节圆形管焊接而成的弯管,其中每一节都是被平面斜截而得到的圆柱.如果把其中一个斜截圆柱的侧面沿着 AA_1 剪开并摊平,如图 6-22 所示,容易发现,要画出这个斜截圆柱侧面展开图的关键,在于怎样画出截口展开而成的轮廓线所在的一条曲线 A_1BCDA_1',其中 $AA_1 = 5$ cm,直径为 8 cm.

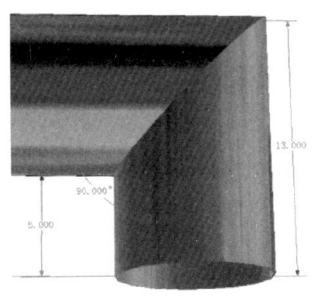

图 6-21

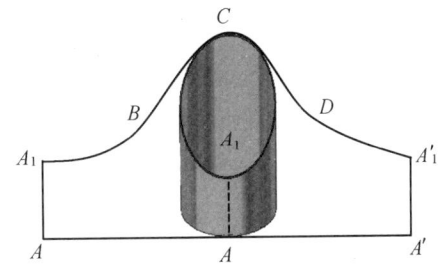

图 6-22

2) 问题分析

探究 1 猜想曲线 A_1BCDA_1' 是什么曲线,并根据图 6-21 中所给的条件,写出曲线 A_1BCDA_1' 的函数解析式,并说明理由.

解决思路一 将弯管的下部沿 AA_1 剪开铺平得到如图 6-23.

从图 6-23 的外轮廓线不难得出其为三角函数中的正弦曲线或余弦曲线的猜想.对照正弦曲线,

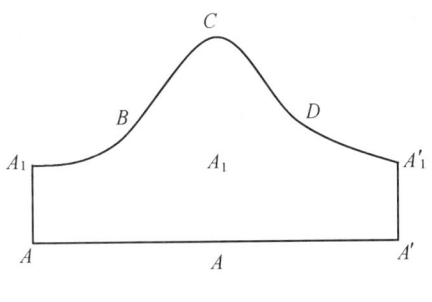

图 6-23

A_1B、BC、CD 与 DA'_1 各段曲线分别全等,故 $A_1BCDA'_1$ 应为正弦曲线一个周期的曲线. 连结 $A_1A'_1$,过 C 作 $A_1A'_1$ 的平行线,作 x 轴,使之与上述两平行线的距离相等,记 x 轴与曲线的交点为 B 点,以 B 为原点,建立平面直角坐标系. 设此曲线的方程为 $y = A\sin(\omega x)$ ($A>0, \omega>0$). 由图 6-24 可知: $T = AA' = 2\pi r = 2\pi \times 4 = 8\pi$ (r 可由观察图 6-21 得到) 故 $\omega = \dfrac{2\pi}{T} = \dfrac{2\pi}{8\pi} = \dfrac{1}{4}$,而 $2A = 13 - 5 = 8$,故 $A = 4$,于是可得曲线的方程为 $y = 4\sin\left(\dfrac{1}{4}x\right)$.

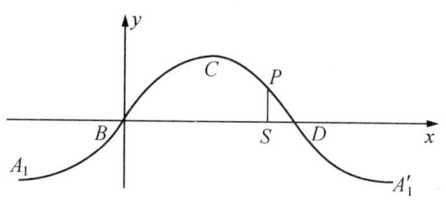

图 6-24

解决思路二 建立曲线 $A_1BCDA'_1$ 上的任一点的横纵坐标 x, y 之间的联系,并推导出 x, y 之间的关系为 $y = 4\sin\left(\dfrac{1}{4}x\right)$. 让我们回到立体图形中去讨论.

在图 6-24 的曲线上任取一点 $P(x, y)$,与其对应的立体图上的 P 位置就可以找到. 在图 6-25 中,过 P 作底面的垂线,交底面于 P' 点,过 P' 点作 $O'B'$ 的垂线 $P'Q'$(Q' 为垂足),过 Q' 作 OO' 的平行线交 BO 于 Q 点,过 O 作 PP' 的垂线,得垂足为 S 点,连 OS. P 点的位置受到 P' 的制约,而 P' 又可以用 $\angle B'O'P'$ 来控制,故可以引入 $\angle B'O'P' = \theta$ 作为参数. 对照图 6-24 与图 6-25 不难看出,$x = $ 弧 $B'P'$ 的长度.

故 $x = r\theta = 4\theta$,而 $y = PS$,$\angle PQS$ 是斜截面与直截面所成的二面角的平面角,$\angle PQS = 45°$.

∵ 在 Rt△PSQ 中,$y = PS = QS$,又在 Rt△SQO 中,$QS = OS\sin\theta = 4\sin\theta$.

∴ $y = 4\sin\theta$ 又∵ $x = 4\theta$ ∴ $y = 4\sin\left(\dfrac{1}{4}x\right)$.

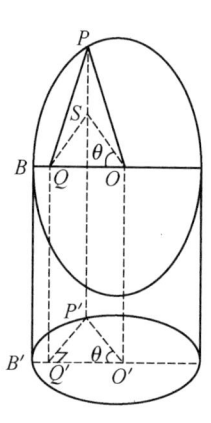

图 6-25

探究 2 第 3 问又问到了制作这样一个弯管的材料面积的近似值. 这个问题可以通过正弦曲线的对称性,利用图 6-26 中曲边三角形 A_1GB 和曲边三角形 CIB 全等、曲边三角形 CDI 与曲边三角形 A'_1DG' 全等加以解决.

故所需材料的下部铁皮的面积为:$S_{\text{四边形}AA_1G'G} = 5 \times (8\pi) + 4 \times 8\pi \approx 226.19 (\text{cm}^2)$.

3) 进一步思考

比如以本课题中的圆柱为背景,还可以进行斜截面外轮廓线的形状(圆锥曲线)的研究.

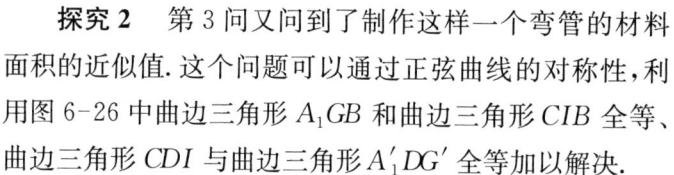

图 6-26

如图 6-27 所示,在斜截面上建立直角坐标系 xoy,y 轴垂直于 OB 且在斜截面内.

设 $P(x,y)$,图中的 $|x|=OQ=4\cos\theta$,
$|y|=PQ=\sqrt{2}QS=\sqrt{2}(4\sin\theta)$.

化简得 $\dfrac{y^2}{32}+\dfrac{x^2}{16}=1$.

若二面角 $P\text{-}QO\text{-}S$ 大小变动时,斜截面的外轮廓线的方程又有怎样的变化呢?有待我们进一步探究.

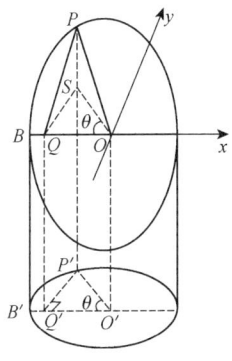

图 6-27

4) 制作过程

利用一张 A4 纸制作一个直角弯管模型(图 6-28).

步骤 1：利用几何画板在 A4 纸上绘制一根正弦函数曲线

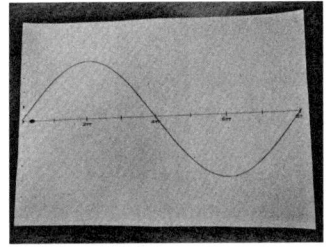

步骤 2：裁剪出两块展开图

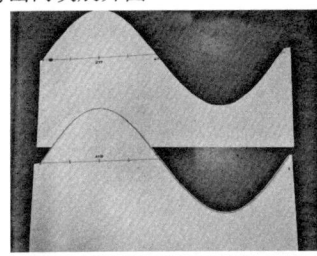

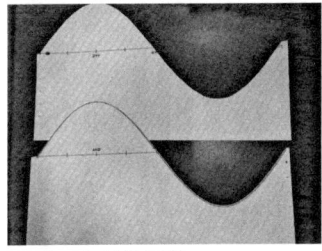

步骤 3：合拢得到两个斜截圆柱

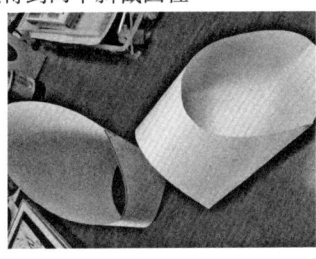

步骤 4：垂直拼接两个斜截圆柱得到直角弯管

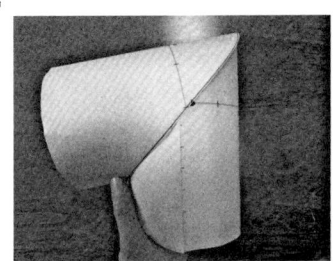

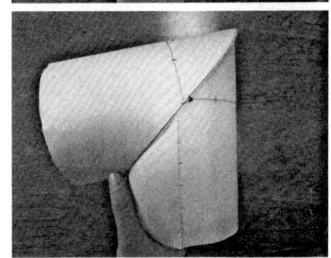

注意：水平拼接得到的是一个圆柱体

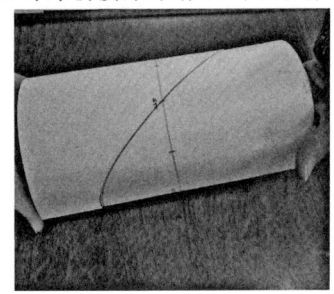

图 6-28

5) 参考资料

高一数学(试用本),课题三"制作弯管"

【课题设计说明】 本课题取材于高一数学第二学期(试用本)第96页课题三:"制作弯管". 在这一课题中,教材围绕半弯管侧面展开图的外轮廓线形状进行猜测、利用猜测使用硬纸板制作弯管、计算制作弯管所需要材料的面积3个方面展开,这是一个很好的理论联系实际的题材. 若是作为一般性的"探究与实践"问题,在不要求过于严谨的情况下,学生刚刚学习了正、余弦函数,对于猜测上述曲线形状应该没有什么问题;对于计算和制作等稍难的问题,在教师的指导下也不难解决. 但按此方法研究此课题,使人意犹未尽. 因为这样的研究过程存在下列问题:第一个是,由于放在正、余弦函数学习之后,马上提出这样的课题,大大减少了思维的含量,如学生对半弯管侧面展开图的外轮廓线形状进行猜测,因思维的惯性变得十分简单而不够理性;第二个就是对于半弯管侧面展开图的外轮廓线形状进行猜测后,因学生在高一第二学期没有学习立体几何和解析几何,学生对于半弯管侧面展开图的外轮廓线形状是正弦函数图像的一部分的结论,因知识储量不够而无法给出严格的证明;第三个问题是,对于弯管斜切口的外轮廓线的形状为椭圆无法进行证明. 因这一课题中隐含这么多知识的联系和思维的引申,加上实施过程中还有不少动手环节,我们将其开发为研究型课题,并选择在高二进行研究,就很好地解决了以上3个问题,同时使得本课题的教育、教学功能得到更大的发挥.

1) 对课题实施过程的回顾与总结

(1) 学生在寻找弯管模型阶段就想了很多办法,最终在劳技朱老师的帮助下,才找到了弯管的实物,在制作弯管的过程中,她们也得到了朱老师的技术指导,这一过程锻炼了学生团队协作能力与交往沟通能力.

(2) 在对半弯管侧面展开图的外轮廓线形状进行猜测的过程中,学生主动查阅资料、翻阅课本,这一过程学生学习的主动性得到了很好的体现.

(3) 在半弯管侧面展开图的外轮廓线形状为正弦曲线的证明过程中,学生群策群力、积极钻研,通过学生之间、师生之间的交流,寻找解决问题的方法,学生的协作精神和研究问题的团队意识得到了很好的锻炼.

(4) 在进一步思考的过程中,学生又提出了弯管斜切口的外轮廓线的形状猜想,从而使得课题的研究又朝着纵深方向得到了发展,推动了学生思维的进级.

2) 对课题的评价与课题成果的呈现

课题结题阶段我们采取的是以学生互评的方式进行了评价,通过评价,学生进一步提高了对团队合作的重要性的认识,提高了对研究问题方法的认识,感受到了学习的快乐,和取得成果的愉悦.

2017年3月"弯管制作中的数学模型揭秘"课题成果,荣获2016静安青少年科技创新大赛暨"明日科技之星"评选活动区域赛青少年科技创新成果三等奖.

3）对课题研究的反思与改进

（1）对引申的弯管斜切口的外轮廓线的形状为椭圆的证明方法的研究还不够彻底，还可以借助于圆柱和球来解决这一问题：有两个半径值相同的的球放入一个圆柱，使得球的直径与圆柱的底面直径相同，两个球与圆柱的上下底面相切；同时用一个平面去截圆柱，使得平面与上下两个球分别切于 F_2、F_1 两点，平面截圆柱所得到的截面边缘曲线 C 是以 F_1、F_2 为焦点的椭圆.证明可以采取以下方法：取圆柱的任意一条母线，记它与上下两个球的切点分别为 P_1、P_2 两点，P_1、P_2 两点分别在上下两个球的两个大圆上，根据球的切线的性质得到：$PF_1 = PP_2$，$PF_2 = PP_1$，故有：$PF_1 + PF_2 = PP_1 + PP_2 = P_1P_2$，由于两个球与圆柱都是确定的，故 P_1P_2 是个定值，由椭圆的定义知：截面边缘曲线 C 是椭圆.

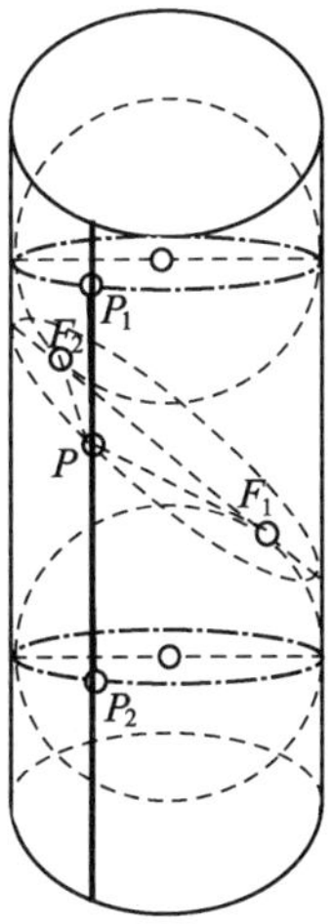

（2）对二面角 P-QO-S 大小变动时对斜截面外轮廓线的椭圆方程的影响研究不够.这一问题在学生学习了参数方程以后，就可以得到很好的解决.

图 6-29

（3）利用 A_4 纸制作一个直角弯管模型，因工具和技术问题，制作的模型效果不够理想.若能够使用铁皮制作更加精密的弯管，无疑又为学生提供了一个很好的动手机会.解决这一问题可以采取寻求相关技术人员的帮助，或者通过由数学教师与相关技术人员共同指导的方式加以解决.

参考文献

[1] 教育部. 普通高中课程标准[M]. 人民教育出版社,2018.
[2] 章建跃. 高中数学教材落实核心素养的几点思考[J]. 课程·教材·教法,2016(7): 44-49.
[3] 何良仆,何燕妮. 论数学教学的过程性原则[J]. 西南科技大学学报:哲学社会科学版, 2011(02):59-62.
[4] 沈子兴. 中学数学过程性教学[M]. 华东师范大学出版社,2017.
[5] 翁昌来. 感知,突破,真知——三例数学思维对教材建设的启示[J]. 数学教学, 2019(12).
[6] 翁昌来. 数学阅读研究[M]. 东华大学出版社,2004.
[7] 翁昌来. 学会研究[M]. 上海三联书店,2011.
[8] 任升录. 习题教学应研究学生实际需要[J]. 数学教学,2015(4):4-7.
[9] 任升录. 从复习课和新课教学的差异看高三数学复习课的特征[J]. 上海中学数学,2015 (21):39-40.
[10] 泰勒. 课程与教学的基本原理[M]. 中国轻工业出版社,2019.
[11] 梅晓明. 数学拓展研究型课程的选材途径初探[J]. 上海中学数学,2019(4):8-10.
[12] 梅晓明. 新课程标准下高中数学课程建设的实践[J]. 上海中学数学,2019(10):44-48.
[13] 梅晓明. 数列问题中数形结合思想的应用[J]. 数学教学,2020(7).
[14] 梅晓明. 从"制作弯管"课题谈新教材"探究与实践"的教学功能[J]. 上海教学研究,2004(1).
[15] 梅晓明. 浅议解题教学中直觉思维能力的培养[J]. 上海教学研究,2003(10).
[16] 梅晓明. 立足课堂培养学生的探索能力[J]. 上海教学研究,2002(6).
[17] 蔡海涛,林运来. 核心素养下高中数学概念课教学策略[J]. 数学通报,2019(9).
[18] 章飞. 数学概念的分类及度量性概念的教学思考[J]. 数学教育学报,2010,19(05): 40-42.
[19] 吉训玫. 数学概念教学环节谈——一道高考题引发的思考[J]. 中学数学,2019(03):3-4.
[20] 张晓飞,钱立萍,牟锐. 校本数学问题开发的实践与认识[J]. 数学教学,2006(01):22-25.
[21] 郑敏惠. 初高中数学衔接教学对高中数学学习的重要性[J]. 教育观察,2019(17): 123-124.

后 记

1988年,上海市启动了中小学课程改革的一期工程,明确提出:要把培养学生的素质放在核心位置,并率先提出"发展学生个性"的理念.1998年,为了适应城市发展和高素质人才发展的需求,上海市启动了以学生发展为本,突破考试文化的制约,以素质教育、创新精神和实践能力培养为重点的二期课改.在实施课程改革的实践中,作为基层教师更对培养什么人、为谁培养、如何培养有了进一步的深刻思考,努力把立德树人、开展素质教育落实在每一个教育行为和过程中.

上海市第六十中学是原闸北区唯一一所高中参加一期课改的基地学校,后续又成为二期课改的基地学校.学校积极参与课改,积极开展基础课、拓展课、研究课的教学等研究.特别是近几年来,王晓虹校长提出"以校本课程建设作为教师专业发展的切入点,推进课程改革,提高教育水平,培养国家需要的人才"的工作要求.在学校领导的推动下,学校课程改革取得了显著的成绩.我是学校发展的参与者,也是见证者,经过三十余年的探索,感触颇深,今天愿把自己一些肤浅的体验和经验呈现出来,以鞭策自己,求得更大的进步.我企盼自己在今后数学过程性教学中,进一步通过各层次学生递进和线上线下教学的融合的研究,以及学生过程性学习中量和性的分析等,使自己对过程性教学理论认知和教学实践水平得到不断提高.

本书得以问世,特别感恩相助我的人.

感谢静安区教育学院数学教研员任升录、原闸北区教研室主任余化、数学教研员孟小龙、静安区教育学院副院长黄根初、长宁区教育学院副院长沈子兴、浦东教育发展研究院教研室主任周宁医等老师,是他们在本书的撰写过程中给予我热情鼓励和大力支持.

感谢上海市普教系统名校长名师培养工程第一期高级研修班主持人、第二期双名工程基地主持人、上海市浦东教育发展研究院翁昌来老师,在本书修改过程中提出的宝贵意见并为本书作序,是他的肯定,殷切期望,鼓励我不断前行.

感谢静安区教育局、上海市第六十中学的领导以及数学教研组全体同事们,营造了积极向上的学术研究氛围,给予我实现心中梦的支持和鼓励.

由于笔者水平有限,本书的不足之处在所难免,敬请批评指正.

梅晓明

2021年1月